유아교육과정

이연승 · 조경미

창지사

머리말

프랑스 작가 조제프 주베르(Joseph Joubert)는 "가르치는 것은 두 번 배우는 것이다."라는 말을 했다. 굳이 이 말을 빌려 오지 않더라도, 지나온 많은 세월 동안 유아교육에 대해 공부하고 또 그것을 가르치며 참 많은 배움을 얻었다.

교육의 첫 출발은 어디인가? 인간됨의 기초를 가르치는 것은 무엇인가? 가장 순수한 학습자를 대하는 교육은 무엇인가? 변화 가능성이 가장 큰 학습자를 대하는 교육은 무엇인가? 가르치는 선생이 낮아져야 진정한 소통이 가능한 교육은 무엇인가?

이 모든 질문의 대답은 '유아교육'이다. 유아교육에 대해 배우면서 나는 나의 어린 시절을 참 많이 곱씹어 보게 되었다. 지금의 나를 만든 나의 역사, 그리고 그 안에 담긴 이야기를 다시 한번 되돌아보면 스쳐 지나간 많은 사람들의 얼굴이 떠오르고, 새삼 감사하는 마음이 생겨난다. 또한 직업병인 것인지, 타인의 어린 시절을 관조하게 되는 습관이 생긴 것은 유아교육을 하는 사람이 가지는 자연스러운 습관이 아닐까 싶다.

한 분야의 전문가가 되는 것은 참 많은 노력과 수고와 시간이 필요해 보인다. 그런 의미에서 예비 유아교사들이 진정한 유아교육의 전문가로 거듭나기 위해 꼭 필요한 과목이 '유아교육과정'이라고 생각한다. 먼저 이 길을 걷는 사람으로서 우리에게는 예비 유아교사들이 유아교육을 이해하고, 이에 근거하여 유아교육의 현장을 운영하게 될 책임자로서 토대를 세워 나가는 경험을 제공해 주어야 한다는 책무성이 있다. 이러한 책무성에 따라 예비 유아교사와 현장에 있는 현장 전문가들에게 도움이 되길 바라는 마음으로 본서를 집필하게 되었다.

본서는 총 11장으로 구성되어 있다. 1장은 교육과정과 유아교육에 대한 이해로서 교육과정의 기본 개념을 다루면서, 이 개념에 비추어 본 유아교육의 교육과정으로서의 통념과 본질적 개념에 대한 내용을 담았고, 이러한 이해를 바탕으로 2장 유아교육과정에 대한 이해에서는 유아교육과정의 개념, 정의, 특성, 접근법과 유형을 살펴보며 유아교육과정에 대한 지식의 지평이 확장될 수 있도록 하였다. 3장에서는 유아교육과정을 구성하고 있는 최근 사회의 동향을 살펴봄으로써 유아교육 현장의 모습을 바라볼 수 있게 하였다. 4장은 유아교육과정의 이론적 기초로서 토대가 되는 철학적 기초를 이해하는 장이며, 5장은 심리적 기초, 6장은 사회적 기초를 이해하는 장으로 세분화하여 구성하였다. 이어서 7장에서는 유아교육과정의 구성 원리를 살펴보며 교육 목표 설정, 교육 내용 선정과 조직 방법, 교수-학습 방법, 교육 평가의 세부적인 내용을 다룬다. 8장에서는 개정 유아교육과정 운영과 관련하여 이전 교육과정과 개정 이후 교육과정의 관점 변화, 교사의 역할, 교수전략, 교수-학습의 실행에 대해 다룬다. 9장에서는 1차 유치원교육과정부터 시작하여 2019 개정 누리과정까지의 유치원교육과정의 변천을 살펴보았다. 10장에서는 2019 개정 누리과정의 구성 체계, 성격, 구성 방향, 운영, 5개 영역별 목표 및 내용에 대해 자세히 다루었다. 마지막 11장에서는 다양한 교육 프로그램, 접근법 등을 소개하고, 나아가 바람직한 변화를 위한 과제를 논의하고자 하였다.

철학자 칼릴 지브란(Kahlil Gibran)은 "교육은 그대의 머릿속에 씨앗을 심어 주는 것이 아니라, 그대의 씨앗들이 자라나게 해 준다."고 하였다. 그러므로 이 책을 통하여 유아교육과정의 기본을 다지고, 유아교육과정을 구성하는 철학적, 심리적, 사회적 기초를 이해하여, 이를 바탕으로 유아교육 현장에서의 교육과정 실천 방법을 함께 고민해 보는 시간이 되길 바란다. 이러한 고민을 통해 여러분들의 씨앗이 될 유아들이 건강하고, 행복하게 자라날 수 있게 될 것이다. 모두가 다 어렵다고 말할 때 우리는 그 안에서 교사로서의 자존심과 자존감을 회복하여, 교육의 미래인 유아들에게 더 나은 교육을 제공해 줄 수 있는 전문가가 되길 바라고 소망한다.

2021년 2월
저자 이연승, 조경미

차 례

2부 : 유아교육과정 구성의 기초

3부 : 유아교육과정 구성 원리 및 운영

4부 : 우리나라 유아교육과정

5부 : 유아교육 프로그램

1부

교육과정과 유아교육과정

1장

교육과정과 유아교육

1. 교육과정의 개념

1) 교육과정의 개념

교육과정이라는 용어는 오늘날 마치 일상 용어처럼 꽤 널리 쓰이고 있기는 하지만, 그것은 원래 일상 용어가 아니라 교육학의 전문 용어이다. 사전적 정의에 따르면, 일정한 교육의 목적에 맞추고, 교육 내용과 정해진 수업의 교육 및 학습을 종합적으로 계획한 것을 말한다. 즉, 교육과정이라는 용어는 영어 단어 '커리큘럼(curriculum)'의 번역어이며, 이 영어 단어는 '달리다'에 해당하는 라틴어 단어 '쿠레레(currere)'에서 파생되었다. 그리하여 커리큘럼, 즉 교육과정은 어원상으로 볼 때에는 '달리는 코스', '경주 코스'를 뜻하며. 이것이 교육의 맥락에서는 '교수요목'(course of study), 즉 가르치고 배워 나가야 할 내용을 항목으로 열거해 놓은 것을 뜻하게 되었다(이홍우 외, 2011). 즉, 교육과정이라는 용어는 경마장에서 말이 경주하기 위해 출발점에서 종착점까지 달리던 정해진 코스라는 의미에서 유래된 것으로, 학교에서 교육과정의 의미는 학생이 입학해서 졸업할 때까지 쭉 달려

가는 정해진 코스, 또는 학생이 학습할 내용을 일정한 순서에 따라 조직하고 배열한 것으로 해석될 수 있다. 이후 교육과정이 하나의 학문적 탐구 분야로 정립·발전되는 과정에서 그 개념이 다음과 같이 다양하게 정의되고 있다.

〈표 1-1〉 교육과정의 개념

학자	개념 정의
이귀윤(1990)	교사를 중심으로 보면 교육과정은 가르치는 내용이나 교과 혹은 의도적 계획으로 정의되며, 배우는 학생을 중심으로 보면 교육과정은 학습 경험 또는 학습 결과로 정의된다.
Eisner(1994)	학습자에게 교육적인 학습 결과를 의도하고, 이를 성취하기 위하여 일관된 관점으로 무엇을, 어떻게 가르칠 것인가에 대하여 계획된 일련의 사건이다.
교육부(1998)	학습자에게 학습 경험을 선정하고 조직하여 교육 경험의 질을 구체적으로 관리하는 교육의 기본 설계도이다.
이성호(2004)	교육을 주도하는 기관이 그 기관의 교육 목표에 따라 학습자의 성장과 발달을 돕기 위하여 체계적으로 개발하여 수립하는 지식과 경험을 포함한 모든 종류의 교육 내용에 대한 사전 계획과 기대하는 결과이다.
이홍우 외(2011)	각 학교급별, 학년별, 과목별로 가르치고 배워야 할 내용을 항목에 따라 나열해 놓은 것으로 '공부의 코스'가 바로 교육과정이며, 교육학의 탐구 분야로서의 '교육과정'은 이것에 대한 탐구를 가리킨다.

2) 교육과정의 유형

교육과정의 의미를 보다 분명하게 정의하기 위해서는 어떤 측면에서 의미를 규정할 것인지 생각해 볼 필요가 있다. 현재 교육과정의 의미는 교과목 또는 교과에 담긴 내용, 학교의 지도 아래 학생이 갖는 실제 경험, 계획된 활동으로 구성된 프로그램, 의도한 학습 결과, 문화적 재생산의 도구 등으로 다양하게 표현되고 있다. 이는 근본적으로 교육을 보는 시각이나 인간과 사회를 보는 시각, 그리고 시대적·사회적 변화에 따라 교육과정에 대한 의미가 다양하게 해석될 수 있기 때문이다.

이 장에서는 교육과정을 교육과정의 내용 및 교육 사조와 관련하여 분류하고자 한다. 이러한 구분으로 유형을 나누어 보면 교과 중심 교육과정, 경험 중심 교육과정, 학문 중심 교육과정, 인간 중심 교육과정 등으로 나뉠 수 있다.

(1) 교과 중심 교육과정

교과 중심 교육과정이란 인류의 문화유산 가운데 항구적인 가치를 지닌 본질적인 요소를 찾아서 학교교육을 통해 다음 세대에 계승시키는 것을 교육의 목적으로 본다. 즉, 인간을 사회적 존재로 만드는 것을 교육의 목적으로 본다. 문화유산의 전수를 목표로 삼는 교과 중심 교육과정에서는 "교수 목적을 위해 인류문화유산의 핵심적인 것을 체계적으로 조직해 놓은 것"을 교과로 본다. 교과는 성인이 중요하다고 생각하는 주제를 열거하는 식의 교수요목으로 구성되는데, 일반 학교교육에서는 교수요목을 국어, 수학, 외국어, 과학 등 이수해야 할 교과별로 작성하기 때문에 교과과정이라고도 부른다. 교과 중심의 교육과정은 문화유산의 전달이 주된 교육 내용이 되며, 교사 중심의 설명 위주 교수법, 한정된 교과 영역 내에서의 학습 활동 등이 특징이다. 이러한 교과 중심 교육과정은 단편적이며 분과적인 교과 조직이 될 가능성이 있고, 성인 중심으로 교과 내용과 학습 방법을 선정하기 때문에 학습자의 흥미나 필요를 고려하지 못한다는 문제점이 있다.

(2) 경험 중심 교육과정

아동 중심 교육사상과 실용주의 철학을 배경으로 한 듀이(Dewey)의 진보주의 교육 철학 사상을 배경으로 1930년을 전후로 등장한 교육과정으로, 교과 중심 교육과정으로는 급변하는 사회에 적절하게 적응해 나가기 어렵다는 판단을 하고, 생활 경험을 중심으로 교육과정을 구성해야 한다고 주장하며 등장하였다. 경험 중심 교육과정은 생활문제 해결을 더 중시하기 때문에 교육과정 구성의 기초를 학습자의 자발적 행동으로 생기는 경험의 체계에 둔다. 그래서 경험 중심 교육과정에서는 "학교의 지도 아래 학생들이 가지게 되는 모든 경험"을 교육과정이라고 본다. 따라서 이 유형의 교육과정에서는 학습자의 흥미와 경험에 기초해서 개인의 성장과 문제 해결 능력을 기르는 것을 교육의 목적으로 한다. 경험 중심 교육과정에서 교육 내용은 성인 중심의 경험이 아니라 실제 학습에 임하는 아동 중심, 학습자 중심의 경험이어야 하므로 교과목뿐 아니라 일상생활에서 학습자가 해결해야 할 문제나 과제로 구성된다. 또한 교사의 일방적 교수가 아니라 교사–학생 간의 상호 작용을 중시하기 때문에 학습자 스스로 자신의 활동을 계획, 조직, 평가하는 자발적 활동과 자율 학습을 강조하고, 교사는 조력자, 안내자, 상담자의 역할을 수행하게 된다. 이러한 경험 중심 교육과정은 학습자의 흥미와 경험을 중시하고, 공식적으로 의도하지는 않았지만 학습자가 교실 안팎의 모든 학교 환경으로부터 직·간접적으로 배우게 되는 잠재적 교육과정에 관심을 갖게 했다는 데 의의가 있다. 그러나 한편 학생들의 흥미나 요구를 강조한 나머지, 기본적인 지식과 문화유산을 습득하는 데 비효율적이며, 기초 학력 저하를 불러올 수도 있다. 또한 교육의 계획, 실천, 평가가 어렵고 체계적이지 못하다는 단점을 가지고 있다. 그래서 교직의 소양과 지도 요령이 부족한 교사가 이 교육과정을 채택할 경우 실패할 가능성이 높다는 문제점이 제기되기도 한다.

(3) 학문 중심 교육과정

학문 중심 교육과정은 학문 또는 지식의 구조를 강조하는 브루너(Bruner) 등에 의해 제시된 개념이다. 브루너의 '교육의 과정'은 학문의 구조라는 관점에 기반을 둔 지식의 체계화 및 탐구 원리를 제공하여 학문 중심 교육과정의 방향을 제시한다. 이 유형의 교육과정에서는 탐구 학습 또는 발견 학습을 통해 체계적 지식과 탐구 능력을 기르는 것을 교육 목적으로 한다. 교육 내용은 지식의 구조, 즉 지식의 기본 개념, 기본적인 아이디어, 핵심 개념이며, 교과 내용은 초등학교에서 고등학교까지 동일하되 학년에 따라 그 수준이 달라지도록 나선형 방식으로 조직된다. 즉, 어떤 교과든지 그 기초적인 기본 구조를 잘 조직해서 표현하면 어떤 연령에 있는 어떤 아동에게도 가르칠 수 있게 된다는 개념이다. 이 유형에서 교육과정의 교수 방법은 교사가 학습자에게 주입하는 것이 아니라 학습자가 학문 그 자체의 특성에 대해 내재적 흥미를 갖도록 발견 학습, 탐구 학습을 강조한다. 학문 중심 교육과정은 체계화된 지식의 교육 내용을 선정하여 교육과정을 구성하여 능률적인 교수 및 학습이 가능하며, 새로운 지식에 접했을 때 전체적인 구조를 통해 개념을 스스로 탐구할 수 있는 능력을 기르는 것에 초점을 두었다는 데 의의가 있으나 지식의 구조는 학업 성취도가 떨어지는 학생에게 너무 어렵고, 우수한 학생에게만 적합하며, 지식의 구조를 지나치게 강조하게 될 경우, 학교교육과 현실생활과의 연계성이 약해져 학습자의 흥미와 욕구를 경시할 가능성이 높다는 비판점이 있다.

(4) 인간 중심 교육과정

인간 중심 교육과정은 현대 사회의 비인간화 현상을 극복하기 위해 제시된 인간주의 교육론의 연장선상에서 등장하게 된 것으로, 감성, 태도, 가치관, 자아실현을 강조하는 인본주의 심리학을 배경으로 한다. 이 유형의 교육과정에서는 학습자 개개인의 특성을 존중하여 자아실현을 돕고자 하며, 학습자의 성장에 영향을 주는 모든 경험(학생이 학교생활을 하는 동안에 가지는 모든 경험의 총체)을 중시한다. 이는 학교의 지도와 계획 아래 가지는 경험(표면적인 교육과정)과 의도되지 않은 경험(잠재적 교육과정)의 총체를 뜻하는 것으로 넓은 개념의 교육과정을 말한다. 인간 중심 교육과정에서 교사는 학습자를 인간으로서 존중하고 경청하며, 가르치는 과정에서도 인간적인 관계, 정서적인 관계를 갖는 것을 중요시한다. 이러한 인간 중심 교육과정은 그 범위가 넓을 뿐 아니라 개인의 주관 및 가치관의 차이에 따라 그에 대한 평가나 해석도 다양하기 때문에 교육 현장에서 구체화된 계획을 하기가 어렵다는 문제가 있다. 따라서 인간 중심 교육과정을 실천할 수 있는 구체적인 자료 개발이 필요하고 학교의 비인간화 요소를 제거하려는 교사의 노력이 필요하다.

위에서 살펴본 바와 같이 교육과정의 개념에 대한 다양한 정의를 종합해 볼 때, 교육과정에는 학생뿐 아니라 부모와 사회가 기대하는 바람직한 결과, 지향하는 인간상을 나타내는 가치를 내포하고 있으며, 교육과정을 통해서 나타나기를 바라는 학습의 결과 또는 학습자의 행동 변화를 기대하는 의도를 가지고 있고, 교육 목표를 달성하기 위한 교육 내용, 교수·학습 방법, 평가 등의 계획을 가지고 있다. 따라서 교육과정은 '학습자에게 가치 있고 바람직한 목표를 설정하고, 이를 성취하기 위하여 교육 내용, 방법, 평가를 체계적으로 조직한 교육의 기본 설계도'라고 정의할 수 있다(Tanner & Tanner, 1980)

2. 유아교육

교육과정에 대한 이해를 토대로 유아교육과정을 살펴보기 전에 유아교육이 무엇인지에 대한 이해가 선행될 필요가 있다. 유아교육이란 인간 발달 단계의 유아기인 '출생에서부터 만 8세까지의 유아를 대상으로 유치원이나 보육 시설에서 이루어지고 있는 교육'이다. 유아기는 인간의 발달 단계 중 지적·정서적·신체적인 모든 분야의 형성에 가장 중요한 시기라는 학설이 일반화됨에 따라 유아교육에 대한 관심이 점차 고조되어 근래에 와서는 국가 정책으로 이를 뒷받침하고 있으며, 대부분의 유아들이 어떤 형태로든 형식적인 교육을 받고 있다. 유아기에는 가르치고 교육하는 것뿐만 아니라 전반적인 생활 경험 자체가 유아에게 영향을 미친다. 그러므로 유아의 정신적·신체적 성장과 발달을 도와줌으로써 유아의 잠재 능력 및 소질을 계발시키고 아울러 그들의 삶을 긍정적인 방향으로 변화시키는 유아교육은 매우 중요하다고 하겠다.

그러나 '유아교육이 무엇인가?'에 대해 명쾌하게 대답하기는 애매한 점이 있다. 왜냐하면 유아교육의 대상에 대한 구분이 모호하고 유아교육기관의 유형이 다양하며, 다각적인 시각에서 유아를 지도하는 학문적 특성이나 철학을 볼 때 복잡한 성격을 지니고 있기 때문이다. 따라서 본 장에서는 유아교육에 대해 흔히 오해할 수 있는 통념과 유아교육에 대한 본질적 개념을 알아봄으로써 유아교육에 대한 개념을 좀 더 명확히 하고자 한다.

1) 유아교육에 대한 통념

통념이란 '일반적으로 널리 통하는 개념'이라는 사전적 의미를 가지고 있다. 유아교육에 대한 일반적인 통념을 살펴보면 다음과 같다.

(1) 보호로 보는 입장

1970년대까지만 해도 교육을 보호라고 하는 사람들이 많았다. 유치원에서는 교육을 보육이라고 했으며 교사를 보모라고 불렀고 유아교육학과를 보육학과라고 지칭하기도 하였다. 그러나 교육이란 보육과는 구별되는 개념으로써, 교육이 보다 계획적이고 체계적인 방법으로 목적적인 변화를 시도하는 것이라면, 보육은 아동을 맡아서 돌보아 주고 심신을 보호해 주어 정상적인 발달을 도와주는 개념이라고 인식되어져 왔다. 다시 말하면, 교육은 보다 적극적으로 유아의 행동 변화를 유도하는 것인 반면, 보육은 교육에 비해 소극적인 개념으로 유아의 영양, 건강, 보건, 위생 등 기본적인 요구에 부응해 주는 것으로 인식되어 왔다. 오늘날 여성의 사회 참여도가 늘어남에 따라 보육 시설을 확충해 나가고 있는 것도 유아교육을 보육의 측면에서 인식하고 있는 것으로 볼 수 있다.

(2) 초등학교 준비교육으로 보는 입장

유아교육을 초등학교에 들어가서 성공적으로 학습하기 위한 준비교육으로 보는 사람이 많다. 이 입장은 유아교육을 통해 초등학교 학습을 위한 기초 능력이나 집단생활에 필요한 사회적 능력을 길러 줌으로써 초등학교에서의 사회적 적응과 학업적 성취를 도와줄 수 있을 것이라는 기대에서 나온 개념이다. 그러나 인간 발달의 어느 시기도 후기 발달을 위한 준비교육으로 규정될 수 없으며, 인간 발달의 어느 시기도 이후 발달의 준비 단계로 규정할 수 없다. 즉, 인간 삶의 의미를 현재를 무시한 채 미래에서만 구하려고 하는 것은 교육의 근본 의미를 상실하는 것이 되기 때문에 유아교육은 이 시기 유아들의 발달적 특성과 요구에 합당한 교육이 되어야 한다.

(3) 조기 재능교육으로 보는 입장

남들보다 더 뛰어난 아이로 만들기 위해 빠른 시기에 더 많은 것을 가르쳐야 한다거나, 일찍부터 언어나 예능 등 특정한 영역의 기능이나 재능을 교육시켜야 한다고 보는 입장이다. 이러한 입장은 유아교육을 음악, 미술, 무용, 운동 등의 특별한 재능을 개발시키는 것으로 보는 관점이다. 영재교육, 조기교육, 예체능교육 등이 조기 재능교육에 해당한다.

2) 유아교육에 대한 본질적 개념

유아교육은 유아의 발달에 적합한 교육을 하는 것이다. 유아의 발달적 수준에 적합하지 않은 교육은 효과를 거둘 수 없다. 유아들에게 의미 있는 어떠한 내용을 교육하려면 우선 유아들의 발달 수준, 이해의 정도, 심리·정서적 상태 등 유아들의 현재의 상황을 먼저 고려하여야 한다. 즉, 유아의 심리적 측면을 고려하여 유아의 생활 경험 중심 교육을 통해, '지금, 이 순간, 현재, 여기에서' 일어나고 있는 유아의 경험에 지식을 접목할 수 있을 때 비로소 유아의 잠재 능력은 최대한 발현될 수 있을 것이다.

(1) 비형식적 교육

유아교육은 비형식적 특성을 가지고 있다. 유아교육은 출생에서 8세까지 어린 아이들을 대상으로 하며 교육의 장소도 가정과 기관을 포함하므로 보호와 양육의 성격을 지닌 비형식적 교육과 보다 체계적이고 과학적인 성격의 형식적 교육[1](formal education)이라는 특성을 모두 지니고 있다. 비형식적 교육[2](non-formal education)이란 가정생활, 사회생활 속에서 자연스럽게 간접적으로 이루어지는 교육을 말한다. 학교 이외의 모든 생활 환경을 통해 인간 행동 변화에 영향을 미치는 작용이 비형식적 교육이다. 의도하지 않더라도 환경 속에서 은연중에 갖게 되는 경험들은 반복적이고 지속적이기 쉬우므로 형식적 교육의 효과를 능가할 수 있다.

(2) 전인교육

유아교육은 유아의 전인적 발달(신체, 언어, 인지, 사회, 정서 발달)을 돕는 교육이다. 전인교육이란 인간이 지니고 있는 모든 자질을 전면적, 조화적으로 육성하려는 교육으로, 제 측면이 고루 발달된 인간을 기르는 교육을 말한다. 인간은 본래 전인적인 인격을 지닌 통합적인 존재로 태어나므로 이러한 상태를 계속 유지할 수 있도록 하기 위해서는 여러 부분으로 분화되어 성장 및 발달을 하는 것이 아니라 통합적이며 전인적으로 성장하고 발달한다. 그러기 위해서는 어느 한 면에 치우치지 않고 모든 측면이 조화롭게 균형을 이루어 발달하는 통합체로 자랄 수 있도록 교육하여야 한다.

---

1) 형식적 교육: 형식적 교육이란 교육의 이념과 목적에 따라 의도와 계획을 가지고 장기간 실시되는 교육으로 의도적 교육, 협의의 교육과 유사한 개념이다.

2) 비형식적 교육: 비형식적 교육이란 교육기관에 의하지 않고 실제 생활을 하는 동안에 자연, 사물이나 인간관계, 매스컴 등에 의해 자연 발생적으로 이루어지는 교육을 의미한다.

(3) 통합교육

유아의 발달에 적합한 교육은 통합교육과정으로 실현될 수 있다. 교육에서 통합의 개념은 인간은 본래 통합적인 존재 혹은 전인적인 존재이므로 인간의 마음과 몸, 사고와 행동 등으로 구분하는 것이 아니라 인간 그 자체를 하나의 전체 즉, 전인적으로 보는 것에서 유래되었다. 교육과정의 통합적 접근은 어린 연령인 유아의 학문적인 성취를 저해하지 않으면서도 유아의 발달을 강화시키기 때문에 교육과정 운영에 적절한 형태로 받아들여져 왔다. ,즉 유아교육은 통합교육적 차원에서 교과목 간에 엄격한 구분을 하지 않고 각 교과의 지식이나 경험을 재구성하여 학습자의 흥미 중심, 문제 중심, 놀이 중심으로 교육과정을 구성하는 교육이다. 유아교육 프로그램에서는 통합적 교육의 필요성에 대한 프뢰벨(Fröbel)과 듀이(Dewey)의 주장을 이론적 근거로 삼고 있다. 프뢰벨은 『인간교육(*Die Menschenerziehung*)』(1826) 에서 자연과 인간의 통일성과 놀이를 강조하며 일찍이 어린이는 모든 경험을 통합함으로써 전인 발달을 이룰 수 있다고 주장하면서 통합적 교육과정을 제시하였고, 듀이는 경험 중심 교육과정에서 통합을 문제 해결의 과정 즉, 경험의 통합 과정을 용이하게 해 주기 위한 방법적인 측면에서의 통합을 강조하였다. 이를 통해 유아교육 또한 통합이라는 개념을 반영하도록 하였다.

(4) 아동 중심 교육

유아교육은 아동 중심 교육이다. 아동 중심 교육이란 전통적인 교사 중심, 교과서 중심의 교육과는 달리 학습자인 유아가 교육 활동에 적극적으로 참여하는 것을 의미한다. 아동 중심 교육에서는 아동이 상호 작용의 주체가 될 때 진정한 의미의 성장과 발달이 일어난다는 점에 유의한다. 아동 중심 교육에서 교사는 아동과 환경과의 연결을 돕는, 다시 말해 아동과 환경과의 상호 작용이 보다 활발하게 일어나도록 하는 중재자이며 안내자이다. 이에 교사는 아동의 탐색과 활동 요구를 수용할 수 있는 반응적 환경을 제공해 준다. 아동 중심 교육의 발달 원리 중 하나인 상호 작용의 질은 환경적 조건에 따라 달라지기 때문에 풍부하고 다양한 환경, 잘 조직되고 정비된 환경을 구성하여 제공하는 것이 무엇보다 중요하다. 교사는 다양한 활동 중심의 환경을 구성하여 유아가 선택하여 활동할 수 있는 기회를 제공하고, 유아가 탐색하고 사고를 확장할 수 있는 질문을 하고 대화하며 창의력과 동기 유발을 중시함으로써 유아가 능동적으로 학습할 수 있도록 도와준다.

(5) 놀이 중심 교육

유아는 성인과는 달리 놀이를 통하여 학습한다. 유아의 학습에서 놀이는 학습 그 자체라고 할 수 있으며 놀이를 하면서 자신을 표현하고 주변의 구체적인 사물을 탐색하며 상황을 이해하고 다양한 능력을 습득하게 되는 것이다. 유아를 위한 교수 방법은 놀이를 중심으로 하는 것이 가장 효과적인데, 이때 놀이는 유아의 요구를 반영하는 훌륭한 학습 수단이 되므로 놀이를 통해 자연스럽고 자발적인 학습을 할 수 있도록 환경을 준비해 주어야 한다. 여러 연구를 통해 유아의 놀이는 신체 발달(신체 성장 촉진, 기본 운동 능력 및 협응 능력 향상), 인지 발달(주변 환경에 대한 지식과 개념 발달, 문제 해결 능력 및 자기 조절 능력 향상), 언어 발달, 정서·사회성 발달(불안 수준 저하, 타인 정서 이해 등 정서 지능 촉진, 자신의 행동과 정서 조절)을 촉진시키는 것으로 밝혀졌다.

읽을거리

어렸을 때를 생각해 보면 하루 종일 친구와 놀고, 무엇을 할지 특별히 의논하지 않아도 주변의 모든 것들이 놀잇감이었다. 놀이하며 세상을 배워 나갔고, 놀이 속에 세상을 담았다. 유아에게 놀이는 왜 중요할까? 네덜란드의 역사학자 요한 하위징아(Johan Hui z inga)는 인간을 '호모 루덴스(Homo Ludens, 놀이하는 인간)'이라고 정의했다. 사람은 놀이를 할 때 더욱 창조적이고 생산적인 존재인 것이다.

◆ 놀이는 유아의 삶 자체이며, 생활의 전부이다.

유아들의 삶에서 놀이란 결코 분리될 수 없는 중요한 요소이다. 유아기의 기본이 되며, 이것이 문화를 만들어 온 원동력이 되었다는 점에서 놀이와 교육은 상호 연결되어 있기 때문에 놀이는 유아교육에서 유아의 전인적 성장과 발달을 돕는 가장 좋은 방법이기도 하다. 유아들은 놀면서 자라고, 놀면서 배우고, 놀면서 살아간다. 유아가 아침에 일어나서 잠들 때까지 놀이에 열중하는 모습을 볼 때, 놀이는 내적 동기에 의한 본능적 행동이며, 적극적으로 놀이에 참여하는 중에 배우고 알아 가는 효과적인 학습 방법이자 발달의 출발점이라 할 수 있다.

◆ 놀이를 통해 유아의 몸과 마음이 건강하게 발달한다.

놀이를 통해 이루어지는 다양한 움직임은 신체의 각 부분을 골고루 단련시켜 주며, 바른 자세를 형성하게 한다. 또한 놀이를 통해 신체가 올바르게 성장하고 기본적인 운동 능력이 발달하게 된다. 유아들에게 있어 놀이를 통해 얻어지는 신체적 건강은 정신이 건강한 사회인을 육성하는 데에도 중요한 역할을 한다고 볼 수 있다.

◆ 놀이는 유아의 인지 발달을 돕는다.

영유아 시기는 시각, 청각, 언어, 감정, 운동, 논리 수학 등의 발달이 한꺼번에 이루어지고, 생후 36개월경 뇌의 시냅스 수가 최고에 이른다. 따라서 뇌 과학자들은 '영유아기에는 뇌를 골고루 자극하기 위해서라도 많이 놀게 해야 한다.'고 강조한다. 유아는 놀이를 통해 집중력을 기르고 이러한 집중력은 학습에 전이되고 놀이 행동의 반복성은 경험한 내용을 확실하게 인지시킨다. 즉 놀이의 집중성, 반복성, 창의성의 특성 때문에 놀이 활동이 학습으로서 교육적 의미를 지닌다. 놀이 과정 속에서 삶에서 겪게 될 실패를 미리 '경험' 해 보고 이를 이겨 내는 방법 또한 배울 수 있다. 놀이를 하기 위해, 혹은 놀이에서 발생할 수 있는 문제를 해결하기 위해서 유아는 창의성을 필요로 한다. 따라서 놀이를 하면서 얻는 다양한 경험과 놀잇감을 통해 유아는 환경과 사물에 대한 지식과 창의적인 사고를 넓혀 나갈 수 있다.

◆ 놀이는 유아의 언어 발달을 돕는다.

놀이는 유아로 하여금 언어 능력을 최대한 활용하도록 자극한다. 즉 유아는 다양한 놀이 상황에서 언어를 통한 의사 전달 및 소통을 위해 적절한 언어를 선택해 사용하며, 그 과정에서 개념 발달을 이루고 의사소통 능력을 기를 수 있게 된다. 유아는 놀이를 하면서 친구의 말을 따라 해 보기도 하고, 친구와 놀이하는 과정에서 일어나는 사건이나 소리 또는 놀이에 쓰이는 여러 가지 사물에 대해 이야기를 주고받으면서 다양한 어휘를 습득한다. 놀이에 필요한 적절한 문장을 자연스럽게 습득하게 되고, 때와 장소 혹은 상대에 따라 적절한 언어를 바르게 사용할 수 있는 능력을 기르게 된다는 점에서 놀이는 유아의 언어 발달을 돕는 역할을 하게 된다.

◆ 놀이를 통해 유아는 부모와 소통하며 정서 발달을 이룬다.

유아는 부모와 놀이를 통해 다양한 상호 작용을 하며, 서로의 감정을 공유한다. 특히 아이들은 놀이를 통해 자신의 내면의 감정과 생각들을 무의식중에 드러낸다. 놀이는 아이의 내면에 쌓였던 불만과 감정을 터트리는 가장 안전한 수단이다. 놀이를 통해 억압된 감정을 풀어 주고 공포, 갈등, 공격성, 적대감 등 부정적인 감정을 해소시킨다. 놀이는 단순한 표현의 수준을 넘어서 자신이 지닌 정서적 문제를 해소시키는 감정 정화의 역할까지 한다. 만약 아이가 놀이를 통해 자신의 감정을 충분히 회복하지 못한다면 다른 사람에게 화를 낼 수도 있고, 정말 별것도 아닌 일에 눈물을 쏟거나, 방 안에 틀어박혀 있을 수도 있다. 따라서 유아가 놀이를 통해 긍정적인 경험과 발달을 할 수 있도록 도와주기 위해서는 놀이 참여자로서의 부모 역할이 중요하다. 유아는 가정에서 대부분의 시간을 부모와 함께 생활하며 지내기 때문에 부모는 유아에게 중요한 놀이 상대이다. 또한 부모는 유아의 놀이에 참여함으로써 더 풍부한 놀이를 할 수 있도록 곁에서 도와주고, 촉진해 줄 수 있는 영향력 있는 교육자이다. 그러므로 유아는 부모와 놀이하는 가운데 이루어지는 상호 작용을 통해 정서 표현, 정서 이해 능력, 정서 규제 능력 등의 정서 발달의 기초를 형성하게 된다.

출처: 굿네이버스(2017). 학부모를 위한 영유아놀이지침서. The 좋은 자람2.

(6) 보호와 교육

유아교육은 보호와 교육의 양면적 특성을 가진다. 유아는 부모나 주 양육자로부터 돌봄을 받는 존재로 의미 있는 타인의 보호가 필요하며, 유아는 자신이 속한 문화권 내에서 기본적인 생활을 영위하기 위해 사회생활에 필요한 기초적인 개념, 기술 및 지식을 획득할 수 있는 교육이 필요하다. 다시 말해, 보호는 신체적 보살핌과 애정을 의미하며 교육은 학습자의 성장과 발달을 위한 목적과 목표에 따라 계획된 활동을 의미하며 유아는 보호와 교육이 모두 필요한 존재이다. 이러한 양면적 특성으로 인해 현재 유아를 대상으로 하는 정책은 교육부의 유아교육 정책과 보건복지부의 보육 정책이 있다. 우리나라의 영·유아보육과 유아교육은 각각 보건복지부와 교육부의 이원화된 행정 체제를 유지하며 발전하여 왔다. 즉, 영아를 포함한 만 0~5세까지 취학 전 아동에 대한 보호 중심의 어린이집과 만 3~5세까지 취학 전 아동에 대한 교육 형태가 중심이 된 유치원으로 크게 이분화 되어 있고 그 외의 학원, 선교원 등으로 다기화되어 있다. 만 3~5세의 중복되는 동일 연령의 유아가 어느 시설에 다니느냐에 따라 보육과 교육 정책의 영향을 받는 것이다. 그러나 현재 유아교육기관은 체제상으로는 이원화되어 있긴 하지만 과거에 비하면 기본적인 신체 안전 및 건강을 중심으로 하는 보호·양육적 기능에서 전인적 발달을 기초로 하는 교육과 영양 및 건강의 사회적 서비스가 제공되는 포괄적인 보육 프로그램으로 전환되어 보호와 교육의 양면적 특성을 가진 교육 프로그램이 필요하게 되었다고 볼 수 있다.

(7) 발달에 적합한 교육

유아교육은 유아의 발달에 적합하여야 한다. 발달의 시기로 볼 때 유아기는 다른 어떤 발달 시기보다 가변성, 가소성이 큰 시기로 발달에 따른 수준 차이가 매우 크다. 그러므로 각 유아의 연령이나 발달 수준에 알맞은 교육 활동이 제공되어야 한다. 구체적인 사물을 경험하거나 직접 조작해 봄으로써 인지적인 이해가 가능하므로 이에 맞는 교육이 이루어져야 한다.

발달적 적합성의 개념은 유아의 연령에 따른 발달 특성의 적합성과 유아의 개인차에 기인하는 개별적, 문화적 특성의 적합성으로 나누어 정의를 내릴 수 있다.

연령 적합성(age appropriateness)은 유아기 동안 일어나는 성장과 변화에는 보편적이고 예측 가능한 단계가 있다. 이러한 예측적 변화는 유아의 신체, 정서, 사회성, 인지 등 모든 측면의 발달 영역에서 발생한다. 그러므로 유아의 전형적인 발달에 관한 지식은 유아에게 적절한 학습 환경과 교육 경험을 준비하고 계획하는 데 기본이 될 개념적 준거를 제공해 준다.

개별·문화 적합성(individual and cultural appropriateness)의 개념은 유아마다 다른 성장 속도나 유형, 인성, 학습 양식, 언어나 종교, 생활 방식 등 유아와 그 가족의 독특한 사회, 문화, 경제적 배경 등에 따른 개별적 특성 즉, 개인차를 의미한다. 발달에 적합한 실제의 개념은 연령에 적합할 뿐 아니라 개별적 적합성을 포함한다.

즉, 유아의 발달에 적합한 교육 내용을 선정하고 효과적인 교수전략을 고안해 내기 위해서는 연령 적합성과 개별, 문화 적합성 즉, 대상 유아의 발달 특성과 개인차를 모두 고려해야 한다.

(8) 초등교육과 연계된 교육

유치원교육과 초등학교교육은 유아의 계속적인 발달을 도모하고 교육의 효율성을 높이기 위해 연계성을 유지하는 것이 매우 중요하다. 발달심리학적으로 연계적이며 비슷한 발달 특성을 보이는 만 3~5세 사이의 연령 분포에 있는 우리나라 유치원교육과 초등학교 저학년 아동들은 여러 측면에서 동질적이다. 신체 및 운동 기능 발달 측면에 있어서 유아기 및 아동기 동안에 협응 기능이 급격하게 발달한다. 이 시기의 유아는 세부 근육의 정확성을 포함하는 활동에 점점 더 참여하게 된다. 따라서 글씨 쓰기와 그림 그리기 등의 활동이 점점 더 정교화되는 시기이다.

즉, 유·초 연계는 유치원과 초등학교 학교급 간의 교육 내용의 동질성, 유치원과 초등학교 1, 2학년 아동이 발달상 유사한 단계에 있다는 발달 측면과, 교육과정이 단계적으로 자연스럽게 연결되어 유아들의 학습 성취감을 높일 수 있는 교육과정 운영의 효율성 측면에서 필요하다고 볼 수 있다.

(9) 가정-유아교육기관-지역사회와 연계된 교육

가정, 유아교육기관, 그리고 지역사회는 모두 유아의 발달과 교육에 지대한 영향을 미치는 중요한 요소이다. 유아교육기관이 유아의 가족과 지역사회를 유아의 발달과 교육을 위한 동반자로 생각하는 경우 부모와 지역사회는 유아를 위하여 공동의 관심사와 책임을 가지고 좀 더 나은 프로그램과 교육의 기회를 창출하기 위하여 함께 노력해야 한다.

정책적으로는 지역마다 육아종합지원센터 및 유아교육진흥원 등을 설치하여 지역 내 가정 양육 및 교육 지원을 위한 거점 기관 역할을 담당함과 동시에 유치원, 어린이집, 지역사회, 교·보육 행정을 이어 주는 허브의 기능을 수행하면서, 유치원 및 어린이집과 부모, 영유아를 대상으로 지역 특성에 기초한 다양한 서비스를 제공하고 있다. 구체적으로는 영유아교육 및 양육에 대한 제반 정보 제공 및 상담을 실시하고, 지역 시민들에게 육아에 대한 편의를 제공하고, 교육 및 보육 관련 교직원에 대한 교육 실시를 통한 유치원 및 어린이집과의 긴밀한 연계 체계를 구축하여 유치원·어린이집 운영의 효율성을 높이는 동시에 양질의 교육·양육 환경 조성에 조력함으로써 가정-유아교육기관-지역사회의 지속적인 발전을 도모하고 있다.

(10) 적기교육

유아기 교육은 적기교육이 되어야 하며, 적기교육은 특정한 발달 영역만을 강조하는 것이 아닌 모든 발달 영역을 고루 발전시키는 전인 발달을 지향하여야 한다는 의미를 가지고 있다. 또한 적기교육은 발달 특성에 적합한 교육으로 인간의 생각과 행동을 통제하는 뇌의 발달 단계에 적합한 교육을 제공하여 학습 효과를 높이고, 정상적인 두뇌 발달을 이루도록 해야 한다는 의미를 가진다. 유아의 보편적 발달과 개별적 발달을 이해하여 이에 적합한 경험을 제공해야 한다. 적기교육은 놀이를 통하여 이루어지는 것이 바람직한데 놀이는 즐거움을 느끼기 위해 하는 것으로 내적 동기에 근거한 자발성에 의해 이루어지며, 결과보다는 과정을 중시하고, 긍정적 정서를 경험하게 하는 즐거운 활동이다.

3) 유아교육의 중요성

첫째, 유아교육은 인간교육의 기초를 형성한다. 유아기는 인성의 기초가 형성되며 기본 생활 습관, 표현 능력, 의사 결정 능력, 문제 해결 능력, 창의성, 도덕성 등이 길러지는 매우 중요한 시기이다. 사회라는 공동체 안에서 건강하고 행복한 구성원으로 살아가기 위해서는 유아기부터 바른 기본 생활 습관과 올바른 인성을 가져야 한다. 그러므로 유아기부터 질서, 배려, 협력 등 실천 위주의 기본 생활 습관 지도와 인성교육이 실시되어야 한다.

둘째, 유아교육은 민주 시민으로서의 소양을 기르는 교육이다. 민주 시민은 상대방의 인격이나 의견을 존중할 뿐 아니라 서로 개성이 다른 존재임을 인정하고 의견이 다를 때는 합의점을 도출할 줄 아는 사람을 일컫는다. 다양한 가치관이 혼재되어 있는 현대 사회에서 유아가 자신만의 독특성에 자부심을 가지고 개성 있는 삶을 영위하면서 한편으로 다른 사람들과 원만하게 어울릴 수 있는 민주 시민의 기초를 형성하기 위해서는 전인적인 성장에 기초한 지덕체의 조화로운 발달을 이룰 수 있도록 하는 교육이 실시되어야 한다.

셋째, 유아교육은 가정의 행복에 기여한다. 가정은 한 나라의 기초 단위다. 가정이 건전할 때 사회가 건전해질 것이며, 나아가 국가의 기반이 튼튼해질 수 있을 것이다. 유아교육기관이 가정과 연계한 교육의 중요성에 관심을 가지고 가족 지원 체계를 확립해야 하는 이유이기도 하다.

넷째, 유아교육은 국가의 인적 자원을 길러 낸다. 생애 단계별로 투자 비용을 동일하게 산정할 경우, 영유아기의 인적 자원 투자 대비 회수 비율이 가장 크게 나타난다는 헤크먼(Heckman, 2008)의 연구가 발표되면서 영유아기 발달의 중요성이 더욱 주목받게 되었다. 경제학자인 헤크먼이 만든 이 그래프는 생애 주기별로 동일한 금액을 투자했을 때 가장 높은 효과를 낼 수 있는 시기가 바로 '유아기'라는 것을 보여 준다. 즉 유치원, 초등학교, 중학교, 고등학교, 대학교, 성인 시기에 동일한 금액을 투자했을 때 유치원 시기에 가장 결과물이 좋다는 것이다. 이 그래프는 다양한 국제 기구들이 초등교육에만 관심을 가지고 있을 때 유아기부터 관심을 가지도록 하는 효과를 냈다.

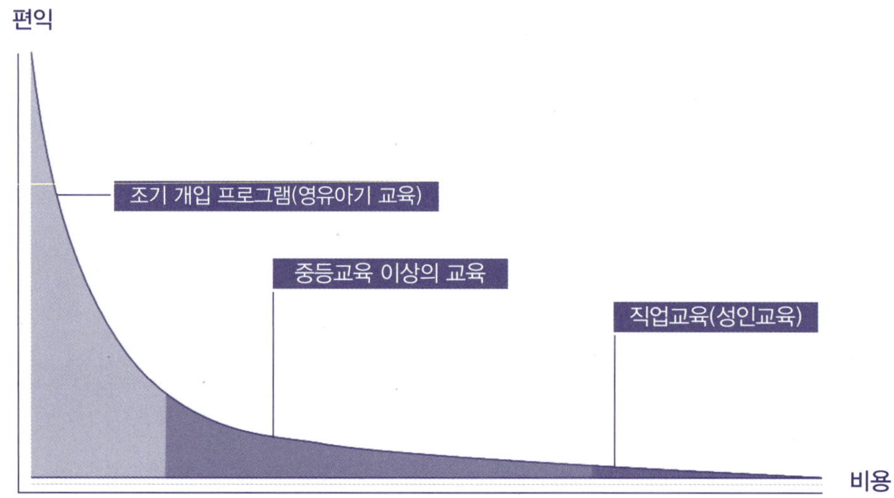

[그림 1-1] 영유아기 인적 자원 투자 대비 회수 비율

출처: Heckman(2008). Schools, skills, and synapses. *Economic inquiry, 46*(3), 289-324.

미국 페리 프리스쿨 프로젝트(Perry Preschool Project, 2010)는 유아의 교육에 1달러 투자 시 16.14달러의 편익이 발생한다고 보고한 바 있고, 1명의 유아가 유아교육 기관에 다니도록 약 2,500파운드를 지원하는 것은 가난한 부모의 수입을 약 1만 7,000파운드 직접 지원하는 것과 동일한 효과가 난다는 영국의 이피피이 프로젝트(EPPE Project, 2004) 결과도 보고된 바 있다. 즉, 유아기는 인지, 정서, 사회 영역 등의 기초 능력이 집중 형성되어야 하며, 이 시기의 발달 정도는 개인의 전 생애 학습에 대한 태도나 학습 능력에 크게 영향을 미치므로 생애 초기 단계인 유아기 교육 및 보육에 대하여 국가의 지원이 필요하다는 것이다. 이렇듯 유아기에 유아 개인의 잠재 능력을 다양하게 길러 낸다면 다양한 분야에서 창의적으로 일할 국가의 인적 자원이 길러지는 기초가 될 것이다.

다섯째, 유아교육은 결정적 시기의 개념에서 중요하게 부각된다. '결정적 시기(critical period)'란 유기체가 생애의 어떤 시점에서 특정한 행동을 가장 확실하게 학습하는 최적의 시기를 일컫는 것으로 생의 초기에 오리가 자신을 돌봐 준 대상에게 강한 애착을 느낀다는 로렌츠(Lorentz)의 각인(imprinting) 연구, 인도에서 발견된 늑대 소녀의 이야기[3]를 예로 들 수 있다. 결정적 시기에 얻어진 행동은 한평생 지속되지만 이 시기를 놓치면 그 기능이 다시 습득되기 어렵기 때문에 결정적 시기의 중요성이 매우 강조되고 있다.

여섯째, 유아교육은 뇌 발달의 측면에서 중요하게 부각된다. 두뇌 발달이 유아기에 급속도로 이루어진다는 연구들은 유아교육의 중요성을 강조하는 요인이 되고 있다. 인간의 전 생애에 걸쳐 유아기는 내외적 자극에 따라 뇌의 신경망이 스스로 조직화되고 구성되는 작용이 가장 활발한 시기이므로 주목할 필요가 있다.

3) 1920년 인도의 늑대 굴에서 발견된 한 소녀는 처음 발견되었을 때 약 8세 정도였는데 걸음걸이와 식성 등이 늑대를 그대로 닮았고 늑대 울음과 비슷한 소리를 내었다. 학자들은 이 소녀에게 인간의 말을 가르치려 노력했으나 8년 동안 50단어 정도밖에 가르칠 수 없었다. 언어학자들은 이 소녀가 인간의 언어를 배울 수 있는 결정적 시기인 2세에서 6세까지의 기간 동안 인간의 언어를 배울 수 있는 기회를 놓쳤기 때문에 아무리 가르쳐도 인간의 언어를 습득할 수 없었을 것으로 보고 있다.

뇌 발달 과정 중 생후 5~6년은 뇌가 가장 유연한 시기이며, 두뇌 발달이 급속도로 이루 어지는 시기로 뇌가 환경으로부터 가장 능동적으로 학습하는 시기이다. 뇌 과학자들은 이 시기에 환경과의 상호 작용은 뇌 발달에 단순히 기여하는 정도가 아니라, 절대적 요건이라는 사실을 강조하고 있다. 이는 뇌가 신체의 모든 기능을 조절하고 모니터(monitor)할 뿐만 아니라, 신체 표면과 내부 기관에 있는 수백만 개의 감각 수용기(sensory receptor)로부터 정보를 받아 처리하며, 과거의 경험을 분석하여 적절히 적응해 가기 때문이다. 이러한 유아기 두뇌 특성은 미래의 새로운 유아교육을 조명하는 데에도 많은 도움이 될 것으로 보인다.

이상을 종합하면, 20세기 이전의 유아교육이 철학적·관념론적인 측면에서 그 중요성이 이해되었다면, 그 이후의 유아교육은 인간의 성장과 발달에 대한 과학적인 연구 결과를 근거로 한 뇌 과학 및 심리학적인 측면에서 강조되었다. 현재의 유아교육은 이 기반 위에 사회적인 상황이 강조되어 유아를 위해서 뿐만 아니라 부모와 사회의 필요에 의해서 그 중요성이 강조되고 있다.

2장

유아교육과정에 대한 이해

1. 유아교육과정의 개념

유아교육과정은 유아교육이 무엇을 추구하는가에 대한 내용과 연결되어 있다. 즉 유아를 어떤 인간으로 기를 것인가, 어떤 것을 가르칠 것인가, 어떻게 가르칠 것인가, 이에 대한 평가는 어떻게 해야 효과적인가 등의 문제와 관련이 있다.

교육 목적	➡	유아를 어떤 인간으로 기를 것인가?
교육 내용	➡	어떤 것을 가르칠 것인가?
교육 방법	➡	어떻게 가르칠 것인가?
교육 평가	➡	평가는 어떻게 해야 효과적인가?

[그림 2-1] 유아교육과정의 개념

일반적으로 유아교육과정이란 유아를 위한 교육과정을 뜻하는 것으로, 교사가 가르치고 유아가 배울 것이라고 기대하는 지식이나 기술 등을 종합적으로 계획한 것이다. 유아가 다양한 활동이나 경험을 통해 습득할 것으로 기대하는 지식이나 기술, 태도 등을 조직화한 것이 유아교육과정이다(김승희, 2018).

카트론과 알렌(Cartron & Allen, 2003)은 유아교육과정을 '유아의 전인적 성장을 도모하기 위하여 교육 목적과 목표를 설정하고 이에 부합하는 교수 방법, 특별한 활동과 자료를 결정하는 틀'이라고 정의하였다.

우리나라 국가 수준 교육과정인 누리과정에서는 유아교육과정의 성격을 다음과 같이 제시하였다.

유치원의 교육 내용에 관한 전국 공통의 일반적인 기준으로 교육 법규에 의거하여 고시한 국가 수준의 '기준'임을 명시하고 ① 국가 수준의 공통성과 개인 수준의 다양성을 추구하는 교육과정, ② 유아의 전인적 성장 발달과 행복을 추구하는 교육과정, ③ 자율성과 창의성 신장을 위한 유아 중심 교육과정, ④ 일상생활과 놀이 속에서 통합적으로 실현해 가는 교육과정, ⑤ 교육청, 지역사회, 유치원, 교원, 유아, 학부모가 함께 실현해 가는 교육과정, ⑥ 유치원교육의 질적 수준의 유지와 관리를 위한 교육과정이다.

즉 유아교육과정이란 '유치원이나 어린이집에서 영유아가 건강하고 안전하게 보호되고 전인적 발달이 이루어지도록 교사가 목적과 목표를 세우고, 그 목표에 맞는 내용을 선택하여 어떤 활동 및 방법으로 전개하고, 평가하도록 하는 일련의 과정'을 의미한다.

2. 유아교육과정의 정의

유아교육과정은 유아가 학습할 내용, 교육과정 목표를 성취해 나가는 과정, 유아의 목표 성취를 돕기 위한 교사의 역할, 교수와 학습이 발생하는 상황에 관해 서술한 조직화된 틀이다(NAEYC & NAECS/SDE, 1991). 또한 유아교육과정은 유아들의 신체적, 정서적 발달과 흥미, 요구, 관심거리 등을 기본으로 유아들에게 필요한 환경과 배경을 구성하여 유아의 선택에 의해 이뤄지는 교수 활동이라고 볼 수 있다. 이렇듯 다양한 유아교육과정의 개념을 기반으로 슈와르츠와 로빈슨(Schwartz & Robinson, 1982)은 유아교육과정을 범주화하고 다음과 같이 분류별 특징을 설명하고 있다(이기숙, 2000, 재인용).

1) 우연히 일어난 것으로서의 교육과정

개별 유아의 요구와 흥미를 중심으로 교육 경험이 결정되는 유아교육과정을 말한다. 교육 대상의 연령이 낮기 때문에 유아교육의 실제에서 '유아를 중심으로 하는 개별화된 교육'이라는 장점이 있으나 교육과정의 범위가 모호하며 유능한 교사가 아니면 운영하기 어렵다. 교육 활동은 유아의 선택과 행동에 의해 나오게 되며 미리 계획할 수 없고, 학습의 구체적인 내용보다는 학습하는 과정에 가치를 둔다. 이는 학습 활동과 경험 속에 포함된 유아의 흥미 그 자체를 가치 있는 것으로 보기 때문이다. 따라서 교사는 교육 내용을 미리 선별하거나 계획하기보다는 유아의 흥미와 요구를 바탕으로 교육 환경을 체계적으로 만들어 주며 지속적인 관찰과 배려로 유아들을 안내하고 더욱 세심한 노력을 기울여야 한다.

2) 기관에서 갖게 되는 모든 경험으로서의 교육과정

유아가 교육 기관에서 갖게 되는 모든 경험을 유아교육과정으로 보는 관점으로, 이 관점의 교육과정은 교사가 의도적으로 제공하는 경험과 학습 내용뿐만 아니라 의도하지 않았지만 유아에게 영향을 줄 수 있는 잠재적 교육과정까지 포함한다. 따라서 의도된 경험뿐 아니라 계획되지 않는 많은 요인들도 유아에게 영향을 미친다고 보아 교육 환경, 의사소통의 과정 등에 대한 교사의 민감성이 요구된다. 예를 들어 교실의 분위기, 교사-유아, 유아-유아, 유아-교재·교구의 상호 작용, 언어적인 의사소통 등과 같은 모든 물적·인적 환경이 중요시된다. 이러한 교육과정은 교사의 민감성, 융통성, 창의성의 정도에 따라 진보적인 유아 중심 교육의 효과를 높일 수 있음을 시사하고 있다.

3) 교수계획으로서의 교육과정

교사에 의해 미리 구성한 교수계획, 의도된 계획을 유아교육과정이라고 보는 입장으로 오래전부터 보편적으로 이해되고 있는 교육과정의 개념이다. 교사는 교수계획 시 사실, 정보, 개념, 아이디어 등을 포함한 내용의 계획, 내용을 수행할 수 있는 활동의 계획, 활동을 수행하는 데 작용하는 사고 과정의 계획 및 이들 세 가지 모두를 고려한 종합적인 계획을 하는 것이다(김영옥, 2020). 이러한 교수계획은 유아의 욕구, 흥미, 활동을 예견하고 자료와 환경을 체계화함으로써 경험이 풍부한 교사나 초보 교사 모두가 큰 어려움 없이 적용할 수 있는 교육과정이다. 그러나 사전 교수계획에 따라 진행되는 교육과정으로 그때그때 유아의 요구나 흥미를 융통성 있게 반영하기 어렵다는 비판을 받는다. 그러므로 상황에 따라 대체적 교육 활동을 고려하여 계획하는 것이 필요하다.

4) 교수요목으로서의 교육과정

교수요목으로서의 교육과정은 유아에게 가르칠 교육의 목표와 내용, 순서를 일련의 문서로 작성해 놓은 것으로 공식적인 문서를 교육과정이라고 보는 입장이다. 이러한 문서화된 교육과정은 국가적으로 믿을 만한 공식적인 문서의 성격을 가지므로 목표 설정이나 수행 과정을 관찰하기에 용이한 장점이 있다. 유아교육과정의 교수요목은 연령에 따라 교육 목표가 다르며, 주제에 따라 교육 내용과 목표가 다양하므로 교수요목을 구체화해야 한다. 또한 교사들이 실제로 교수계획안을 계획하는 데 참여함으로써 유아의 학습 욕구에 대한 생각을 재검토하고 교실 내의 적용을 평가하는 데에 도움을 주는 자료가 될 수 있다.

5) 프로그램으로서의 교육과정

프로그램으로서의 교육과정은 일반적인 교육과정의 개념보다는 구체화되어 있고 실제 현장에서 가르치는 교육 내용을 상세하게 기술한 협의의 개념이다. 몬테소리 프로그램, 프로젝트 접근법을 중심으로 한 프로그램, 레지오 에밀리아 접근법, 디스타 프로그램, 와이카트 프로그램, 카미와 드브리스 프로그램처럼 특별한 이름을 가진 유아교육의 모델 유형이 있으며 유아교육기관마다 고유의 교육 프로그램과 모델이 존재하기도 한다. 이와 같이 이 관점에서의 유아교육과정은 한 가지의 접근 방법이나 이론에 기초한 유아교육 모델 유형을 유아교육과정이라고 보는 입장이다. 유아교육과정의 프로그램은 각 교육 기관의 설립 목적과 교육 철학, 교사가 가지고 있는 교사 철학 및 신념, 지역 교육지원청과 교육 환경의 영향으로 다각적인 프로그램을 구조화할 수 있다.

3. 유아교육과정의 특성

유아교육은 대상 연령의 다양성, 교육 기관과 프로그램의 다양성, 교수 방법과 교재 및 교구의 차별성이라는 특성이 있다. 이러한 특성으로 인해 유아교육과정은 초·중등 일반 교육과정과는 다른 특수성을 나타낸다. 유아교육과정의 특성을 살펴보면 다음과 같다(이영석, 임명희, 이정화, 2003; 임미혜, 이혜원, 황윤세, 2008).

첫째, 유아교육과정은 대상 범위가 다양하다. 유치원의 입학 연령은 만 3세부터 만 5세까지이며, 어린이집의 경우는 출생 후 혹은 출생 후 3개월 후부터 만 6세 미만까지를 대상으로 하고 있다. 또한 일반 영유아뿐만 아니라 장애아 및 취업 부모, 빈곤 가정, 위기 가족 등 요보호 상황의 영유아 모두가 유아교육과정의 대상에 포함된다. 따라서 개별성과 특수성을 고려한 유아교육과정의 구성이 필요하다.

둘째, 유아교육과정은 하루 종일 지속되는 종일 프로그램이다. 유치원 및 어린이집은 최근 급증하고 있는 취업 여성의 자녀를 위해 시간 운영상 방과 후 프로그램 등 종일 보육을 기본으로 하여 융통성 있게 운영되고 있다. 따라서 유아교육과정은 영유아의 일상생활 전반을 포함하고 보호와 교육 간의 균형을 고려하여 계획, 운영되어야 한다.

셋째, 유아교육과정은 교사 주도적 활동보다 유아 주도적 활동을 중시한다. 따라서 교사의 학습 계획, 전개, 정리 및 평가 단계에서 유아의 자발적인 참여와 활동을 전제로 하고 있다. 유치원 교실 분위기는 질서정연한 강의실이나 교실이라는 느낌보다 작업장과 같은 분위기를 내게 한다.

넷째, 유아교육과정은 개방적, 비형식적이다. 즉 유아의 학습 흥미, 욕구가 교육과정에서 중시되는 것을 의미하며, 피동적으로 기억되는 지식보다는 유아의 성장과 발달에 직접 관련된 경험과 활동이 중요시되는 것을 뜻한다. 따라서 유아교육과정은 교육 목적이나 교육 목표를 설정하고 있지만 교육의 주안점을 교육 목표 달성에만 두기보다는 교육의 과정 그 자체에 주안점을 두어 유아가 관심을 갖는 학습 과제 또는 학습 대상을 중시한다.

다섯째, 유아교육과정은 교육 활동의 선정에 있어서 유아의 발달적 적합성을 중요시한다. 만 3, 4, 5세 유아들은 연령의 차이에서 오는 발달적 수준도 각기 다르며, 동일 연령 간의 개인차도 매우 심한 시기이다. 이 시기의 발달과 학습은 통합적, 연속적, 점진적으로 이루어지기 때문에, 유아들에게 제공되는 교육 경험은 유아들이 이해할 수 있는 수준의 것이면서도 유아의 개별적 발달 특성과 흥미에도 부합되는 것이어야 한다. 즉 유아의 연령, 발달 수준, 개인차 등에 최적화된 교육 활동을 선정해야 한다.

여섯째, 유아교육과정은 학습의 결과보다는 학습의 과정을 중요시한다. 이에 유아가 학습 활동에 참여함으로써 교육 목표를 달성하느냐 못하느냐에 대한 내용도 중요하지만 유아가 학습 활동 과정에서 얻는 경험의 성과가 유아교육과정 안에 포함되어야 한다. 따라서 정해진 지식을 익히는 것에 초점을 둔 교육보다는 유아의 지적 호기심, 내적인 욕구 등을 마음껏 발현할 수 있는 놀이나 활동을 중요시하게 된다.

일곱째, 유아교육과정은 초·중등학교 교육과정처럼 교과 영역 위주로 학습 내용이 구성되지 않고 유아의 전인적 발달 증진을 위하여 발달 영역이나 생활 영역 또는 프로젝트 중심으로 교육 활동이 구성된다. 따라서 교과서 대신에 각 유아의 발달 수준이나 흥미, 욕구에 직접적으로 관련된 활동이나 자료를 제공한다.

여덟째, 유아교육과정은 신체운동·건강, 의사소통, 사회관계, 예술경험, 자연탐구의 5개 영역을 통합하여 주제 중심으로 교육한다. 즉 생활 주제에 따라 제 발달 영역의 경험들을 균등하게 체험할 수 있도록 교육과정을 구성한다.

아홉째, 유아교육과정은 교사와 유아의 일방적인 관계보다 다양한 쌍방적 관계, 즉 유아-교사, 유아-유아, 유아-교재·교구의 상호 작용을 중요시한다. 따라서 교사는 지식의 전달자, 훈육자의 역할보다 안내자, 조력자의 역할로 유아와 동등한 관계를 유지해야 한다.

4. 유아교육과정의 접근법과 유형

1960년대 출발점 평등의 관점에서 유아 때부터 시작된 조기교육의 중요성을 일깨운 헤드 스타트(Head Start)가 미국의 빈곤 문제를 해결하기 위한 교육 개혁으로 정착되면서 유아교육 분야는 다양한 교육과정을 개발, 적용하는 새로운 전기를 맞게 되었다. 그전에는 중·상류 계층의 영유아를 위한 프로그램에 국한되었던 상황에서 벗어나 저소득 계층 영유아의 발달과 심리적 특성에 관한 많은 연구가 이루어지기 시작했고, 영유아들의 발달을 촉진시켜 주기 위한 다양한 교육 프로그램이 개발되었다. 이처럼 다양하게 개발된 유아교육과정들은 주로 학습과 발달에 관한 것으로 성숙주의, 행동주의, 구성주의(또는 상호작용주의)의 세 가지 접근법으로 구분해 볼 수 있다.

1) 유아교육과정 접근법

(1) 성숙주의

성숙주의 이론(Maturationalism)은 철학적으로는 루소(Rousseau)의 이론에 근원을 두며, 심리학적으로는 인간 발달이 예정된 패턴대로 전개되어 나아간다는 다윈(Darwin), 홀(Hall)의 이론과 표준 행동 발달의 기준을 제시한 게젤(Gesell)의 이론이 기초가 된다. 이들은 발달을 개인 내에서 구조가 성숙되는 결과로 보았으며 인간 행동의 변화를 유전자에 의해 조절되는 신경계의 신체적 성숙이라고 설명한다. 성숙된 준비도에 맞춰 동기화가 일어나므로 유아는 무엇을 배울 준비가 되었을 때 배우고자 하는 열망을 느끼게 된다. 이때 교사는 유아를 관찰하고 이것에 기초하여 준비된 환경을 제공한다. 제한이 적은 자유선택 놀이를 강조하므로 교사의 의도적이고 계획적인 교수 활동은 최소화된다. 예를 들어 성숙주의자들은 유아들의 읽고, 쓰고, 셈하는 등의 학습은 유아의 내적 성숙이 충분히 발달했을 때 쉽게 수행할 수 있으므로 미리 지나치게 개입하고 재촉하는 것은 바람직하지 않다는 관점을 갖는다. 성숙주의에 기초한 유아교육 프로그램은 인지 발달보다는 사회·정서 영역에 초점을 두므로, 따뜻하고 안정된 환경을 제공하는 것을 강조한다.

(2) 행동주의

행동주의 이론(Behaviorism)은 철학적으로는 로크(Locke)의 이론에 근원을 두며, 심리학적으로는 손다이크(Thorndike), 왓슨(Watson), 특히 스키너(Skinner)의 자극반응 이론(S–R 이론)에 의해 형성되었다. 성숙주의자의 유전론과는 달리 준비도와 능력은 경험과 환경에 의한 것이라고 본다. 지식은 유아 내부의 성숙에 의해 형성되는 것이 아니라 외부 환경에 의해 복잡한 개념이 유아에게 체계적이고 연속적으로 전달되는 것이기 때문에 이러한 학습은 작은 단계로 미리 계획되어야 한다고 강조한다. 또한 유아의 바람직한 행동을 강화하기 위해 반복과 연습을 주장하며 사회적·언어적 칭찬, 미소, 끌어안기, 사탕이나 동전 등으로 보상을 한다. 특히 유아기 초기에 특별한 기술을 많이 학습시켜야 한다는 입장이므로 의사 전달, 사고 기술, 읽기와 산수 등의 학문 기초 기술에 집중적인 관심을 갖는다. 계획된 학습 목표에 따라 단시간에 효과를 보려고 하기 때문에 유아교육 현장에서 일방적으로 지식을 전달하고 세부적으로 작업 지시를 하는 지식 주입형으로 나타나고 있다.

(3) 구성주의

구성주의 이론(Constructism)은 철학적으로는 칸트(Kant), 듀이(Dewey)의 이론에 근원을 두며, 심리학적으로는 헌트(Hunt), 블룸(Bloom)의 이론에 기초하여 피아제(Piaget), 비고츠키(Vygotsky)에 의해 전개된 이론으로서 발달을 유전적인 것과 환경적 요소들 사이의 상호 작용의 결과로 본다. 인간 발달은 고정된 것이지만, 발달 속도와 시간은 개인에 따라 다르며 다양하다고 본다. 지식이란 어느 곳에도 존재하지 않으며 인간이 주위 환경과의 상호 작용을 통해 구성해 간다고 본다. 이전의 경험을 기초로 새로운 경험을 해 나가므로 흥미나 지속적인 참여에 의하여 동기화가 나타난다. 교사는 유아가 학습할 때 자발적으로 참여하게 하고 실험 학습의 기회를 주고 자원을 이용하여 풍부한 환경을 제공하는 등 유아와 환경의 상호 작용이 잘 이루어지도록 조성해 주어야 하며, 이를 통해 인지, 사회, 정서 발달이 자연스럽게 일어난다고 보았다. 인지 발달 프로그램은 일반적으로 인지적 목표를 위해 분류 기술, 기본 수 개념, 공간 관계, 언어 등을 강조하며 사회·정서 발달을 인지적 영역과 연결된 것으로 본다.

〈표 2-1〉 유아교육과정 구성의 세 가지 접근법

	성숙주의	행동주의	구성주의
철학적, 심리적 기초	루소, 다윈, 홀, 게젤	로크, 손다이크, 왓슨, 스키너	칸트, 듀이, 헌트, 블룸, 피아제, 비고츠키
발달 및 지식관	내적 성숙, 준비도	외부 환경에 의한 경험	유전과 환경의 상호 작용, 개인차, 구성적 지식, 반성적 지식
학습 형태 및 방법	흥미와 준비도 고려, 자유 놀이 형태의 경험 제공	계획적·구조적·체계적 전달 지도, 강화·반복·연습, 대집단 통제 학습	자발적 참여, 상호 작용, 실험 학습, 탐구 학습
교사의 역할	준비된 환경, 따뜻하고 안정된 분위기 제공자	능동적, 지식적, 지식 전달자	풍부한 환경 제공, 다양한 교사 역할(토의자, 촉진자, 참여자, 비계설정 등)
교육 프로그램	사회·정서 영역 강조	학문 기초 기술, 기능 중심	지적 목표 강조 및 사회·정서 발달과 연계된 개념, 통합교육과정

이상에서 살펴본 유아교육의 세 가지 접근법에 대한 비교는 각 관점을 분명히 이해하는 데 도움이 될 수 있고, 각 관점에 대한 이해는 현존하는 다양한 유아교육 프로그램을 바라보는 데에도 필요한 관점이나 시각을 갖도록 해 줄 수 있다.

2) 유아교육과정의 유형

(1) 와이카트(Weikart)의 분류

와이카트(Weikart)는 교사와 유아가 학습에 참여하는 방식과 교사와 유아의 관계를 기초로 교육과정 유형을 분류하였다. 즉 학습에서의 주도권을 누가 갖고 누가 수동적으로 반응하느냐에 따라 분류하였다. 이러한 관점으로 볼 때 계획된 교육과정(교사가 학습의 주도권을 가짐), 아동 중심 교육과정(유아가 학습의 주도권을 가짐), 개방 체제 교육과정(교사와 유아가 함께 주도권을 가짐), 보호적 배려(교사와 유아 모두 주도권을 갖지 않음)의 네 가지 유형으로 구분될 수 있다.

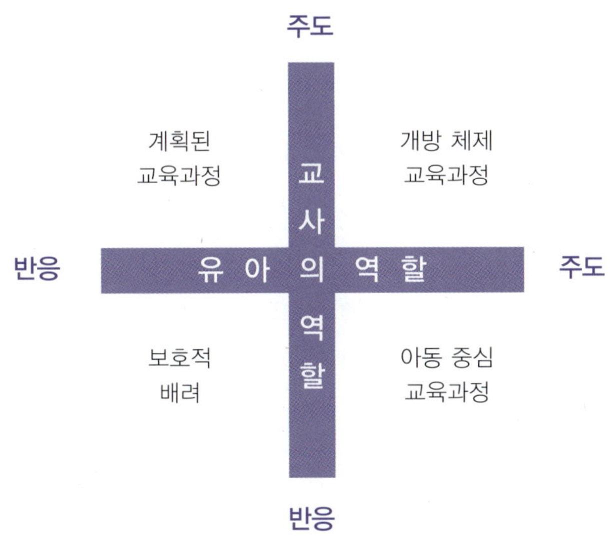

[그림 2-2] 와이카트(Weikart)의 교육과정 유형 분류

① 계획된 교육과정

교사가 교육과정을 주도적으로 운영하고, 유아는 교사의 계획에 따라 수동적으로 반응하는 형태의 교육과정 유형이다. 유아가 교사의 요구에 반응하도록 수업이 계획되고 조직되어 있다. 이러한 교육과정은 환경의 자극에 대해 인간을 수동적인 존재로 바라보는 행동주의 이론에 기초하여 학습 이론, 행동수정 원리 등을 중요하게 여긴다. 이 유형의 장점은 교수요목이 상세히 제시되어 초임 교사나 전문 지식이 없는 교사도 교육과정을 효율적으로 운영할 수 있고, 눈에 보이는 학습 결과에 관심이 많은 교육 행정가와 학부모들에게도 호응을 얻는 것이 특징이다. 그러나 영유아의 창의적 사고 능력이나 사회·정서적 특성을 강조하는 오늘날 교육 현장의 분위기를 감안해 볼 때, 유아의 자기 주도적 학습 능력이나 또래 간 상호 작용을 감소시키는 측면이 있다고 볼 수 있다. 이 유형에 해당하는 대표적인 프로그램으로는 헤드 스타트 프로그램(Head start program), 디스타 프로그램(DISTAR program) 등이 있다.

② 아동 중심 교육과정

아동 중심 교육과정은 학습에서 유아가 주도권을 갖고, 교사는 유아의 요구에 수동적으로 반응하는 형태이다. 이러한 프로그램은 교육의 목적을 사회·정서적 성숙을 통한 전인교육에 두고 있어 성숙주의에 기초한다고 볼 수 있다. 인간의 발달은 선천적이며, 생득적 요인에 의한다고 보아 유아의 흥미나 욕구, 본성 등을 충분히 발휘하도록 하는 것이 바람직한 교육이라고 보는 관점이다. 그러므로 인간의 본성에 기초한 다양한 놀이를 통해 유아의 사회적 적응과 정서적 성장, 독립심을 형성시키는 것의 중요성을 강조한다. 이 유형은 학습이 개개인의 요구를 충분히 반영할 수 있다는 장점이 있는 반면, 유아에게 모든 주도권이 주어져 자칫 방임으로 흐를 위험이 있다. 또한 유아의 흥미가 교육적으로 바람직하지 않을 경우 교사가 갈등을 느낄 수 있다는 단점이 있다. 이 유형에 해당하는 대표적인 프로그램으로는 뱅크 스트리트 프로그램(Bank Street program)이 있다.

③ 개방 체제 교육과정

개방 체제 교육과정에서 교사와 유아는 모두 활동의 주도권을 갖는다. 교사는 유아에게 적합한 교육 계획을 세우고, 활동을 통하여 유아에게 선택권을 준다. 유아는 교사가 제시한 활동에 대해 선택적으로 참여하여 다양한 경험을 쌓고, 자신의 생각을 구성해 나가는 주도적인 역할을 한다. 또한 이 유형에서는 유아-교사, 유아-유아, 유아-교재·교구 간의 상호 작용을 중시하며 전인적인 발달을 지향한다. 이러한 의미에서 이 유형은 구성주의에 기초하며, 피아제(Piaget)의 인지 발달 이론에 근거를 두고 있다고 볼 수 있다. 그러므로 유아의 사고, 인지 과정, 자발적 참여와 직접 경험을 통한 학습을 중요시하며, 읽기와 셈하기 등 특정한 지식과 기술에 대한 습득보다는 논리적 사고력과 개념 형성을 중요시한다. 이 유형의 장점은 교사에게 상당한 자율권이 있어 자신의 교육 경험을 토대로 전문성을 개발할 수 있는 동력을 지니게 된다는 점과 유아의 발달 및 특징, 사회·문화적 배경을 고려하여 개발적, 창의적 교육을 할 수 있다는 점이다. 그러나 교육 경험이 없거나 열의가 부족한 교사는 접근하기 어려운 교육과정이 될 수 있다는 단점이 있다. 이 유형에 해당하는 대표적인 프로그램으로는 카미-드브리스 프로그램(Kamii-De Vries program), 하이스코프 프로그램(High Scope program) 등이 있다.

④ 보호적 배려

보호적 배려의 유형에서는 유아의 기본적인 생리 욕구 해결과 위험, 질병으로부터의 보호 등 최소한의 보육이 이루어진다. 오늘날 교육 기관에서는 기본적으로 교육과 보육을 병행하여 운영하고 있는 체제이기 때문에 이 유형이 존재하기 어렵다.

(2) 콜버그(Kohlberg)와 메이어(Mayer)의 분류

1960년대와 1970년대에 다양하게 개발된 유아교육과정을 성격 및 특성에 기초하여 체계화하려는 시도가 콜버그와 메이어(Kohlberg & Mayer, 1972)에 의해 이루어졌다. 콜버그와 메이어는 발달 관련 이론이 교육과정 구성에 이용될 때, 교육 이데올로기가 된다고 보았다. 그들이 분류한 교육과정의 유형은 낭만주의, 문화전달주의, 진보주의의 세 가지 이데올로기이다. 이는 다시 낭만주의는 영유아의 발달과 학습에 관한 성숙주의적 입장의 유형, 문화전달주의는 행동주의적 입장의 유형, 진보주의는 구성주의적 입장의 유형으로 구분된다.

① 낭만주의 교육관

낭만주의 교육관은 영유아의 내적 본성의 전개가 중요한 학습 경험과 활동이라고 보며, 발달에 대한 성숙주의 접근법의 기초가 되는 유형이다. 이 교육관은 자연주의 철학자 루소(Rousseau)에서 시작하여 프로이트(Freud)와 그의 제자들, 그리고 게젤(Gesell)과 그 후계자들로 이어지고 있다. 니일(Neil)의 서머힐 학교는 낭만주의 교육관에 바탕을 두고 있는 대표적인 학교이며, 영국을 중심으로 발전된 개방주의 프로그램도 이 사상에 기초를 두고 있다. 이 유형에서의 아동관은 영유아가 내적 자아를 소유한다고 믿고 있으며, 아동의 자유, 인격, 독창성, 자발성을 강조한다. 또한 식물의 성장에 물과 공기와 영양이라는 최적의 조건이 필요하듯이 아동의 신체·정신적 건강에도 신체적 자유로움과 지적 의문이나 호기심을 발휘할 수 있는 허용적 기회가 제공되어야 한다고 본다. 이러한 관점에 의한 교육관은 다음과 같다. 유아교육 내용 구성의 기본은 영유아 자신의 흥미에서부터 시작된다. 영유아는 자신의 학습 활동을 주도할 수 있는 존재이다. 교사의 역할은 교실 내에 긍정적인 사회·정서적 놀이 환경을 준비하는 것이며, 주로 극놀이와 창작 활동을 통한 정의적, 사회적 발달에 초점을 둔다. 교육 환경은 아동의 내적인 '선'을 계발해 내고 '악'을 통제할 수 있도록 허용적이어야 한다.

② 문화전달주의 교육관

문화전달주의 교육관은 서구 교육의 전통적 뿌리로서 전세대의 문화와 전통을 후세대에 전승하는 것을 의미하며, 로크(Locke)의 '경험론'에서 시작하여 파블로프(Pavlov), 손다이크(Thorndike), 스키너(Skinner)의 심리학으로 이어지는 행동주의 혹은 환경론과 그 맥을 같이한다. 영유아의 발달은 주로 외부적 요인에 의해 결정되며, 인지·윤리 및 문화적 지식을 직접 가르침으로써 가장 잘 발달된다고 보는 행동주의적 접근법이 기초가 되는 유형이다. 아동의 행동 특성은 주변 환경의 영향을 받으며, 외부적 자극과 반응의 연합에 의해 결정된다는 것이다. 아동의 본성, 목적 등 모든 것은 근본적으로 환경, 즉 아동의 외부에 있는 힘에 의해 결정된다. 아동의 행동 발달은 환경에 의해 영향을 받는 수동적인 것이다. 이러한 관점에서 문화전달주의에서의 교육은 그 사회와 문화의 규칙, 규범, 지식, 정보, 기술 등을 계승·발전시키는 데 목적이 있으며, 이러한 정보와 규칙의 습득은 직접 교수(direct instruction)에 의해 이루어진다. 한 사회의 문화적 가치와 지식은 성인 행동의 모방, 직접 교수, 보상과 처벌 등을 통해 아동에게 내면화된다고 가정하고 있다. 빠른 시간 안에 계획적 강화에 의해 구체적인 학습 목표를 달성하는 상당히 구조화된 교육과정이 여기에 속한다. 교육 내용은 구조화, 순서화 학습 원리에 근거한 조직적인 교수전략이다. 객관적인 방법으로 관찰되고 측정된 예상할 수 있는 행위로부터 추론할 수 있는 지식을 강조하며, 사회적 질서와 문화적 가치를 강조한다. 후기 학교나 훗날 사회에서의 성공과 적응에 필요한 지식과 기술을 공통적 내용으로 포함하고 있다. 베라이터(Bereiter)와 엥글만(Engelmann)의 '디스타 프로그램(DISTAR program)'은 문화전달주의의 관점에 입각해 개발된 대표적인 프로그램이다.

③ 진보주의 교육관

진보주의 교육관은 19세기 말에서 20세기 초에 대두한 듀이(Dewey)의 진보적인 교육관과 피아제(Piaget)의 인지 발달 이론에 기초하여 개발된 관점이다. 교육은 유아와 환경과의 상호 작용이 허용되고 증진되는 조건 아래에서 유아와 환경 간의 상호 작용으로부터 나타난다는 구성주의적 접근법에 기초한다. 유아는 생활을 통한 경험의 연속적인 재구성 과정을 거치면서 성장해 가며, 교육은 곧 생활이고 성장이며 경험의 재구성 과정이다. 이 관점은 피아제(Piaget), 몬테소리(Montessori), 드브리스(De Vries), 카미(Kamii) 등의 사상과 맥을 같이한다.

유아의 발달은 물리적, 사회적 환경과 그 주체인 유아와의 상호 작용의 결과로 이루어진다. 각 유아의 구체적 행동 특성이나 됨됨이는 그 유아만이 갖는 환경과의 고유한 경험을 통하여 형성된다.

3장

유아교육과정의 최근 동향

1. 유아교육과정의 개정 : 유아 · 놀이 중심 교육

유아 중심·놀이 중심 교육이란, 유아 중심 교육 철학을 기반으로 하며, 유아가 활동과 놀이에 자발적으로 참여하고, 즐거운 몰입의 경험을 통해 배움이 일어나도록 실천해 가는 과정이다. 이렇듯 배움이 있는 놀이 중심 교육이 실현되기 위해서는 유아 경험의 연속성을 고려한 교육과정 전 영역의 통합 및 놀이와 교육의 균형이 이루어져야 한다. 이러한 유아·놀이 중심 교육의 방향은 다음과 같다(경기도교육청, 2017).

첫째, 유아 중심 교육 철학을 바탕으로 한다.

놀이 중심 교육은 유아를 존중하며 유아가 배움의 주체가 되어야 한다. 유아의 특성을 고려하고, 배움과 실천의 과정에서 유아가 주도적인 역할을 할 수 있도록 설계된 교육과정은 삶의 의미와 가치를 스스로 발견해 가는 행복한 삶의 주체로서 성장할 수 있는 토대가 된다.

둘째, 놀이 중심 교육을 위해서는 놀이적 요인이 활동 속에 반영되어야 한다.

유아가 말하는 놀이적 요인이란 '즐거움, 선택, 주도성, 몰입, 과정 지향성'이다. 유치원교육 활동은 이와 같은 놀이적 요인의 포함 여부에 따라 유아가 놀이로 여길 수도 있고 아닐 수도 있게 된다. 유아들은 활동을 하더라도 놀이를 할 때처럼 스스로의 흥미에 따라 활동을 선택하고 자연스럽게 활동에 몰입하여 스스로 해내었다는 만족감을 느낄 수 있어야 한다.

셋째, 배움이 있는 놀이가 이루어지기 위해서는 교육이 지향하는 바가 놀이 속에 반영되어야 한다. 유아의 놀이는 그 자체만으로도 가치가 있다. 그러나 유아들의 놀이가 유치원교육과정에서 추구하는 배움이 일어나도록 하는 경험이 되기 위해서는 놀이와 교육과정이 유기적으로 연결되어야 한다. 유아의 놀이 경험 및 결과가 의미 있게 생산될 수 있는 교육적 놀이가 되도록 교사는 교육과정에 대한 이해를 바탕으로 적절한 안내와 지원을 하여야 한다.

넷째, 유아 경험의 연속성을 고려한 주제와 활동 간의 통합이 이루어져야 한다.

통합교육과정을 실행함에 있어 유아 경험의 연결과 통합을 고려하지 않은 주제와 활동 간의 통합은 교사 중심적인 교육과정으로 운영될 소지가 크다. 이런 경우 유아가 놀이에 지속적으로 몰입하기 어렵고 주도성이나 즐거움을 잃어버리기 쉽다. 의미 있는 놀이 중심 교육이 이루어지기 위해서는 유아가 경험한 것, 그리고 앞으로 경험할 것들이 연계되도록 교육과정의 전 영역을 유기적이고 통합적으로 구성하여야 한다.

다섯째, 유아 주도와 교사 주도의 균형, 놀이와 교육의 균형을 고려해야 한다.

유치원에서 이루어지는 활동은 놀이적 요인의 정도에 따라 유아 주도적 활동과 교사 주도적 활동으로 나뉠 수 있으며, 활동의 특성과 목표에 따라 놀이와 교육이 균형 있게 이루어져야 한다. 유아 주도적 활동에서는 놀이적 요인이 훼손되지 않도록 하면서도 유아들의 놀이가 교육적 의미를 갖도록 하며, 교사 주도적 활동에서는 놀이적 요인이 최대한 반영될 수 있도록 노력해야 한다.

2. 지능에 대한 새로운 이해 : 다중지능 이론

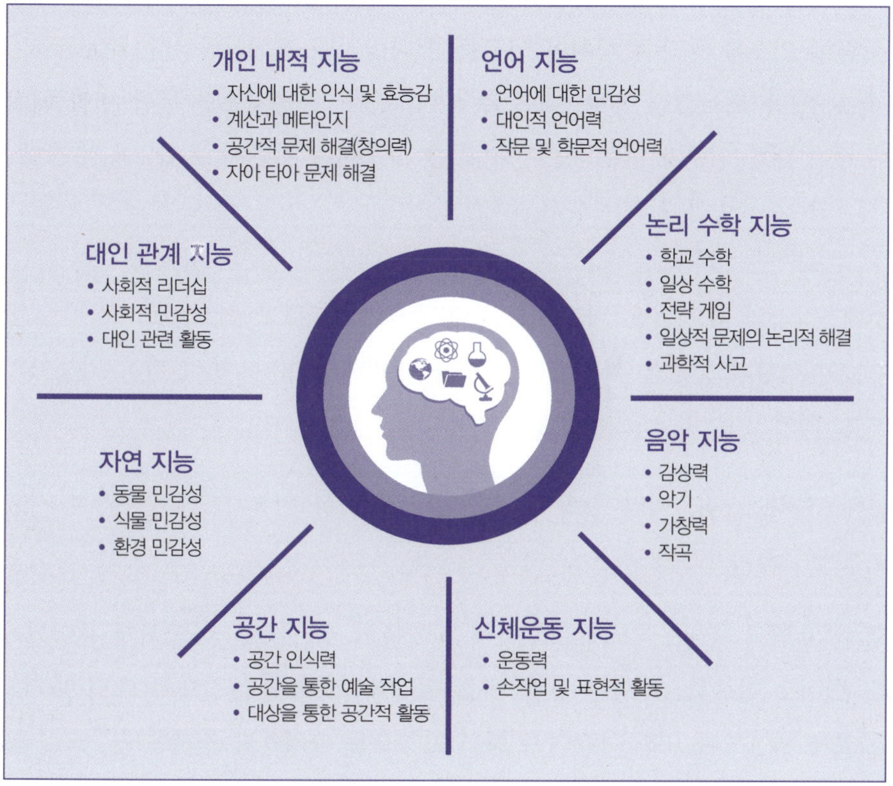

[그림 3-1] 가드너(Gardner)의 다중지능 이론

출처: 한국적성교육진흥원(www.kaedi.org).

1983년 가드너(Gardner)는 『마음의 틀(*Frames of Mind : The Theory of Multiple Intelligence*)』을 출간하였다. 이 책에서 가드너는 다중지능 이론을 제시하면서 지능의 개념을 재정의하였다. 미국의 교육학자들, 학교 현장 교사와 실천가들은 인간의 인지 발달, 학습 유형, 지능에 대한 새로운 이론적 토대를 제공해 주는 가드너의 다중지능 이론을 다음 세대의 교육을 위한 하나의 바람직한 방법론으로 수용하였다. 1993년 가드너의 『마음의 틀』이 국내에 번역·소개되면서 우리나라에서도 가드너의 다중지능 이론에 대한 연구가 본격적으로 시작되었고, 이후 점진적으로 지능에 대한 인식의 변화도 감지되었다. 2000년대 접어들면서는 가드너의 다중지능 이론에 기초한 현장 중심적인 연구들이 다양하게 진행되었는데, 주로 교수·학습 활동, 교육 프로그램 개발, 교육 측정 및 평가, 다중지능과 독립 변인들 간의 관계 등에 대한 연구가 진행되었다. 이러한 다중지능 이론이 유아교육 현장에 시사하는 교수-학습의 원리는 다음과 같다.

첫째, 각각의 유아들은 나름대로 뛰어난 지능을 갖고 있으므로 교사는 먼저 유아들의 성향과 능력을 확인하는 평가를 수행해야 한다. 여러 가지 지능 중 높은 지능 외에 낮은 지능도 파악해야 한다.

둘째, 음악, 공간, 대인 관계 관련 지능도 언어적 지능과 논리 수학적 지능과 동등하게 강조되어야 한다.

셋째, 수업의 진행도 각 지능의 특성을 활용할 수 있도록 다양하게 준비되어야 한다. 언어로 학습할 수 있는 학습 내용도 그림, 그래프, 심상으로 그려 보기, 학습 자료에 색칠하여 요소 구분하기 등의 활동으로 다양하게 진행한다.

넷째, 유아들의 낮은 지능을 보완하기 위해 먼저 높은 지능 분야를 강조한다. 종전의 교육에서는 약점을 찾아 직접 교정하고자 하는 노력을 했지만 다중지능 이론은 강점을 통해 학습하고 사고함으로써 자신감을 가지게 해 주어 약점에 대한 교정 의지를 갖게 한다. 약점을 보완하는 대안적 방법을 제공하는 것이 교사의 역할이다.

다섯째, 다중지능 이론에 입각한 학습과 교수도 유아의 발달 수준에 따라 달라져야 한다. 예를 들어 유아기 지능은 초보적인 형태이므로 음의 차이를 구분하는 음악 지능이나 3차원의 물체를 쉽게 구별하는 공간 지능이 필요하지만 표기 체계를 가르치는 일은 부적합하다. 초등학교 저학년 시기에 상징 체계가 발달하므로 그에 맞는 활동을 구성하도록 한다. 상징 체계란 언어 지능에서는 말하기, 음악 지능은 노래, 공간 지능은 그림, 신체운동 지능은 몸짓과 춤추기 등으로 표현하는 것을 말한다.

여섯째, 다중지능 이론에서의 평가는 수행 평가와 포트폴리오 평가가 주류를 이룬다. 학생 사이의 차이를 찾아내는 것이 아니라 개별 학습자의 지능에서 강점과 약점을 파악하여 적절한 교수 내용과 방법을 안내하도록 한다.

일곱째, 과거에는 교육 기관이 교육 기능을 주로 담당했지만 갈수록 학교 이외의 사회 기관(박물관, 기업체, 전문 기관 등)도 교육 활동에 중요한 역할을 한다. 가드너는 교사가 학교와 사회를 연결하는 중매자(school–community broker)가 될 것을 강조하였다.

3. 영유아기 뇌 발달에 대한 관심 증대 : 뇌 기반 교육

최근 신경 과학 분야에 대한 연구가 활발히 이루어지면서 영유아기 뇌 발달에 대한 관심 또한 증가하고 있다. 신경 과학의 급진적인 진보가 인간의 학습에 유용한 메커니즘을 이해할 수 있게 하였고, 교육학 분야에서도 이러한 신경 과학적, 뇌 과학적 지식을 기초로 새로운 교육 방향을 수립해 가고 있다. 또한 유아교육 분야에서도 뇌 기반 교육을 위한 탐색과 적용은 계속되어 왔는데(김경철, 홍정선, 2008; 김유미, 2009; 배소연, 2014; 정미라, 권정윤, 박수경, 이방실, 2012; Jensen, 2007; Shore, 2001), 이들 연구에서는 영유아기가 뇌 발달의 결정적 시기이며 특히 정서를 담당하는 뇌 영역 발달의 민감기로 그 어떤 시기보다도 중요함을 강조하고 있다.

뇌 기반 교육이란 교수–학습 효과의 증진을 위하여 뇌 과학 연구 결과를 교육 영역에 적용하려는 시도라고 할 수 있으며, 교육학과 뇌 과학 두 학문 간의 융합된 성격을 가지고 있어 교육 신경 과학(educational neuroscience)으로도 불린다(Jensen, 2007).

뇌 기반 교육이 교육 현장에 도입되고 유아기가 뇌 발달의 결정적 시기로 그 중요성이 높아지면서 교사가 영유아기 뇌 발달을 이해하고 교육 현장에서 이를 적용할 수 있도록 지원할 수 있는 뇌 기반 교육이 필요한 시점이다. 따라서 최근 뇌 기반 교육에 대한 관심이 급증하고 있는 이 시기에 유아의 부모나 교사가 올바른 뇌 기반 교육 방향을 실제에 적용할 수 있도록 기존 연구의 결과들이 최근 2000년대 이후의 뇌 과학 연구 결과에 비춰 적합한 것인지 검토하는 노력이 필요하며, 산재해 있는 뇌 기반 교육의 방향을 특정 준거에 따라 종합함으로써 실제에서 유용하게 실천될 수 있도록 돕는 노력도 필요하다.

양수영(2012)은 뇌 기반 연구의 방향을 유아의 전인 발달적인 측면에서 다음과 같이 제시하였다.

첫째, 뇌 기반 연구에 기초한 유아기 신체·운동 발달을 위한 공통의 교수–학습 내용 및 방법을 분석한 결과, 유아의 신체·운동 발달을 위해서는 움직임을 교수·학습의 원리로서 많이 활용하는 것, 적절한 신체 마사지를 활용하는 것, 유아의 자발적 신체 활동의 기회를 제공하는 것이 중요함을 시사하였다.

둘째, 유아기 사회·정서 발달을 위한 공통의 교수–학습 내용 및 방법을 분석한 결과, 유아의 사회·정서 발달을 위해서는 정서적 환경 제공, 자유 놀이 기회 제공, 적절한 마사지 활용, 유아를 인정해 주고 격려해 주는 것, 여럿이 함께하는 놀이 기회 제공, 유아에게 선택의 기회를 제공하는 것, 정서에 바탕을 둔 책 읽어 주기 교육이 중요함을 시사하였다.

셋째, 뇌 기반 연구에 기초한 유아기 언어 발달을 위한 공통의 교수-학습 내용 및 방법을 분석한 결과, 유아의 언어 발달을 위해서는 자극이 의미 있게 느껴질 수 있도록 반복하여 제공하는 것, 좌·우뇌의 기능 특성[1)]에 따라 학습 전략을 제공 하는 것, TV 시청을 자제시키는 노력이 중요함을 시사하였다.

넷째, 뇌 기반 연구에 기초한 유아기 인지 발달을 위한 공통의 교수-학습 내용 및 방법을 분석한 결과, 유아의 인지 발달을 위해서는 아동의 주의 체계를 고려하여 주의력을 높이기 위한 전략을 활용하는 것, 적절한 마사지를 활용하는 것, 지적 호기심을 자극하는 내용을 제공하는 것, 한 가지 유형의 기억만을 강조하기보다는 교과 학습 내용을 기억 유형에 맞추어 재분류하고 총체적인 기억 발달을 위한 교육이 되도록 구성하는 것, 또래와의 협동 학습 기회를 제공하는 것, 음악을 활용하는 것, 우뇌 자극을 위한 이미지 등의 학습 매체를 활용하는 것이 중요함을 시사하였다.

다섯째, 뇌 기반 연구에 기초한 유아기 창의력 발달을 위한 공통의 교수-학습 내용 및 방법을 분석한 결과, 유아의 창의력 발달을 위해서는 좌·우뇌 모두를 자극하기 위해 상상력과 논리적 사고력을 함께 고려하는 것, 적절한 휴식과 운동 기회 제공, 이미지 등의 학습 매체 활용, 미술 활동의 기회 제공이 중요함을 시사하였다.

1) 좌뇌는 신체의 오른쪽, 우뇌는 신체의 왼쪽과 연결되어 있다. 또한 좌뇌는 언어적 능력과 계산 능력을 담당하며, 우뇌는 시공간 능력과 감정적인 영역을 담당한다. 좌뇌와 우뇌는 서로 교류하면서 정보를 분석하고 통합하는데 만약 한쪽 뇌가 다른 쪽에 비해 기능이 떨어지면 상식적인 행동을 하지 못하고 사회생활에 대한 적응이 어려워진다. 이에 죄뇌와 우뇌의 균형이 매우 중요하다.

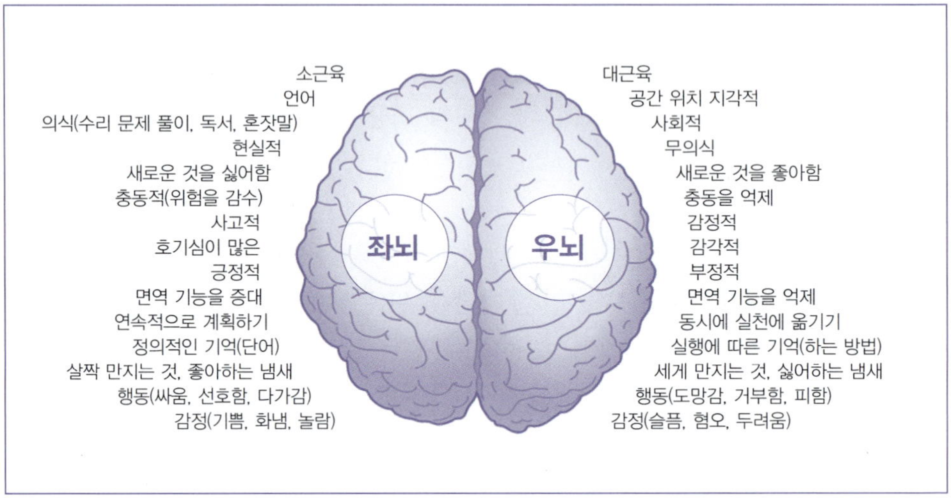

[그림 3-2] 좌뇌와 우뇌

4. 융합인재교육 : STEAM

STEAM은 통합교육의 전통에 기반하고 '융합'을 키워드로 하여 다양한 지식을 활용해 복합적인 문제까지도 해결할 수 있는 능력을 함양하는 것을 목적으로 한다. STEAM 교육에서의 융합은 문제 해결이라는 목표를 달성하는 과정에서 자연스레 일어나는 현상이라고 보며, 과학적 지식을 바탕으로 기술과 공학적인 요소를 다루고 예술적 감성을 포용하는 동시에 실생활 속 문제를 수학적 기법으로 해결하는 능력을 갖추는 것을 중요시한다. 이를 구체적으로 나타내면 다음의 [그림 3-3]과 같다.

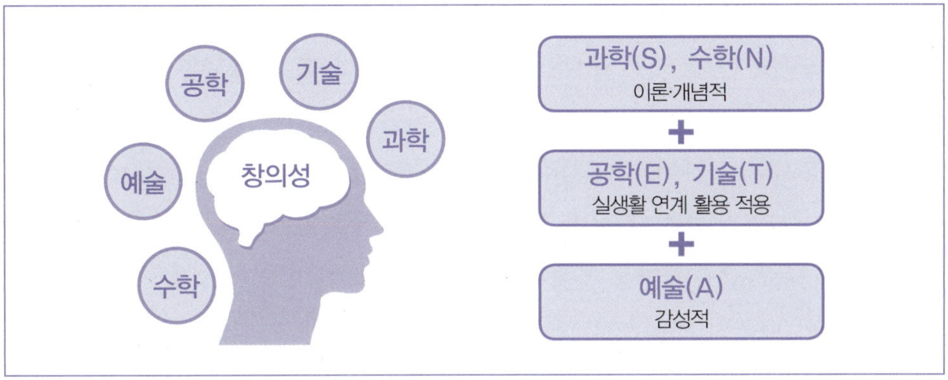

[그림 3-3] STEAM의 구성 요소

출처: 교육과학기술부, 한국과학창의재단(2012). 손에 잡히는 STEAM 교육: 무엇이 아이들을 즐겁게 하는가.

여기에서 핵심은 수학, 과학 등의 교과의 이론과 개념만이 아니라 실생활과의 연계성이며 또한 학습자가 자신과 학습 내용의 관련성을 깨닫는 것이다. 학습자가 학습 내용이 사회 어느 분야에서 쓰이는지 그리고 왜 배워야 하는지를 우선 체험한 다음, 스스로 설계하고 탐구하며 실험하는 과정을 통해 실생활 속 문제 해결력을 배양하는 데 초점을 둔다는 것이다. 이와 같은 특성의 STEAM은 유아교육과 여러 부분에서 공통 분모를 갖는다. 주로 사용하는 개념을 살펴보면, 통합적, 주제 중심적, 질문 중심적, 탐구 중심적, 실제에 기반한 학습, 구성주의 교육 등으로 서로 유사한 교육 방향을 지향하고 있음을 알 수 있다. 이를 자세히 살펴보면 첫째, 통합은 가장 직접적으로 연결되는 개념이라고 할 수 있다. 유아들의 삶은 통합적이고 총체적이기 때문에 유아들은 분절적이며 단편적인 지식보다는 통합적인 전체로 자신의 경험 을 재구성하며 살아가고, 유아교육에서의 통합은 교육과정 운영의 기본적인 요소라는 점이 STEAM의 본질이 융합이라는 것과 맞닿아 있다. 둘째, 실생활 속 문제 상황의 관점에서 볼 때 유아의 발달 특성을 고려하여 실생활의 구체적인 상황이나 놀이를 통해 이해하고 학습할 수 있도록 하는 유아교육과 교실 안과 밖, 자연, 지역사회 등을 넘나들며 실제적인 문제 해결 능력을 함양하고자 하는 STEAM은 상호 연결된다. 셋째, 학습자의 주도적인 관점을 통해 스스로 문제 상황을 인식하여 문제 해결 방법을 찾도록 하는 구성주의적 접근 역시 유사한 접근이다. 구성주의는 STEAM을 인문학과 직접적으로 관련짓고, 유일하거나 가장 최선의 방법 또는 단순한 규칙들을 고수하지 않는다. 일반적으로 적용 가능하고, 각 학문 분야 사이의 고정된 경계가 없이 상호 간 학문적 실제 기반의 팀 단위의 방식으로 학습한다. 학습자는 탐구자이며, 팀 에서 다양한 관점과 역할을 공유하는 구성원이다. 교사는 안내자, 관찰자, 협력자 또는 학습의 동료이며, 현실적이고 상호적인 환경과 수업들, 맥락적 주제들, 방 법들, 기술의 발전, 비고츠키의 비계 발달과 근접발달학습 이론에 근거 한 적용과 문제 해결 학습, 가드너의 다중지능 이론 등이 STEAM의 본질을 설명하는 데에 관련성이 높고 유용한 이론들이다.

이상에서 살펴본 바와 같이 STEAM에서 강조하는 교육과정의 다양한 영역을 통합적으로 접근하는 융합교육과정은 유아교육의 특성과 유아의 흥미와 관심사를 강조하는 교육과정의 방향과도 비슷한 점이 많으며, 이는 미래 창조적인 인재에게 필요한 '융합적 소양'을 기르기 위한 중요한 기초를 제공해 준다고 볼 수 있다.

5. 만들고 놀면서 배우는 교육 : 메이커교육

메이커교육은 학생들 스스로 학습의 주체가 되어 주제를 정하고, 정보를 검색하며, 문제를 해결할 수 있도록 도와주고, 결과물을 완성하는 학습자 중심 교육이다. 학생들은 만들기 과정을 통해 융합적으로 사고하고, 창의적으로 문제를 해결하며, 다른 학생들과 상호 협력하는 과정 속에 창작의 재미를 느끼고, 다양한 경험을 하게 된다(정해운, 2002). 메이커교육의 목적은 '학생들에게 무언가를 만드는 기회'를 더 많이 제공하고자 하는 것이다. 또한 '만드는 경험'을 통해 자신감을 형성하고 창의력을 키우며 과학과 기술, 엔지니어링, 수학 그리고 예술에 대한 흥미를 촉발시키기 위한 것이다(Blikstein, 2014).

메이커교육의 정신을 유아교육과정에 포함시킬 때, 도출되는 교육의 목적은 학생들에게 '무언가를 만드는 기회'를 더 많이 제공하고자 하는 것이다. '만드는 경험'을 통해 자신감을 형성하고 창의력을 키우며 과학과 기술, 공학, 예술, 수학(STEAM: Science, Technology, Engineering, Art, Mathematics)에 대한 흥미를 촉발시키기 위한 것이다. 메이커 운동이 발족된 초기에는 교실이나 학교 밖 공간에서 성인들이 주도하는 활동으로 발전되었지만, 교육자들 사이에서 학생들이 STEM 또는 STEAM에 참여할 기회를 향상시키기 위해 교육과정으로 창작 활동을 가져오는 데 관심이 증대된 것으로 볼 수 있다(Martinez & Stager, 2013). 문제 해결 능력(Problem solving), 팅커링(Tinkering), 만들기(Making), 공학(Engineering)은 학생의 나이나 전공에 상관없이 모든 교육 현장에서 이루어져야 할 학습 방법이다. 즉 메이커교육은 유아들이 기존에 존재하는 것들을 그대로 받아들이고 구매하는 수동적인 소비자가 아니라, 스스로 문제 해결을 통해 불편한 것들을 개선하고 만드는 활동을 통해 크리에이터(Creator)가 되게 도움을 주고자 하는 교육 철학이다.

이처럼 만들면서 놀고, 놀기 위해 만드는 메이커교육은 2019 개정 누리과정에서 추구하는 놀이의 의미와 매우 많이 유사하다(이연승, 2020). 유아·놀이 중심 교육과정의 세 가지 개정 취지와 메이커교육과의 연계성을 살펴보면 다음과 같다.

첫째, 미래에 부응하는 새로운 교육과정으로 나아간다. 2019 개정 누리과정은 '미래'를 인간의 고유성과 창조성이 더 강조되어야 하는 시기로 이해하는 데에서 출발한다. 이러한 점에서 전 세계 교육과정은 미래를 고려하는 '역량 중심 교육과정'을 강조하고 있다. 역량으로 가는 교육과정은 많이 아는 지식에서 실제 잘할 수 있는 능력을 강조하며, 교사들은 학습자가 교실에서 즐겁게 배우는 방법에 대해 더 많은 고민을 해야 한다는 관점을 강조한다. 이런 의미에서 메이커교육의 가치는 직접적인 조작물을 가지고 흥미를 유지하여 학습자가 자발적인 학습을 한다는 데 있다(Martinez & Stager, 2015). 즉, 메이커교육의 교훈은 실행 단계에서 얻어질 수 있다는 점에서 역량 중심 교육과정과의 연계성을 찾을 수 있다. 메이커교육을 통한 활동에서 문제 해결에 어려움을 겪고 있는 학생들이 있다면 계속 새로운 전략을 시도해 보라고 격려해야 한다. 이미 메이킹 결과물을 산출한 유아가 있다면 결과물을 좀 더 좋게 만들기 위해 어떤 것을 더 추가할 수 있을지 질문하고, 어떻게 하면 좀 더 신뢰도가 높고, 안정적이며, 유용하고, 미적으로 우수하며, 가치가 높고, 유연한 결과물을 만들 수 있을지 질문해야 한다. 이것이 메이커교육의 가치이다(Halverson & Sheridan, 2014). 메이커교육이 활발히 일어나는 교실은 아이디어와 창의력이 충만한 분위기를 가진다.

둘째, 유아는 유능하고 놀이하며 배운다. 만들기를 하는 아이들은 시간 가는 줄 모르고 몰입한다. 몰입하는 동안 창조적인 놀이가 만들어진다. 이런 의미에서 만들면서 노는 것, 놀면서 만드는 것은 어쩌면 같은 말이라 생각된다. 메이커교육을 통해 유아들이 무엇을 배우는가에 대한 질문에 답은 명백하고, 메이킹의 교육적 역할은 중요하다. 유아들은 항상 만들기를 즐기며 추상적인 생각을 손으로 만들어 가는 과정에서 몰입과 창의적 문제 해결을 경험할 수 있다. 하지만 메이커교육의 교육적인 효과에 대한 구체적이고 실제적 증거에 대한 연구는 제한적이다. 그럼에도 메이커교육을 통해 유아들이 무엇을 배우는가에 대한 질문에 답은 명백하고, 메이킹의 교육적 역할은 중요하다. 유아들은 항상 만들기를 즐기며 추상적인 생각을 손으로 만들어 가는 과정에서 몰입과 창의적 문제 해결을 경험할 수 있다.

셋째, 교사는 자율성을 바탕으로 유아를 지원하며 성장한다. 유아의 놀이를 존중하는 교육과정을 실천하기 위해서 교사에게는 매 순간 교육적 판단을 하기 위한 자율권이 필요하다. 아이들이 문제를 통해 생각하는 것이 가능할 때, 아이들은 문제에 대한 해결책에 대해 다양한 방법으로 접근할 것이다. 교사가 아이들에게 스스로 시간을 관리하도록 하고, 다시 생각하고 개선하는 것을 허용할 때, 아이들의 자율성은 확보되고 아이들이 문제 해결자로서 자신들의 능력에 대해 신뢰한다. 이는 메이커교육에서 지향하는 바로, 교사는 유아들의 놀이 상황에 자신이 개입하는 부분을 최소화하면서 만들기, 팅커링, 발명에 내재된 구성주의 학습으로 이끌 수 있어야 한다. 교사의 "내가 덜 간섭하고 학습자에게 좀 더 많은 권한과 책임을 줄 수 있는 방법이 있나요?"라는 질문에 대한 대답은 "우리에게는 더 조금, 그들에게는 더 많이(Less Us, More Them – 이하 LUMT)"이다. LUMT는 학습 과정에서 교사를 배제하는 것도 아니고 학습 환경에서 교사들의 전문 지식의 중요성을 축소시키는 것도 아니다. LUMT는 어린이에게 좀 더 많은 권한과 책임을 부여함으로써 교실에서 교사가 갖는 기대와 표준을 높여 가는 것이다. 이에 대해 피아제는 아이들의 겉으로 드러나는 행동을 바꾸는 것이 아니라 아이들 스스로 바꿀 수 있는 조건을 만드는 것이 교사의 역할이라고 말한다.

2부

유아교육과정 구성의 기초

4장

철학적 기초

유아교육과정을 이해하기 위해서는 교육이 추구하는 인간상에 대한 교육 목적, 교육 대상의 이해, 교육 대상을 둘러싼 가족 및 사회에 대한 지식이 필요하다. 이에 교육과정의 내용을 철학적 기초, 심리적 기초, 사회적 기초의 세 가지 측면으로 구분하여 제시하였다.

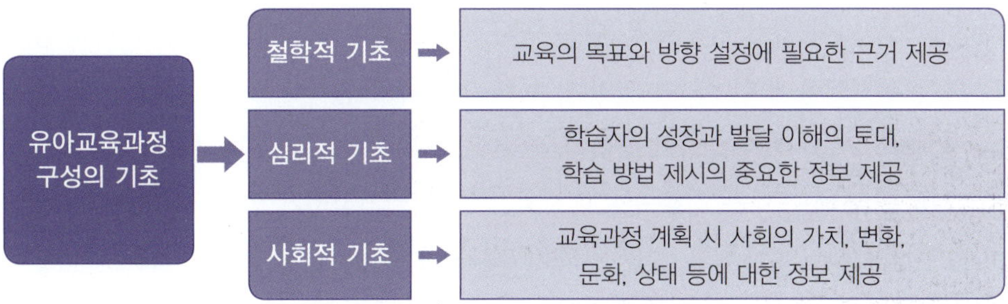

[그림 4-1] 유아교육과정 구성의 기초

본 장에서는 고대에서 현대에 이르기까지 유아교육의 철학에 영향을 미친 교육사상가를 중심으로 유아교육 사상의 본질에 대해 고찰해 보고자 한다.

철학은 그리스어 'philosophia'에서 유래한 것으로 'philo'는 '사랑하다'는 뜻의 접두사이고 'sophia'는 '지혜'를 의미한다(두산백과, 2018). 그러므로 철학은 '인생에 관한 지혜를 사랑하는 학문'이라고 정의할 수 있다. 교육과정에서의 철학적 기초란 영유아를 어떤 존재로 바라보아야 하는가에 대한 사상 또는 이념을 의미하는 것으로 시대와 문화적 상황 속에서 철학적으로 기대하는 인간상에 따른 양육, 보육, 교육 방향의 기초를 일컫는다. 이러한 철학적 기초를 바탕으로 교사는 교육과정의 목적과 계획, 의사 결정 및 체계적 절차를 제공받는다. 이에 고대, 중세, 근대, 신인문주의 시대, 현대의 유아교육 사상을 시대별 흐름에 따라 알아봄으로써 유아교육의 방향을 살펴보고자 한다.

1. 고대 및 중세의 유아교육 사상

역사적으로 유아교육이 비교적 체계화되기 시작한 것은 고대 그리스 시대의 플라톤(Platon)과 아리스토텔레스(Aristoteles)의 교육 철학에서 비롯되었다고 할 수 있다. 초기 고대의 교육은 그리스의 스파르타와 아테네의 교육 기록에서 찾아볼 수 있다. 교육 내용이나 방법은 성문화되었으나 교육의 대상이 지배 계급의 건강한 자녀에 국한되어 있었으며, 교육 내용 역시 스파르타의 경우 체육과 음악을 중심으로 하는 무사교육에 한정되어 있었다. 특히 영유아의 권리에 대한 기본적인 존중이나 체계적인 이론은 부각되지 않았다(홍순정, 이기숙, 2001). 이에 『국가론(*Republic*, 國家論)』을 통해 정의가 실현되는 이상적인 국가를 건설하기 위해서는 교육이 필수적이라고 강조한 플라톤의 교육 철학과 인간의 자유화를 추구하며 시민의 교양교육을 중시한 아리스토텔레스의 교육관을 살펴보고자 한다(이경화 외, 2013).

중세는 로마의 사회·문화적 퇴폐와 게르만 민족의 침략으로 인해 교회 밖의 모든 문화와 학문이 소멸되고 고대의 여러 문명이 몰락의 위기에 봉착하여 흔히 암흑의 시대라 불린다. 온전히 카톨릭교의 사상과 정신에 의하여 엮어진 '종교의 세기'로 이 시기의 교육은 주로 세계 복음화를 위해 이루어졌으며 전 인류가 같은 신의 자녀로서 형재애로 결합된 그리스도 왕국을 지상에 실현하고자 하였다. 따라서 고대 사회가 현세적, 계급적인데 반해 중세 시대는 종교적, 내세적, 평등적이었으며, 고대의 교육이 자연주의적, 지적 교육인데 반하여 중세의 교육은 초자연적, 도덕적 교육이 강조되었다. 따라서 중세교육의 궁극적 목적은 기독교교육이었으며 그리스도를 이상적 인간상으로 하여 개인으로 하여금 그를 모방하게 함으로써 참된 그리스도 신앙인이 되게 하는 데 있었다. 중세의 새로운 문화를 탄생하게 한 선구자 아우구스티누스와 인문주의 교육발전에 기여한 에라스무스의 교육관을 살펴보고자 한다.

1) 플라톤(Platon, BC. 427~347)

플라톤(Platon)

고대 그리스의 대표 철학자인 플라톤은 아테네 왕손인 아버지 아리스톤(Ariston)과 솔론(Solon)의 후손인 어머니 페리크티오네(Perictione)의 슬하에서 태어났다. 소크라테스의 충실한 제자이자 아리스토텔레스의 스승인 플라톤은 아테네에 아카데메이아(Academeia)라는 세계 최초의 대학을 설립하여 이곳에서 저술과 가르치는 일을 하였다(두산백과, 2018).

인간의 본성이 아름다움과 선함, 유능함으로 가득 차 있다는 견해를 가지고 있었던 플라톤은 인간이 본성적으로 선하며 자기와 자신의 세계를 완성할 잠재력이 있다고 보았다. 그러므로 이미 갖고 있는 모든 이성적인 본성을 연마하고 진리를 탐구하도록 교육시키기 위한 체계적인 교육과정을 계획해야 함을 피력하였다. 이처럼 플라톤은 교육의 기능을 개인의 타고난 본성을 좀 더 고양시켜 이성적인 본성과 조화를 이루도록 하여 인간의 연약한 요소들을 배제하도록 노력하는 것이라고 보았다.

플라톤은 『국가론』에서 이상 사회의 실현을 위한 수단으로 교육을 제시하며,

가소성이 풍부한 영유아기에 가급적 빨리 교육을 시작해야 한다고 주장하였다(이기숙 외, 2018). 영유아기는 습관과 성격이 형성되는 시기로 자연스런 놀이를 통해 교육할 것을 강조하였고, 주입식 지식이 아니라 학습자가 주체적으로 진리를 유도할 수 있도록 교육해야 함을 지적하였다(신화식 외, 2015). 서양의 교육 사상에서 플라톤의 교육 사상은 중요한 위치를 차지하고 있으며, 인간은 선천적으로 천부적인 소질을 타고나지만 각 개인이 어떤 교육을 받느냐에 따라 달라질 수 있고, 개인의 본성에 적합한 교육을 해야 함을 일깨워 주어 교육의 가능성과 중요성을 보여 주었다(이경화 외, 2013).

2) 아리스토텔레스(Aristoteles, BC. 384~322)

아리스토텔레스
(Aristoteles)

위대한 그리스 철학자 중 한 명인 아리스토텔레스는 플라톤의 가장 뛰어난 제자로 알려진 백과전서적인 학자이다. 마케도니아 왕국의 필리포스(Philippos) 2세 국왕의 주치의인 아버지의 영향을 받아 어린 시절부터 자연과학에 대한 관심이 남달랐으며 후일 과학 제 부문의 기초를 쌓아 논리학을 창시하기에 이르렀다.

아리스토텔레스는 교육의 궁극적인 목적을 인간의 행복한 생활에 두었으며 '인간의 자유화'를 주장하였다. 즉 교육은 개인과 시민의 행복을 증진시키는 것으로 인간 생활과 도덕 발달을 위해 필요하며 자유인을 위한 시민교육이 중요하다고 보았다. 영유아기는 양육의 시기로 섭생과 건강에 유의해야 하므로 무엇보다 신체적 발육에 주력해야 하며, 다음으로 습관 형성의 단계, 마지막으로 이성 도야의 단계로 순차적으로 진행해야 한다고 하였다. 초등학교에 있어서는 육체적, 도덕적 습관 형성이 중요하며, 중등학교에 있어서는 체육, 음악, 미술 등을 통한 정서 훈련이 중요하고, 고등학교에 있어서는 수학, 논리학, 과학 등을 통한 이성 계발을 중시하였다. 교육 방법으로는 직접적인 관찰법, 특히 경험을 중시하였으며, 실제적인 지식과 원리에 도달하는 데 변증법과 귀납법을 강조하였다. 또한 획일적인 집단 교육보다는 개인차를 고려한 개별 교육의 필요성을 언급하기도 하였다(이상현 외, 2011).

정리하면 아리스토텔레스는 인간성에 대한 탁월한 이해를 통해 좋은 습관을 형성하고 이성을 훈련하여 이상적인 인간상을 실현할 수 있다고 보았으며 어린 시절부터 조기에 좋은 습관을 길러 주는 것이 중요함을 시사해 준다.

3) 아우구스티누스(Auqustinus, 354~430)

아우구스티누스는 초대 그리스도교 교회가 낳은 위대한 철학자이자 사상가로 고대 문화 최후의 위인임과 동시에 중세의 새로운 문화를 탄생하게 한 선구자였다. 그는 인간 의식의 근원을 이성과 감정의 상태라고 보는 신앙의 관계에 대해 끊임없이 연구하였고, 교부 철학과 신(新)플라톤 학파의 철학을 종합하여 가톨릭 교회의 교의에 이론적인 기초를 다졌다.

아우구스티누스
(Auqustinus)

중세 초기 사회는 모든 인간은 원죄로 인해 태어날 때부터 악에 빠지게 되므로 기독교 신앙을 받아들여 은총을 입을 수 있도록 교육해야 한다고 보았다. 따라서 영유아들의 자발적인 표현이나 놀이 활동은 죄악시하였으며 끊임없는 감독과 엄격한 훈육의 필요성을 강조하였다. 중세는 영유아 발달에 대한 연구가 전무했던 시대였으므로 영유아의 고유한 발달 단계를 인정하지 않았고, 영유아를 성인의 축소판으로 인식하였다. 이와 같은 사고 체계 아래에서 그가 교육적 가치로서 다루었던 것은 영유아기부터 기독교 신앙을 받아들여 신의 은총을 입고 절제된 생활을 할 수 있도록 일찍부터 교육하여 지도하는 것이 중요하다고 강조함으로써 부모들이 조기교육의 중요성을 인식하도록 지도하였다.

4) 에라스무스(Erasmus, 1466~1536)

에라스무스
(Erasmus)

에라스무스는 르네상스 시대의 세계주의자이자 근대 자유주의의 선구자로 손꼽히는데 고전적, 종교적 지배 아래에 있던 교육을 인간주의적 교육으로 전환하게 하는 계기를 제시하여 인문주의 교육 발전에 기여하였다.

특히 그는 유아가 장차 경건하고 통찰력 있는 인품을 갖추기 위해서는 가능한 한 일찍부터 교육을 받아야 한다고 주장하였다. 이에 종래의 7세 이후부터 시작해 온 교육을 반대하고 적어도 3세 이전부터 교육을 시작해야 한다고 강조하였다. 그 이유로 도덕교육이 7세 이후로 지연이 될 경우 나쁜 습관과 태도가 이미 굳어진다는 것이다. 따라서 에라스무스의 교육론은 7, 8세까지로 집중되어 있으며 그의 유아교육을 3단계로 구분하면 다음과 같다.

- 제1단계(0~2세)

가정교육의 시기이다. 부모에 의한 교육이 이루어져야 하며 유아가 아직 정형화되지 않아 외부로부터 많은 영향을 받을 수 있음을 지각해야 한다. 특히 이 시기에 부모로부터 경건과 예의를 배우기 때문에 부모는 그 성장에 세심한 주의를 기울여야 한다.

- 제2단계(2~6세)

교사에 의한 교육의 시기이다. 교사와 유아 간의 애정에 기초를 둔 인간관계, 공경과 사랑에 기초를 둔 인격적인 관계를 교육의 기본으로 삼았으며 교사의 중요성을 대단히 강조하였다. 그에 따르면 교사가 유아를 사랑하고, 그 사랑을 받은 유아들이 교사를 사랑하게 되면 유아들은 교사를 존경하게 된다. 이렇게 교사와 유아가 사랑과 존경하는 관계일 때 교육은 성공할 수 있는 것이다. 또한 교육 현장에서 교사가 가장 유의해야 될 사항으로는 가능한 한 학생 개개인의 특성과 개성을 발견하고 교육의 획일화와 강요를 피할 것과 교사가 유아의 발달 단계에 적합한 방법을 취하며 무리하지 말 것을 주장하였다.

- 제3단계(6~7세)

언어교육의 시기이다. 그에 의하면 이 시기에 학습해야 할 지식은 사물에 대한 지식, 언어에 대한 지식 두 가지로 분류된다. 이때 언어의 지식을 먼저 학습하고 이후 사물에 대한 지식을 습득해야 하는데 이는 사물이 언어를 통해 이해되기 때문이다.

에라스무스는 유아들의 흥미와 욕구 등을 고려하여 시각적 교구와 유희적 방법을 사용하고 유아 개인의 능력에 따른 교재 분량의 조절을 주장하였다. 이는 개개인에 적합한 개별 학습과 유아의 발달을 고려한 심리주의 교육이라고 할 수 있다. 또한 훌륭한 교육이란 전적으로 격려하는 일이라고 명시함으로써 회초리 없는 교육이 참된 교육이라고 하여 교사의 체벌을 금지하였으며 학교교육에서의 남녀 평등을 주장하였다. 에라스무스의 교육 방법은 그의 저서인『유아의 자유교육』에 잘 나타나 있으며, 체계적인 교육 이론이라고 할 수 없지만 고전적, 종교적 지배 아래에 있던 교육을 인간주의적인 교육으로 전환하여 근대교육을 형성하는 데 결정적인 영향을 미쳤다고 할 수 있다.

2. 근대의 유아교육 사상

1) 코메니우스(Comenius, 1572~1670)

코메니우스
(Comenius)

유아의 개별성에 대한 이해는 코메니우스로부터 비롯되었다는 것이 일반적인 지적이다. 코메니우스는 성악설의 관점에서 영유아를 바라보며 어른의 축소판이라 생각했던 이전의 사상을 종식시키고, 영유아의 독특한 발달 단계를 고려하여 성인과 다른 방법으로 가르쳐야 한다고 주장함으로써 근대교육의 사상적 기반을 마련하였다(김숙자, 2000). 즉 코메니우스는 현대 아동교육의 개척자로서 영유아의 능력과 개성을 매우 중시하며 영유아는 어른의 장난감이 아니기 때문에 옛날의 습관을 그대로 지킬 것을 강요하는 것은 좋은 교육이 아니라고 주장하였다. 코메니우스의 보편교육, 감각교육, 모국어교육, 자연의 원리에 따른 합자연의 교육은 아동 중심 교육 사상의 시발점이 되어 이후 루소(Rousseau), 페스탈로치(Pestalozzi), 프뢰벨(Fröbel)에 영향을 주었다고 볼 수 있다.

■ 교육 내용과 방법

코메니우스는 근세교육의 역사상 직관주의 교육의 창시자로 알려져 있다. 직관주의 교육이란 교육의 실제에 있어서 실물에 의한, 그리고 직접적인 사물을 통한 교육을 말하는 것으로 모든 경험적 지식을 중시하는 사상이다. 코메니우스는 아동을 위한 세계 최초의 그림책 『세계도회(*Orbis Pictus: The World of Pictures*, 世界圖繪)』(1657)를 저술하여 조기교육에 크게 기여하였다. 세계도회는 본문과 관련된 삽화가 들어간 그림책으로 언어 이전에 사물을 인식하는 감각 기관을 활용해 지식에 이르게 하는 방법을 적용한 것이다. 글자와 낱말만을 강조해 왔던 종래의 방법에서 벗어나 언어가 표현하고자 하는 의미를 실제 사물을 통해 직접 보여 주는 방법, 즉 그림에 의한 교수법을 택하였으며 엄격하고 추상적인 주입식 교육 방법과는 달리 영유아들의 자연성을 인정하여 적합한 교육을 실시하였다는 점은 교육과정의 중요한 선례로 인정되고 있다. 코메니우스는 『세계도회』 서문에 "감각에 존재하지 않고 지성에 존재하는 것은 하나도 없다."고 하며 감각적 직관을 강조하였다. 또한 영유아기의 학습은 감각적인 것을 통하여 가장 잘 성취되며 감각교육은 모든 학습에 기초가 된다고 주장하였다.

2) 로크(Locke, 1632~1704)

로크
(Locke)

영국의 철학자이며 정치 사상가인 로크는 『교육에 관한 고찰(*Some Thoughts on Education*)』(1693)에서 인간의 본성은 훈육과 환경에 따라 달라질 수 있다는 '백지설(tabula rasa)'을 주장하였다. '타브라 라사(tabula rasa)'라는 라틴어로 널리 알려진 로크의 백지설은, 인간의 정신세계를 아무것도 그려 있지 않은 백지 상태로 보는 것으로, 경험을 통하여 지식과 관념이 생기게 되며 이성적 능력을 발휘할 수 있게 됨을 의미한다.

로크의 아동관은 인간의 본성론과 관계가 있다. 아동의 물리적·사회적 환경의 중요성을 강조하며 선천적인 능력이나 소질보다는 학습에서의 후천적인 교육의 역할을 강조한다. 즉 유아들은 물길처럼 이리저리 옮겨질 수 있으므로 유아교육에서 환경의 중요성을 강조하였다.

■ 교육 사상 및 목적

데카르트 철학과 자연과학에 몰입하였던 로크는 '백지설'에 따른 조기교육을 강조하였으며 학교교육보다는 가정교육에 충실해야 함을 주장하였다. 그의 교육 사상은 "건전한 신체에 건전한 정신에 깃든다."는 그의 말처럼 심신의 조화로운 발달을 목적으로 하였으며, 훈육을 중요시하지만 강제적인 주입식 교육이 아닌 유아의 호기심에 따른 자주성을 존중하였다. 교육 목표는 신사의 양성이다. 덕성, 실천적 지식, 예의, 학예, 승마, 운동, 취미, 작업, 여행 등의 여러 자질을 완비하는 것이었다. 이러한 로크의 교육 사상은 경험을 바탕으로 학습의 원리와 방법을 창안함으로써 교육 현상을 보다 실제적이고 생동감 있게 바라보게 하였다. 따라서 경험의 교육이 인간 성장에 있어서 기본 요인으로 작용하는 유전과 환경에 대한 인식에 중요한 시사점을 제공한다.

■ 교육 내용과 방법

로크는 『교육에 관한 고찰(*Some Thoughts Concerning Education*)』(1693)에서 과거의 경험과 애슐리(Ashley) 3세를 키웠던 경험을 바탕으로 자신의 교육적 견해를 밝혔다. 이 교육론은 1693년 7월 영국에서 익명으로 출판되면서 세상에 널리 알려지게 되었다. 로크의 교육 사상은 교육론에 주로 나타나 있으며 크게 신체교육론, 가정교육론, 도덕교육론, 지적교육론, 성격교육론 등 다섯 가지로 나누어 살펴볼 수 있다.

① 신체교육론

신체교육은 "건전한 정신은 건전한 신체에 머문다."고 하는 교훈을 전제로 인간 형성의 기초는 일상생활에서 자연스럽게 자연의 리듬을 존중하고 지켜 내는 것이라고 하였다. 즉 자연 원리에 의해서 자연적인 방법으로 조화로운 균형과 건전한 육체를 이루는 것이며 과학적 설명의 개념을 바탕으로 기계론적인 자연관과 자연 존중의 휴머니즘 전통, 전통적인 자연법적 자연 인식에 기반을 두고 있다고 볼 수 있다.

② 가정교육론

가정은 어린이들이 참여하는 최초의 사회이며 지식, 기술, 태도, 규범을 학습하는 곳이기도 하다. 신체 발달 및 건강, 지적 발달, 정서 발달과 같은 인간 발달의 기본적인 틀은 가정교육에 의해 거의 결정된다고 해도 과언이 아니다. 인간은 어린 시기일수록 주변 환경에 의해 인격 형성에 영향을 많이 받기 때문에 가정교육은 더욱 중요하다고 할 수 있다. 그래서 로크는 자녀를 돌보는 부모나 가정 교사, 유모 그리고 친구에게도 각별히 관심을 두고 가정교육을 해야 한다고 역설하였다.

③ 도덕교육론

인간의 품성이 지향하는 바는 자신의 욕구를 충족하고 자신의 자연적 성향을 지님으로써 이성이 지시하는 것을 얻도록 함에 있다고 보았다. 도덕적 가치는 욕심을 누르고 방자한 마음을 물리치는 이성의 명령에 따르는 것이다. 어릴 때 자기의 의지가 습관이 되지 않아 몸에 배지 않은 유아는 자라서도 자기의 이성에 복종할 수 없다는 것이다. 따라서 단련이나 훈련은 어린 시절부터 해야 한다.

④ 지적교육론

로크는 학습(learning)을 지육(智育)이라 하고 어린이들이 지식을 얻는 과정을 『인간 지성론(人間知性論, *An Essay Concerning Human Understanding*)』(1690)에 제시하였다. 그에 따르면 지식을 획득하기 위해서는 우선 감각의 경험이 반복적으로 쌓여야 하고 감각의 내용을 토대로 내부의 관념 세계를 형성하는 정신 작용이 이어져야 한다. 가정 내의 지적 교육에 대한 학습은 신사가 되는 데 필요한 학과목의 선택과 검토, 초급에서부터 중급, 상급 단계의 배열과 학습 계획, 부모와 가정교사가 지도하는 교수 원칙과 유아의 심리적 특성, 젊은 신사의 자학 학습을 위한 안내서 등이 있다.

⑤ **성격교육론**

다양한 기질 덕성교육이 이루어지고 나면 행동 습관 형성의 구체적인 단계로 들어가야 한다. 먼저 유아의 기질을 잘 분별하여 그것이 유아의 어떠한 정신적 구조에 뿌리박고 있는지를 신중히 고찰한다. 로크는 "유아가 태어나면서부터 갖게 되는 유아의 기질은 모든 수단을 다해도 결국 그 인간의 경향은 자연적으로 태초에 결정되어진 방향으로 간다."고 하였다. 또한 "얼굴이나 신체의 특징과 달리 성장함에 따라 기교나 음흉스러움을 배워 표면적으로 볼 수 없으나 후에까지 영향을 미치게 된다."고 하였다. 즉 인간은 개인적인 차이가 있으며 유아에게는 덕성교육에 이용할 수 있는 기질과 억압이 필요한 기질 모두가 있다고 볼 수 있다.

3) 루소(Rousseau, 1712~1778)

루소
(Rousseau)

루소는 18세기 계몽사상의 대표적인 인물이며 아동 존중 사상과 '자연'에 의한 교육을 통하여 이상적인 인간을 완성하는 '자연인' 육성을 강조하였다(김정원 외, 2013). 또한 아동의 정신 발달에는 자연적으로 주어진 단계가 있으며, 아동은 능동적인 주체이므로 교육은 교사나 교육과정이 아닌 아동 중심적으로 이루어져야 한다고 주장하였다. 루소는 전통적인 교육을 비판하고 주지주의 교육에서 주정주의 교육으로 전환함으로써 근세의 교육 사상에 끼친 영향력이 매우 크며, 이는 페스탈로치와 프뢰벨에 의해 계승되었다.

■ **교육 사상 및 목적**

① **아동 존중**

아동 존중 사상은 '성선설'을 기초로 한 것으로, 인간은 원래 선하게 태어났다는 것이다. 당시는 아동이 성인의 축소판이며 어떤 기준에 도달하지 못하는 미성숙한 상태라는 생각이 지배적이었으나, 루소는 인간은 선하게 태어났기 때문에 아동이 선한 본성을 잘 계발하여 자랄 수 있도록 존중해 주어야 함을 주장하였다. 즉 루소에게 있어 교육이란 성인 사회의 사고나 도덕을 아동에게 주입시키는 적극적인 교육이 아니라 악덕의 침입을 막고 진리를 가르치기에 앞서 편견을 막는 일이었다. 루소는 아동의 자연스러운 발달을 보장하는 '소극적인 교육'을 강조하였으며 이를 위해서는 바람직한 환경 속에서 스스로 보고 느끼는 아동의 자유로운 활동을 존중해야 한다고 하였다.

② 자연주의

자연주의 교육 사상이란 자연적 성장 과정에 따라 스스로 배울 수 있으며 불필요한 성인의 간섭을 최소화해야 한다는 것이다(서영숙 외, 2013). 루소는 사람은 '자연에 의한 교육', '사물에 의한 교육' 그리고 '인간에 의한 교육'에 의해서 교육된다고 보았다. '자연에 의한 교육'은 인간의 내부에 천성으로 갖추어진 각 기관과 능력의 자연스러운 내면적 발달을 의미하고, '사물에 의한 교육'은 사람이 외부 세계의 사물과 접촉하여 감각과 경험에 의하여 획득되는 것이다. '인간에 의한 교육'은 자연, 사물, 그리고 인간에 의한 교육이 잘 조화되어 동일한 도달점, 동일한 목적에 일치할 때만 참된 인간교육이 가능하다는 것이다. 루소가 추구하는 궁극적인 인간은 자연인이다. 자연인은 그 본성인 선을 지키면서 이상적인 사회 건설을 목표로 한다. 루소는 사회에서의 자연인은 자연의 법칙에 따라 양육 혹은 교육이 이루어질 때 만들어진다고 하였다. 그는 인간의 본성은 원래 선(善)하며, 선한 것이 곧 자연이라고 하였다. 그러나 이러한 선(善)이 인간이 만든 문명과 학문 등의 악(惡)으로 인해 타락해 간다고 보았다. 따라서 루소는 가능한 한 사회악(惡)으로부터 유아를 보호하기 위하여 유아들이 어른들의 세계와는 떨어져 자연에서 자연의 법칙에 따라 성장·발달해야 한다고 주장하였다. 루소의 유명한 "자연으로 돌아가라."라는 말은 이러한 그의 자연주의 사상을 반영한 표현이라 할 수 있다. 루소의 이러한 자연주의 교육 사상은 그의 저서인 『에밀(*Emile*)』(1762)에 가장 잘 나타나 있다. 하지만 루소의 자연주의 교육은 아무것도 하지 않는 교육, 방치하는 교육을 의미하는 것은 아니다. 오히려 습관 형성과 노작과 연습에 의한 능력 계발, 그리고 이를 통한 정신적, 육체적 성장을 강조하며 노동의 필요성을 어려서부터 몸에 익히도록 해야 한다고 주장하였다.

■ **교육 내용과 방법**

루소의 교육 내용은 『에밀』에 잘 나타나 있다. 에밀은 5편으로 구성되어 있으며 주요 인물은 교육을 받는 소년인 에밀, 에밀의 아내가 되는 소피, 에밀의 교육을 맡은 가정 교사와 루소 자신이다. 유아기(1~5세)는 신체적 발육에 중점을 두어 아버지는 자연의 교사, 어머니는 자연의 보모로서 건강에 유념하도록 한다. 아동기(6~12세)까지의 교육은 소극적 교육으로 자연성이 자유로이 발휘되어야 하며 독서교육의 암송은 별 의미가 없다고 하였다. 따라서 아동기에는 언어의 습관과 다섯 개의 감각 기관에 대한 연습, 경험을 통하여 사물을 학습하는 교육이 강조된다. 소년기(13~15세)는 사물에 대한 판단과 비판력이 생기고 지적 교수가 가능해지는 지식 도야기로 교육은 천문학, 물리, 지리 등의 자연과학과 수공이 이루어진다. 이때 과학은 교사가 가르치는 것이 아니라 아동 자신이 발견해야 한다. 청년기(16~20세)는 역사학이나 종교학을 접하고 인간관계와 사회 제도에 대한 지식을 배운다. 마지막은 여성교육으로 배우자를 선택하고 국가와 사회를 이해할 수 있는 내용을 다룬다. 루소의 교육 방법은 합자연의 원리, 실물 중심 교육, 주정주의 교육, 소극적 교육으로 정리될 수 있다.

① 합자연의 원리

인간은 발달 단계에 맞는 교육을 해야 한다는 것이다. 인간의 감각은 이성보다 일찍 발달하며 이성이 처음 작용할 때는 감각이 항상 선도자가 된다. 또한 인간의 정신에 들어오는 모든 것은 감각을 통하여 들어오므로 인간의 최초 이성은 감각적 이성이며 이것이 지적 이성의 기초가 된다. 따라서 루소는 감각에서 이성으로, 신체적인 것에서 정신적인 것으로, 대상에 의한 직관과 경험에서 관념의 형성으로 발전해 간다고 하였다. 교육 방법도 이러한 과정과 순서를 따르며, 구체적인 것에서 추상적인 것으로 진행한다. 루소는 이것을 자연의 질서로 간주하였다.

감각을 훈련한다는 것은 단순히 그것을 사용하는 것이 아니라 감각을 통하여 바르게 판단하는 것, 즉 느끼는 것을 배워야 하는 것으로 우리들의 감각은 수동적이지만 우리들의 지각 또는 관념은 판단을 내리는 능동적 정신에서 생긴다고 보았다. 감각은 수동적인데 이성은 창조적이고 능동적인 성격을 갖고 있으므로 아동기에는 주로 감각에 의존하나 성장할수록 이성이 발달함으로써 능동적인 존재로 변화해 나가는 것이다. 또한 신체와 정신의 관계에서도 신체의 발달과 건강을 우선하며 선행시키는데, 이는 신체에서 정신으로 결국에는 도덕성의 발달을 지향하는 것이다.

② 실물 중심 교육

루소는 권위주의나 언어 위주의 형식주의를 거부하며, 자기 스스로 경험하고 자발적으로 실제 생활 속에서 행동하면서 지식과 진리를 발견하도록 하는 발견 학습법을 강조하였다. 참다운 교사는 경험과 감각을 중요시하며 자기의 경험이 교육 활동의 주인이 되고 이러한 경험의 존중은 곧 실제를 중요시하고 실물 중심의 교육 방법이 된다. 모든 것은 사물과 실제적 활동에 의해서 배운다고 하였다.

③ 주정주의 교육

루소는 암기식이나 주입식 교육을 거부하였다. "책을 사용하는 것은 우리에게 생각하는 것을 가르치는 것이 아니라 타인의 이성을 사용하는 것을 가르치는 것이다. 그것은 우리에게 많은 것을 믿게 할 뿐 무엇 하나 알도록 가르치는 것이 아니다."라고 하여 아동까지 책을 읽는 것은 저주라고 보았다. 생활의 원리를 통한 교육과 감각 훈련을 통해 느끼고 깨달아 가는 주정주의 교육을 강조하였다.

④ 소극적 교육

진리를 가르치고 지식을 가르치는 것보다 진리를 발견하는 방법을 가르치는 일이 더 중요하다. 방법을 가르치기 이전에 사물이나 주위 대상에 대하여 호기심을 갖는 것이 보다 중요하며 그것에 애착을 느끼는 정신이 있어야 알고자 하는 욕구가 발생한다는 것이다. 교육에 있어서 가장 중요한 것은 알고 싶고 배우고 싶은 욕구를 일으키는 방법이 중요하며 욕구가 일어나도록 하기 위해서 현재의 관심과 호기심을 자극하고 관심 끌 만한 것을 아동의 손이 닿을 수 있는 곳에 놓아두고 그 욕구를 만족시킬 수단을 제공해 주면 욕구가 일어난다고 하였다. 루소는 벌에 의한 교육 방법을 거부하였고 과잉보호나 애정도 아동의 건전한 발달을 방해한다고 하였으며 사랑과 고통을 조절하는 것이 필요하다고 하였다.

3. 신인문주의 시대의 유아교육 사상

1) 페스탈로치(Pestalozzi, 1746~1827)

페스탈로치
(Pestalozzi)

페스탈로치는 루소의 자연주의, 직관주의의 영향을 많이 받았으나, 루소의 합리주의보다는 오히려 종교적 심정의 도야, 모성애에 의한 유아교육과 신인문주의의 주정적인 면을 강조하였다. 또한 단순히 교육 사상가에 그치지 않고 교육의 실천을 통하여 스스로의 이론을 구체화했다는 점에서 루소와 다르다.

페스탈로치는 근본적인 교육의 장으로써 가정교육을 강조하였으며, 프랑스 혁명 후 고아가 된 아이들과 함께 생활하며 그들을 위한 학교를 세웠다. 이는 프뢰벨(Fröbel)과 오웬(Owen)에 의해서 계승되었으며 유치원(Kindergarten)과 유아학교(infantil school)[1] 창설의 출발점이 되었다.

■ 교육 사상 및 목적

페스탈로치는 인류애를 근본 정신으로 빈민교육을 위해서 일생을 희생한 교육가였다. 모든 아동은 하나님이 주신 성스러운 존재이며 교육이란 인간성의 계발을 통하여 내적인 능력을 끌어 내어 잘 키워 주는 데 있다고 보았다. 즉 교육이란 인간 각자가 창조주로부터 선물받은 능력을 자유롭고 충실하게 활용하도록 다지는 일로서 인간의 도덕적, 신체적, 지적인 제 능력을 조화 있게 성장하도록 도와주는 일이라고 하였다.

페스탈로치는 교육의 목적을 인간 개혁과 사회 개혁에 두었다. 교육을 개인적인 측면에서 보면 인간의 행복 추구에 기여하는 일이고, 사회적인 측면에서는 개인을 사회의 유용한 구성원으로 만드는 일인 것이다. 따라서 페스탈로치가 강조하는 교육 목적은 인간에게 필요한 지, 덕, 체를 조화시켜 동물적 상태에서 사회적 상태로, 나아가 도덕적 상태로까지 육성하는 것으로 볼 수 있다.

그는 이러한 교육은 가정을 중심으로 이루어져야 한다고 보았으며 부모의 사랑이 인간 형성의 기초가 된다고 하였다. 즉 교육은 어릴 때부터 어머니의 사랑과 신뢰, 모성애에 의하여 행해지는 것이며, 모든 힘의 원천은 어머니의 사랑, 모성애로부터 나오는 것이라고 본 것이다. 또한 가정은 읽기, 쓰기, 셈하기의 기초적 교육부터 시작하여 종교적, 도덕적 교육과 실제 교육이 이루어지는 장이 된다고 주장하였다.

---

1) 유아학교(infantil school): 오웬이 1816년과 1824년 사이에 뉴라나크(New Lanark)의 방직공장에 세운 성격형성 학원을 그 시초로 보고 있다. 그 후 오웬의 뜻을 받든 후원자들이 런던을 비롯한 각지에 유아학교를 설립하였다.

■ 교육 내용과 방법

페스탈로치의 교육 방법은 자기 활동의 원리, 방법의 원리, 직관의 원리, 조화적 발달의 원리, 생활 공동체의 원리로 정리된다.

① 자기 활동의 원리 : 교육은 어린이의 능력을 그 내면에서 발달시키는 것이므로, 자기 활동의 원리는 인간의 자연적인 힘을 내적인 힘에 의하여 자발적으로 발전하게 한다는 원리이다. 교사는 아동의 발달이 자연적, 조화적으로 이루어지도록 모든 조건을 제공해 줌으로써 선천적 소질 계발을 도와야 한다.

② 방법의 원리 : 자기 발전과 마찬가지로 교육은 일정한 단계를 거쳐 이루어져야 한다는 원리이다. 쉽고 기초적인 것부터 시작하여 다른 요소로 넘어가며, 마지막에 이를 종합하는 3단계의 방법이다.

③ 직관의 원리 : 모든 인식은 직관에서부터 출발하며, 사물을 정확히 인식하는 수단과 과정으로 수, 도형, 언어를 중시해야 한다는 원리이다. 이 세 가지는 모든 지식을 구성하고 있는 가장 기본적인 요소이기 때문에 교수는 이 요소를 밝히고 분석하는 것에서부터 시작하여야 한다.

④ 조화적 발달의 원리 : 페스탈로치는 어린이의 내면에 인간성의 전 능력이 내재하고 있다고 생각하고, 인간의 선천적 기능을 머리(Head), 마음(Heart), 손(Hand)의 3H's, 즉 정신력, 심정력, 기술력의 세 영역으로 나누었다. 그리고 3H의 조화적 발전을 강조하며, 그중에서도 마음(도덕적, 종교적)의 도야를 핵심으로 하는 여러 능력의 조화적 발달을 교육의 이상으로 삼았다.

⑤ 생활 공동체의 원리 : 페스탈로치는 개성 존중뿐만 아니라 교육상 생활 공동체의 의의를 중요시하였다. 또한 가정에서의 어머니와 자녀 간의 관계를 중요하게 생각하며, 어머니와 자녀 간의 애정과 신뢰감을 도덕교육, 종교교육의 근저로 생각하였다. 그리고 그것이 확대되면 자연히 시민으로서의 자질이

높아지고 국민으로서의 자각이 강화되고 나아가 인류의 복지에 이바지하는 정신까지 발전할 수 있다고 믿었다.

2) 오웬(Owen, 1771~1858)

오웬
(Owen)

18세기 중엽, 영국은 산업혁명의 영향으로 어린이들이 5~6세 때부터 비좁고 청결하지 못한 공장에서 하루에 10시간 이상씩 노동으로 혹사당하는 일이 비일비재하였다. 그 결과 대부분의 어린이들이 신체적, 정신적으로 올바르게 성장할 수 없었으며, 이를 안타깝게 여겼던 오웬은 우선 어린이들을 공장에서 벗어나 교육적 환경에서 자랄 수 있도록 해야 한다고 생각하였다. 이에 1816년 성격형성학원(New Institution of the Formation of Character)이라는 최초의 유아학교를 설립하게 되었다. 오웬이 설립한 최초의 유아학교는 2~6세의 어린이들을 대상으로 하였으며, 올바른 습관 형성을 중시하였다. 이 유아학교는 탁아 시설 설립 운동의 시작을 만들었다는 것과 영국의 정규 학교 제도 중 5~7세 어린이를 위한 유아학교의 근원을 만들었다는 두 가지 측면에서 중요한 의의를 가진다(윤기영 외, 2010).

■ 교육 사상 및 목적

오웬은 인간의 성격은 태어나면서 가지고 나오는 선천적인 성격과 자라면서 환경과의 상호 작용에 의해 형성되는 후천적인 성격에 의해 형성된다고 하였다. 그는 천성을 잘 성숙시키기 위해서는 자라면서 접하는 환경이 중요하다고 주장하였으며, 이에 유아기의 바람직한 성격 형성을 위하여 좋은 교육적 환경을 제공해야 한다고 하였다. 유아기에 형성된 성격은 개인뿐 아니라 사회에 영향을 미치기 때문에 유아기는 성격 형성에 있어 매우 중요한 시기가 된다는 것이다. 좋은 성격을 형성하기 위해 오웬은 집단적인 훈련을 중시하여 군사 교련을 중시하고 규율, 복종, 올바른 습관의 형성, 건강, 자세의 개선 등을 목표로 하였다. 또한 아동의 건강을 중시하여 야외 놀이를 가능한 한 많이 하도록 하였으며, 유아의 발달 단계에 따른 흥미를 강조하고 주지주의식 교육을 멀리하였다. 오웬은 이러한 신념에 따라 성격형성론에 페스탈로치의 교육 정신의 영향을 받아 일곱 가지 교육 원칙, 즉 성격형성론에 바탕을 둔 환경 개종의 교육, 어린이들의 자기 활동을 중시하는 교육, 사랑과 행복의 교육, 상벌의 폐지, 직관교육(直觀教育), 생산 노동과 결합된 교육, 자연과 결합된 교육을 정하였다.

오웬은 '행복'을 인생의 궁극적인 과제로 여겼으며, 행복하기 위해서는 강건한 신체를 지니고 진선미의 조화로운 발달을 도모하며 빈곤을 근절해야 한다고 생각하였다. 이러한 맥락에서 오웬은 인격을 완성하는 것과 함께 사회 체제가 개혁되어야 한다고 주장하였다.

■ 교육 내용과 방법

성격형성학원은 프뢰벨(Fröbel)의 유치원보다 24년이 앞선 1816년에 설립되었다. 오웬의 성격형성학원은 유아학교, 소학교, 청년과 성인을 위한 학교 총 3부 구조로 되어 있으며, 이 중 유아학교가 이 학원의 가장 기초가 된다. 성격형성학원의 기본 목표는 친구를 존중하고 남을 배려하는 등 철저하게 도덕적 성격을 형성하는 것이다. 이를 위해 야외나 운동장에서 친구들과 같이 놀이와 학습이 이루어지도록 하였으며 유아 체육을 가장 중요하게 생각하였다(윤기영 외, 2010).

3) 프뢰벨(Fröbel, 1782~1852)

프뢰벨
(Fröbel)

코메니우스, 루소, 페스탈로치 등의 교육 사상은 프뢰벨에 이르러서야 구체적으로 실천되기 시작하였으며, 프뢰벨은 『인간의 교육(*The Education of Man*)』(1826)을 통해 교육 사상을 피력하였다. 프뢰벨은 그의 교육적 신념을 바탕으로 3~8세 유아를 위한 유치원을 설립하고 교육과정을 구성·실천하여 유아를 위한 교육과정을 최초로 제안하였다(Spodek, 1973). 프뢰벨의 유치원 교육과정의 기본 개념은 사물의 '통합의 개념', 즉 세상의 모든 만물은 신의 조화이며 교육의 궁극적인 목적은 신, 인간과 자연의 통합을 이해하는 데 있다고 보았다. 또한 이때부터 유치원은 성인 중심의 교육에서 벗어나서 유아에 대한 존중과 학습에 있어서 수동적인 학습보다는 놀이를 통한 신체적인 움직임이 중요하다는 '노작교육'의 기초를 만듦으로써 유아교육에 커다란 영향을 미쳤다.

■ 교육 사상 및 목적

① 통일성의 원리

세상의 만물은 영원한 법칙이 있고 그 법칙에 따라 작용하고 지배한다고 보았다. 이 만물을 지배하는 법칙의 바탕에는 인간, 자연, 신을 보다 큰 체제로 통합하는 통일성이 존재한다. 통일성은 신이고 만물은 이 신으로부터 생겨난 것이며, 신은 만물의 유일한 근원으로서 만물 속에 존재하고 만물을 지배한다. 즉 프뢰벨은 만물의 본질을 신성(神性)으로 보고, 만물의 사명은 단지 그의 본질인 자기 내부의 신성을 외부에 표현하는 것이라고 하였다. 따라서 그의 교육 목적도 이 본질을 절대자와의 통일에까지 발전시키는 일이라고 할 수 있다. 여기에서 프뢰벨이 말하는 '통일'이란 외적인 통일이 아니라 모든 것을 포괄한 내적 통일을 말한다.

다시 말해서 통일이란 최고의 본질인 절대적인 것을 말하며, 자기 자신이 원인인 동시에 만물의 근원이며, 또 우주에 있어서 만물의 운행자인 동시에 내부적으로 작용하고 있는 것이라고 하였다.

② 자기 활동의 원리

어린이의 자기 활동을 중시하는 경향은 18세기 철학, 특히 라이프니츠(Leibniz)의 단자론에서 시작하여 교육학 분야에까지 전반적으로 확대되었다. 이러한 경향은 후에 루소와 페스탈로치에 의해 전성기를 이루었으며, 특히 프뢰벨에 이르러서는 더욱 철저하게 다루어졌다. 프뢰벨은 교육에 있어서 자기 활동을 창조적인 것으로 보고 이를 육성하려고 하였으며, 적극적으로 시도하였다. 프뢰벨에 의하면 신이 조물주라고 하는 입장에서, 신성의 본질은 활동이며 창조이며 노동인 것이다. 이러한 신성을 자신의 본성으로 하고 있는 인간은 태어나면서부터 활동하는 행동과 표현하는 행동 그리고 창조하는 행동을 하게 된다. 따라서 어린이의 활동은 모두 창조적인 것으로 볼 수 있으며, 창조적인 활동은 동시에 자기 속에 있는 사회적인 것의 표현이며 이는 곧 자기 활동인 것이다. 따라서 프뢰벨 교육의 과제는 어린이의 자기표현을 도와주는 것이고 어린이의 모든 흥미와 욕구에 따른 창조적 자기 활동에 따라 교육하는 것이 되어야 하며 모든 명령적, 간섭적, 강제적 교육은 금지되어야 한다고 생각하였다. 인간이 성장해 가는 과정에서 일찍부터 자발성에 의해 외적 작업이나 생산 활동을 하는 것은 인간의 본래적 욕구이다. 유아가 감각적 기능의 발달과 함께 손발을 움직일 수 있게 되는 것이 최초의 신체적 활동이며, 창조적 충동의 싹이다. 여기에서 놀이가 시작되고 물건을 움직이며 형체를 조립하는 자기 활동이 이루어진다는 것이다. 즉 외부에 도전하는 자기 활동을 통해 변화하는 사상에 더욱 흥미를 느끼고 점차 실생활에까지 확대되어 영속적으로 발전하는 것이라고 하였다.

③ 노작의 원리

프뢰벨은 인간의 생산적 활동을 정신적인 것으로 보고 인간의 본질에 관한 근본적 개념으로 보았으며, 이는 페스탈로치의 노작교육 사상을 계승하고 이를 발전시킨 것이다. 프뢰벨은 어린이의 모든 단순한 생산 활동을 노작으로 보았고 생명 그 자체를 활동, 노작, 창조라고 보았다. 인간의 사명은 행동을 통하여 신성을 표현하는 것이며, 이 신성이 숨겨져 있는 인간은 노동을 함으로써 그리고 행위를 통하여 자신의 내적 본질을 구체적으로 표현하게 된다는 것이다. 즉 인간의 사명을 신성의 표현이라고 보았기 때문에 노작의 원리는 인간 생명의 원리이며 생명의 발전을 위한 교육 원리이며 생명 발전의 과정이 노작이기 때문에 노작교육이 곧 인간교육이라고 할 수 있다.

노작교육은 예로부터 공리주의 내지는 실용주의의 입장에서 작업에 대한 직접적인 준비 과정으로 인식되어 왔다. 그러나 페스탈로치에 이르러서 노작은 작업에 대한 직접적인 준비가 아니고, 직관과 독자적인 관련을 맺고 있는 인간 형성의 원리로 이해되었다. 이것이 프뢰벨에 이르러 더욱 발전하여 노작은 그 자체가 목적이며, 어떤 목적을 위한 수단으로 보지 않았고 인간의 본질, 즉 신성의 표현을 직접적인 목적으로 보았다. 또 그는 노작을 인간 생명의 창조적이고 자발적인 활동으로 보았다. 프뢰벨은 이와 같이 노작의 중요성을 강조하며, 근로 정신이나 생산 활동은 어릴 때부터 교육되어야 한다고 하였다. 또한 그는 어린이의 놀이를 최초의 생산 활동으로 간주하였다.

④ 놀이의 원리

프뢰벨은 어린이는 대자연과 우주의 복잡하고 어려운 진리를 파악할 수 없으므로 그들에게 알맞은 물건을 교육화하여 제공할 필요가 있는데, 이렇게 하여 고안된 것이 바로 '은물(gift)'이다.

이 은물은 단순한 놀이 기구가 아니라 그 속에 철학적 의미가 내포된 것으로서 일종의 교육용 장난감이이며, 교육 목적을 달성하는 방법에 있어서 교재인 은물을 이용한 놀이의 원리를 적용하였다. 프뢰벨은 "놀이는 아이들의 내적 세계를 스스로 표현하는 것이며, 자기의 내적 본질의 필요에 의해 자신의 내면세계를 밖으로 표현한 것"이라고 하였다. 놀이는 아동기의 가장 순수한 정신적 산물이며 인간 생활 전체의 모범이라고 할 수 있는 것이다. 그러므로 놀이는 기쁨과 자유와 만족, 자기 내외의 편안함과 세계와의 화합을 만들어 내며 모든 선의 원천은 놀이 속에 있고 또 놀이로부터 나온다. 프뢰벨은 놀이를 하고 있는 인간에게 가장 순수한 정신이 깃들어 있다고 하였다. 이러한 이유로 놀이는 인간 성장의 근본 요소이며, 어린이의 자연스러운 발달의 가장 중요한 모습이다. 따라서 프뢰벨은 놀이 그 자체가 교육이라고 인식하였다.

■ 교육 내용과 방법

프뢰벨이 제안한 교육과정은 '은물', '작업', '엄마놀이', '자연 학습' 등으로 구성되어 있다. '은물'은 유아들이 형태, 숫자, 척도 등을 직접적으로 경험할 수 있도록 고안된 열 가지 모형들로 이루어져 있다. '작업'은 그리기, 진흙 빚기, 바느질하기, 색칠하기, 뜨개질하기, 종이 접기, 바르기 등 몇 가지 근육 기술 활동들로 구성되어 있으며, '엄마놀이'는 은물과 함께 활용하도록 노래와 게임을 주도면밀하게 조직해 놓았다. '자연 학습'은 식물과 동물을 관찰하여 서로 토론하도록 구성되어 있으며, 유아들은 자연을 노래한 시를 암송하거나 교실에 걸린 그림에 대해 토론하도록 되어 있다.

프뢰벨은 교육의 중요한 내용으로 인간이 갖추어야 할 가장 기본적인 것, 즉 종교, 자연, 수학, 언어, 예술 등을 제시하였으며, 종교는 '안식'에, 자연은 '심정과 인식(오성)'에, 수학, 언어, 예술은 '표현'에 해당하는 것으로 볼 수 있다. 인간은 자기 내면적인 생명을 지향하는 욕구(안식), 외계 및 외계의 본질을 자기 속에 넣으려는 욕구(인식), 내면적인 것을 직접 나타내는 욕구(표현)를 도야해야 하는 것이다.

프뢰벨은 자연의 법칙에 따르는 발달 순응적 교육을 강조하고 있는데, 이는 교육은 인간에게 내재한 신성을 자연스럽게 발전시켜야 한다는 루소의 '소극적 교육(negative education)' 사상을 발전시킨 개념으로, 교육, 교수 그리고 교훈은 본래적, 실질적, 규정적 간섭이 아니어야 한다는 것이다(Fröbel, 1887). 그는 '유기적 발달' 사상에 근거하여 비록 무의식적이긴 하지만 성장하는 인간은 내부로부터 고유한 내적 필요성에 따라 발달한다고 하면서 어린이가 아름답게 개화(Entfaltung: 펼침, 전개)하여 전인적인 조화로움 속에서 발달할 수 있도록 해야 함을 강조하였다. 그의 발달 순응적 교육은 외면적인 결과를 빨리 가져오게 하는 것이 아니라 내면적인 열매를 맺도록 하는 것임을 강조하는 것이다. 하지만 프뢰벨은 발달 순응적 교육 방법을 극단적으로 주장하지 않았으며, 발달 순응적이어야 하지만 주의와 보호를 첨가할 필요가 있다는 조건을 제시함으로써 '명령적 교육'의 필요성을 어느 정도 인정하였다. 즉 발달 순응적 교육이란 단순히 수동적인 태도를 취하는 것을 의미하는 것이 아니라, 끊임없이 어린이에 대해 주의와 보호를 하면서 필요한 때에는 곧바로 적극적이고 능동적인 작용을 할 수 있는 태세를 갖추고 있어야만 교육적 방법이 된다는 것을 의미한다.

4. 현대의 유아교육 사상

1) 듀이(Dewey, 1859~1952)

듀이
(Dewey)

듀이는 미국 실용주의의 대성자로 보편적 교육학설을 세워 세계 사상계에 큰 공헌을 한 미국의 영향력 있는 교육자이며 동시에 논리학, 심리학, 윤리학, 인식론 등 새로운 이론을 전개하여 『나의 교육신조(*My Pedagogic Creed*)』(1897), 『민주주의와 교육(*Democracy and Education*)』(1916), 『학교와 사회(*The School and Society*)』(1889) 등의 저서를 남긴 미국의 대표적 철학자이다. 듀이는 교육이란 경험의 끊임없는 개조이며, 미숙한 경험을 지적인 기술과 습관을 갖춘 경험으로 발전시키는 것이라고 생각하였다. 따라서 유아들에게 일방적으로 지식을 주입시키거나, 반대로 유아들의 자발성에만 의존하면 불충분하므로 여러 가지 경험에 참여시킴으로써 창조력을 발휘시킬 수 있는 계획성을 마련할 필요가 있다고 하였다. 듀이는 자신의 철학을 바탕으로 교육의 문제들을 탐구함으로써 전통적인 교육 이론들을 비판하고 그 대안으로 진보주의 교육 이론을 제기하여 그의 이론은 현대의 교육에 큰 영향을 미쳤다.

■ 교육 사상 및 목적

듀이의 교육 철학의 주요 개념은 아동의 흥미, 경험, 문제 해결 능력, 개별성의 존중, 생활 중심의 교육 내용, 경험의 재구성, 안내자로서의 교사, 민주적 운영, 자유, 주체성, 자기표현, 사회 적응 능력 등의 용어로 표현되는데 이는 모두 아동 중심 교육 사상을 보여 주는 것이다. 듀이는 경험을 통한 끝없는 성장 과정을 교육이라고 생각하고 있기 때문에 교육의 목적을 아동의 성장이나 교육과정 그 자체와 별개의 것으로 생각하지 않았다. 오히려 성장 그 자체를 교육으로 보았다.

듀이에게 있어 바람직한 교육 목적은 학생이 현재 가지고 있는 경험을 조사하여 잠정적 계획을 세운 다음, 그 계획을 끊임없이 염두에 두되 새로운 조건이 발생함에 따라 수정해 나가는 실험적인 목적이며, 그것은 행동에 의해 검증되면서 끊임없이 성장하는 목적을 의미한다. 교육은 생활이며 성장이고 계속적인 경험의 재구성인 동시에 사회적 과정인 것이다.

듀이가 말하는 '경험'은 개인의 경험만으로 이해되는 개념이 아니라 목적을 추구하는 인간 사회가 지력의 기능과 더불어 성취한 모든 것을 뜻한다. 경험의 원리를 살펴보면, 이전의 경험과 현재의 경험이 따로따로 분리되어 존재하는 것이 아니라 서로 연결되어 연속성을 가진다. 듀이는 경험이 이 같은 계속성을 가지지 않으면 성장에 연결되지 않으며 성장에 연결되지 않는 경험은 교육이라고 할 수 없다고 하였다. 또한 유아의 흥미를 중심으로 교육할 것을 제시하였는데, 이는 유아가 흥미를 갖고 적극적으로 활동에 참여할 때 자발적, 창의적 상호 작용이 일어난다고 보았기 때문이다.

■ 교육 내용과 방법

듀이는 교육을 경험의 계속적인 재구성으로 보고 있기 때문에 경험을 떠나서는 교육을 생각할 수 없다. 교육에서의 경험은 교육의 목적이자 내용이며 방법이고 또한 과정이며 결과이다.

듀이가 주장하는 교육 내용 선정 기준을 살펴보면 첫째, 교육 내용의 출발점은 아동 자신이어야 하지만 이는 교과 혹은 지식과 연결되어질 때 가치 있는 것이 된다. 둘째, 교육 내용으로의 경험은 중요하나 지적인 요소가 개입되어야만 교육 효과를 가져올 수 있다. 셋째, 교육이란 사고하는 것을 배우는 것이므로 교육 내용은 그런 내용을 담고 있어야 한다. 넷째, 교육의 내용은 인간과 가정을 중심으로 한 아동의 사회적 활동에 초점을 맞추어야 한다. 아동의 경험이 지적으로 연결되도록 현재의 경험에서부터 출발하되 능동적 학습이 일어나 나선형이 되도록 조직해야 한다.

듀이는 관찰자, 안내자, 연결자, 제안자, 중재자로서 교사의 적극적 참여를 강조하여 아동과의 계속적인 상호 작용이 필요함을 역설하였다. 따라서 그가 제안하는 교육 방법은 우선 아동의 흥미를 존중하며 아동의 본성에 따르는 것이어야 한다. 또한 '놀이'는 어린이의 교육적 성장의 수단이므로, 어린이의 발달 수준에 알맞은 구성적 놀이를 제공하면 어린이에게 문제 해결 능력을 길러 줄 수 있다고 보았다. 따라서 유아교육기관에서 흥미 영역의 구성 작업은 아동의 문제 해결 능력을 높여 주고 보다 상위의 행동과 사고에 도달하는 능력을 달성한다는 점에서 효과적이라고 보았다.

2) 몬테소리(Montessori, 1870~1952)

몬테소리
(Montessori)

이탈리아 최초의 여의사로서 몬테소리는 정신적으로 연약한 어린이(feeble minded children) 교육에 큰 관심을 갖고 독창적인 교재의 개발과 교육 방법을 고안해 내어 이들을 위한 교육에 공헌을 하였다. 몬테소리의 저술과 활동들은 유아교육의 발전에 많은 영향을 주었다. 몬테소리는 어린이들을 관찰한 결과를 토대로 정신 발달의 연속적인 발달 단계를 상정하고 각 시기마다 특별히 중요한 측면이 있음을 생각하였다. 또한 오감의 발달 중 특히 시각과 촉각의 발달은 지적 성장과 추상적 개념의 이해에 기본적임을 발견하고 같은 과제를 반복하는 방법을 통해 유아들의 감각 발달을 도와주는 교수 자료들을 구안하였다. 준비된 환경으로서 3~7세까지의 어린이들이 마련된 교구 중에서 스스로 선택하여 활동을 하게 함으로써 학습에 몰두하고 서로 도와줄 수 있는 교육 활동을 체계화하였다. 몬테소리의 이론과 자료들은 1919년경부터 영국의 유치원에도 보급되기 시작하여 중산층을 위한 유아교육의 필요성에 크게 부응하게 되었다. 특히 준비된 환경의 개념과 교구들은 공·사립 유치원에서 사용하는 교육 자료의 설계와 구안에 크게 영향을 주었다.

■ 교육 사상 및 목적

몬테소리의 아동관은 각 아동은 누구나 자신을 발달시킬 수 있는 능력을 가지고 있으며, 발달은 단계적으로 이루어진다는 것이다. 또한 몬테소리는 아동은 자유롭게 표현하려는 욕구가 있으므로 실제의 경험을 통한 학습이 매우 중요하다고 생각하였다. 이러한 '자기 발달'의 힘을 가지고 있는 아동을 돕기 위한 외적 조건으로 정리된 환경, 비주도적인 교사, 과학적 교구를 제안하였으며, 손을 써서 작업하는 것을 중시하였다.

몬테소리는 유아가 특정 행동에 감수성이 예민하여 쉽게 배울 수 있는 '민감기'가 있다고 믿었다. 민감기는 보통 0세에서 6세 사이에 이루어지며 각 유아마다 민감기가 나타나는 시기가 다르며 연령에 따라 나타나는 행동의 특성도 다르므로, 성인은 각 유아의 민감기 특성을 잘 관찰하여 최적의 발달이 이루어질 수 있도록 도와주는 것이 중요하다고 하였다. 또한 유아의 정신을 '흡수 정신'으로 정의하였으며, 이는 유아가 그의 내부에 잠재해 있는 흡수 정신 능력을 통하여 환경을 받아들이고 스스로 경험하여 배우게 되는 유아의 특성을 말한다. 유아의 올바른 성장과 발달을 위해 자극을 줄 수 있는 교육적 환경, 즉 유아의 자기 형성의 욕구를 충족시켜 주며, 그의 인격과 성장 패턴을 노출시켜 주기 위해 계획되어진 환경을 몬테소리는 '준비된 환경'이라고 하였다. 준비된 환경에 대한 교사의 안내에 따라서 어린이들은 그들이 필요에 의해 오가며 어떤 자료를 다루게 될지 스스로 결정할 수 있다. 몬테소리는 유아를 성장해 가면서 스스로 내면적인 에너지에 의해 학습을 하는 능동적인 존재라고 보았으며 '자동교육'은 준비된 환경 속에서 유아가 스스로 선택한 교구를 가지고 능동적으로 활동할 때 학습이 자연히 이루어지는 것을 말한다. 즉 교사가 직접 유아를 가르치기보다는 교구 자체가 자기 수정적이기 때문에 유아 스스로 자신의 실수 또는 오류를 발견하여 자동적으로 학습이 이루어질 수 있다는 것이다.

■ 교육 내용과 방법

몬테소리의 교육 내용은 크게 일상생활교육, 감각교육, 수학교육, 언어교육, 문화교육으로 나누어진다. '일상생활교육'은 스스로 옷 입기, 청소하기, 예절 지키기 등과 같이 일상생활에 필요한 기본적, 개인적 또는 사회적인 기술의 발달에 중점을 두는 것이다. '감각교육'은 유아의 감각 기관을 통해 받아들여지는 다양한 인상들을 유아들이 분류하는 것을 도우며, 시각, 촉각, 청각, 미각, 후각 등의 오감 발달을 돕는다. '언어교육'은 의사소통 능력의 발달을 위해 풍부한 언어를 습득하도록 도와주며 동시에 의사소통 시 언어를 효과적으로 사용할 수 있는 구체적인 기술 발달에 목표를 둔다. '수학교육'은 유아의 논리적 사고력 발달에 주된 목표를 두고 다양한 교구를 통해 정확성, 동일성, 서열, 양, 차이 등에 대한 개념을 기르도록 하고, '문화교육'은 지리, 생물, 역사, 과학, 미술, 음악 등의 영역을 포함하고 있으며 이런 학습을 통해 아동이 사회 속의 한 인간에 대해 그리고 인간 학습의 모든 양상, 습관, 예술, 문학, 삶의 형태를 이해할 수 있다.

몬테소리 학교의 교사는 어린이에게 특정 교육 내용을 학습시키겠다는 기대를 하지 않으며 실제로 특정 교육 내용을 가르치지도 않는다. 어린이 자신이 자기의 능력을 계발하고 완전하게 할 수 있는 내적 힘을 가지고 있기 때문에 교사의 지시나 강요는 불필요하다고 믿는다. 어린이 스스로 자신의 흥미와 욕구, 속도에 맞추어서 자료의 대상을 선택하게 되며 이러한 자료의 대상 또는 사물은 발달의 수단이 된다. 따라서 교사는 기본적으로 수동적 자세, 즉 관찰자, 보호자, 촉진자로서의 역할을 수행해야 하며, 교실에서 통제나 지시는 좀처럼 필요하지 않다. 교사는 아동의 잠재적 발달 단계를 주의 깊게 관찰하면서 각 아동의 최상의 능력 수준에 알맞은 시범을 보여 줌으로써 아동의 학습 분위기를 이상적인 상황으로 유지시키도록 한다. 교사의 또 다른 역할은 교실을 잘 정리·정돈하여 항상 '준비되어 있는 환경'을 아동에게 제공함으로써 아동이 정돈감을 학습할 수 있도록 해야 한다.

5장

심리적 기초

유아는 유아교육과정을 경험하는 주체이므로, 학습자인 유아의 행동 특성, 발달상의 특징, 연령 증가에 따른 학습 과정의 변화에 대해 이해하는 것은 교육과정을 구성하는 데 매우 중요하다. 철학적 기초가 교육의 목표와 방향을 설정하는 데 필요한 근거를 제공하였다면, 심리적 기초는 학습자인 영유아의 성장과 발달을 이해하고, 학습 방법을 제시하는 데 중요한 정보를 제공해 준다.

19세기 이전까지 아동에 대한 연구는 개인의 사례 혹은 일화 기록 등 주관적이고 비체계적인 자료들을 활용한 연구 방법이 지배적이었다. 그러나 20세기 이후 전통적인 아동 연구 방법에 대한 한계와 비판이 제기되며 아동의 행동과 성장, 발달에 대한 과학적 연구의 필요성이 대두되었고 이는 아동 연구 운동으로 이어졌다. 아동 연구 운동은 아동의 행동과 성장, 발달에 대한 다양한 과학적 근거를 제공하였으며, 교육과정에 영향을 미치는 대표적인 이론으로 성숙주의 이론, 행동주의 이론, 정신분석 이론, 인지 발달 이론, 생태학적 체계 이론을 들 수 있다. 이러한 이론들은 각각의 이론이 인간의 발달 전체를 설명하지는 못하지만, 상호보완적으로 인간의 발달에 대한 이해를 돕고, 교육적 적용을 위한 심리학적 근거를 제공한다는 점에서 의의가 있다.

1. 성숙주의 이론

루소(Rousseau)의 성선설을 바탕으로 한 자연주의 교육 철학은 20세기 초 아동 연구 운동에 참여한 홀(Hall)과 게젤(Gesell)에 영향을 미쳤으며 이는 성숙주의 이론으로 발전하였다. 성숙주의자들은 인간 발달이 외부 환경이나 경험에 의해 이루어지는 것이 아니라, 예정된 스케줄에 따라 유기체 내부에서 자연스럽게 전개되어 성숙한 단계에 이르게 된다고 보았다. 따라서 인간은 모든 발달의 가능성을 가지고 태어나며, 스스로 자연스럽게 성숙할 수 있다고 믿기 때문에 환경은 인간의 발달에 보조적인 역할을 담당할 뿐이라고 주장하였다. 성숙주의 이론의 대표적인 학자로 홀과 게젤이 있다.

1) 홀(Hall, 1846~1924)

홀(Hall)

홀은 아동 연구 운동의 창시자로, 관찰법을 발전시켜 영유아를 대상으로 한 연구의 과학적 기초를 마련하였다. 그는 1878년 하버드 대학교의 철학과에서 심리학 박사 학위를 취득한 후 독일 라이프치히(Leipzig)의 실험심리학 연구실에서 근무하면서 인간의 심리를 실험으로 측정하는 과학적 시도를 하게 되었다. 이후 홀은 유럽에서 진행되고 있던 심리학의 과학화를 미국에 소개하고, 1883년 〈아동 마음의 내용〉이라는 연구를 발표하였는데, 이는 홀이 진행하고 있던 아동 연구를 널리 알리게 되는 계기가 되었다.

1900년대부터 1930년대까지 홀의 주도 아래 일어났던 아동 연구 운동은 유아교육 학자들에게 현대적인 방향으로 유아를 연구하는 방법론을 제시하는 계기가 되었고, 위생, 건강, 훈련을 강조하고, 크고 밝은 공간을 유아에게 기본적으로 제공할 것을 강조하였을 뿐만 아니라, 습관 형성 및 인성 발달을 강조하여 현대적 의미의 교육적 인식을 새롭게 하였다.

홀은 유아의 발달과 무관하게 중요 교과 중심으로 이루어지고 있던 당시의 교육을 비판하였으며, 유아의 자연스러운 발달 특성과 유아의 학습과의 관계를 설명하였고, 발달을 기초로 하여 학습 내용을 조직하고 학습 방법을 선정해야 한다는 발달주의 이론을 주장하였다.

2) 게젤(Gesell, 1880~1961)

게젤(Gesell)

게젤은 홀의 발달론을 계승하여 성숙이론을 발전시켰다. 그는 홀의 지도 아래 심리학 박사 학위를 취득한 후 생리학 연구를 위해 다시 의학을 전공하였으며, 예일 대학교에서 '아동발달연구소'를 설립하여 심리학과 의학을 통합한 실증적 연구에 전념하였다. 실험실에서 그는 어린 아이들의 신체 운동 및 사회 행동을 면밀히 기록한 결과 유아의 발달이 자연의 내재적인 계획 또는 스케줄에 따라서 전개된다고 하였으며 이러한 과정을 '생물학적 성숙'이라고 명명하였다. 그는 발달의 예정론을 주장하며, 태아가 자궁에 착상한 이후 10개월 동안 성장하는 것은 외부 환경보다는 내적인 힘에 의한 성장이라고 보았다. 또한 영아들 간의 발달의 개인차가 발생하는 것은 출생 이후에도 유전적 요소에 따라 이미 성장의 방향이 결정되어 있기 때문이며, 외부 환경 요인은 이러한 유전과 성장을 보완하고 절충하는 요인이지 결정적인 요인은 될 수 없다고 생각하였다. 그는 유아들의 신체적, 사회적, 지적, 언어적 행동을 세밀하게 관찰하여 표준이 되는 행동을 연령별로 상세히 서술한 표준 행동 목록을 고안하였다.

그가 만든 표준 행동 목록의 연령별·개월별 특성은 오늘날까지 소아과 의사들에 의해 사용되고 있다.

2. 행동주의 이론

1920년대에는 행동주의 이론이 미국 심리학계에서 주목을 받게 되었다. 행동주의 이론에서는 심리학의 과학화, 즉 수량화를 강조하여 관찰 가능하고 수량화할 수 있는 인간의 행동만 연구 대상에 포함하였으며, 관찰할 수 없는 인간의 인지나 정서, 성격, 본능은 연구 대상에서 제외하였다. 행동주의자들은 발달에 영향을 미치는 환경의 영향을 중요시하여 유아를 환경에서 오는 자극에 대한 반응양식을 학습함으로써 발달하는 수동적 존재로 보며, 행동주의 이론은 학습 이론이라고도 불린다.

행동주의 이론에서 아동은 타고난 기질적 성향이 없고, 오로지 환경에 달려있다는 점에서 로크가 주장한 백지설과 유사한 아동관을 보인다. 환경이 아동을 만든다는 행동주의 이론은 부모들에게 자녀의 미래에 대한 큰 책임감을 부여하였다. 행동주의 이론은 학습이 이루어지는 과정을 조건 반사, 관찰 학습을 이용하여 과학적으로 설명함으로써 조건 형성과 모델링을 통하여 아동의 행동 치료 프로그램을 만드는 데 기여하였다. 행동주의 이론은 파블로프(Pavlov)와 왓슨(Watson)의 고전적 조건 형성 이론, 스키너(Skinner)의 조작적 조건 형성 이론, 반두라(Bandura)의 사회 학습 이론으로 발전되었다.

1) 고전적 조건 형성 이론

파블로프(Pavlov)

■ 파블로프(Pavlov, 1849~1936)

파블로프는 러시아의 생리학자로, 1904년 소화 계통에 관한 연구로 노벨상을 수상한 이후 조건 반사에 관한 연구를 시작하게 되었으며 '개의 타액 분비에 관한 연구'를 통해 고전적 조건 형성 이론을 제시하였다. 그는 실험실에서 개가 음식물에 대한 자연스런 반응이나 실험실 조수가 울리는 종소리에도 침이 분비된다는 사실에 주목하였고, 음식물 없이 특정 소리만으로 침을 흘리도록 하는 실험을 진행하였다.

그의 이론에 따르면 유기체는 어떤 자극에 대해 선천적으로 반사 반응을 보이는데 고전적 조건 형성은 바로 이러한 반사를 유발시키는 자극을 그렇지 않은 일반 중립 자극과 연결시킴으로써 이 중립 자극에 의해서도 반응이 유발되게 하는 것을 말한다. 다시 말해 '개의 타액 분비에 관한 연구'에서 개가 음식을 섭취할 때 침이 분비되는 것은 별도로 학습하지 않아도 선천적으로 일어나는 반응으로 음식은 무조건 자극, 타액이 분비되는 것은 무조건 반응이 된다. 한편 종소리와 음식을 연합하여 조건화하면, 나중에는 개가 종소리만 듣고도 침을 분비하게 되는데, 이때 제공된 종소리는 조건 자극, 이에 대한 반응인 타액 분비는 조건 반응이 되는 것이다.

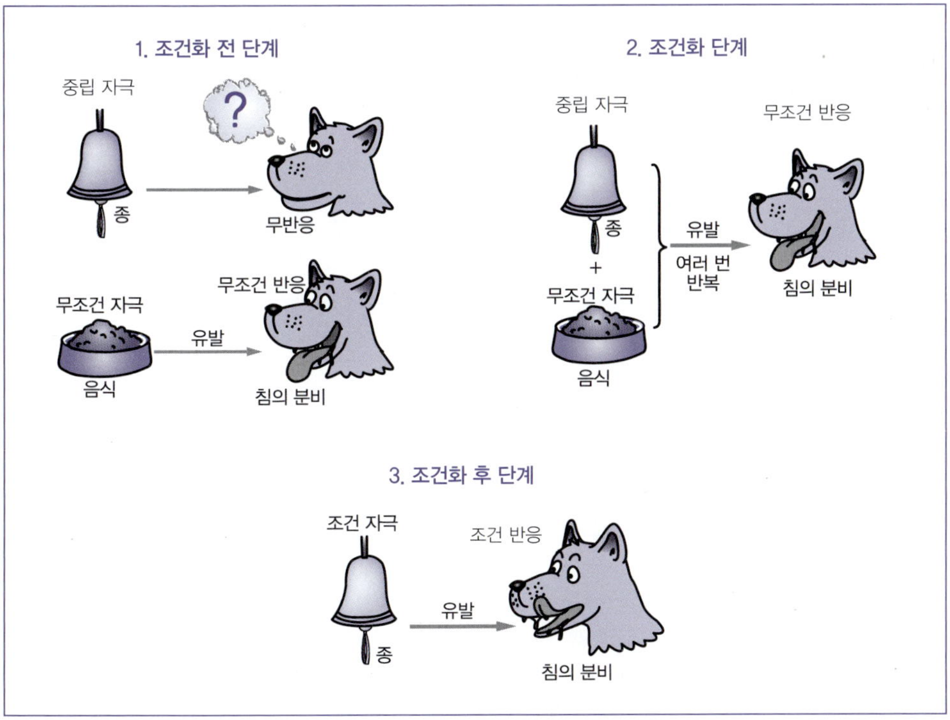

[그림 5-1] 조건화 형성의 과정

■ 왓슨(Watson, 1878~1958)

왓슨
(Watson)

왓슨은 행동주의라는 명칭을 처음 사용한 미국의 심리학자로, 고전적 조건 형성 이론을 최초로 인간에게 적용하여 연구하였다. 그는 생후 11개월인 영아 알버트(Albert)에게 실시한 '공포 정서 반응에 관한 조건화 실험'을 통해 행동주의 이론을 정립하였다. 이 실험은 왓슨이 아이들이 큰 소리에 공포를 느낀다는 특징에 주목하여 고안한 실험으로, 흰쥐에 대한 두려움이 없는 알버트에게 흰쥐를 만질 때마다 큰 소리가 나게 하여 공포심을 유발하는 과정을 여러 번 반복하는 것이었다. 이후 알버트는 흰쥐만 보아도 울음을 터뜨리거나, 토끼와 같은 흰색 동물만 보아도 두려움을 느끼는 '백색 공포' 반응 행동을 보이게 되었다. 중립 자극이던 흰쥐를 무조건 자극인 큰 소리와 연합하여 조건 자극으로 만들어 알버트가 두려움을 느끼도록 조건화한 것이다.

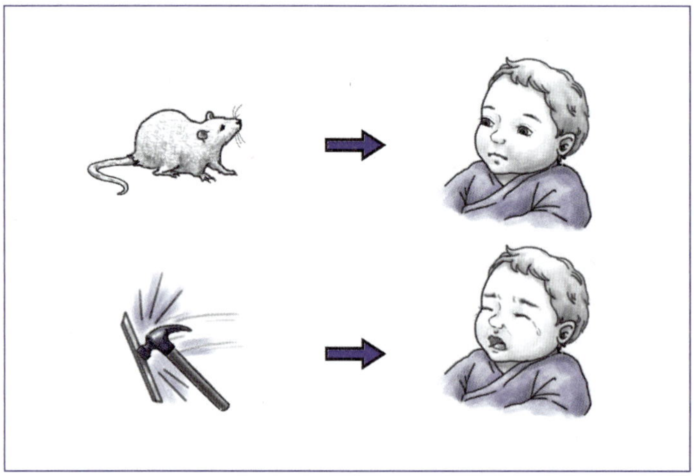

[그림 5-2] 왓슨(Watson)의 흰쥐 공포 실험

왓슨은 "나에게 건강한 아이 12명과 그들을 양육할 수 있도록 내가 지정한 환경을 제공해 주면, 그들의 재능, 취미, 성향, 능력, 종족에 관계없이 내가 선택하는 어떤 전문가(의사, 법률가, 상인, 정치인, 거지, 도둑)라도 만들 수 있다."라고 주장하기도 하였다. 또한 왓슨은 부모들에게 자녀들이 아주 어렸을 때부터 수유 시간 및 수면 시간을 훈련시켜야 하며 아이의 응석을 받아 주어서는 안 된다고 경고하였다.

2) 조작적 조건 형성 이론

■ 스키너(Skinner, 1905~1990)

스키너
(Skinner)

고전적 조건 형성 이론은 단순한 반응 행동은 설명할 수 있으나 유기체가 스스로 조작하는 조작적 행동을 설명하기에는 한계가 있었다. 스키너는 하버드 대학교에서 심리학과 교수를 역임한 미국의 행동주의 심리학자로 이러한 고전적 조건 형성의 한계를 인식하고 조작적 조건 형성 이론을 발표함으로써 행동주의 이론의 범위를 확장시켰다. 왓슨의 실험에서는 자극 조건을 반복적으로 제시함으로써 유아의 반응 행동이 변화했다면, 스키너는 실험에서 강화를 도입하여 행동의 변화를 이끌어 내고자 하였다.

스키너는 유기체를 자유롭게 움직이게 하여 스스로 조작하도록 하였고, 조작적 조건 형성에서 최초의 자극은 알 수 없으나, 유기체의 반응 행동이 그 뒤에 따르는 강화 자극에 의해 통제된다고 주장하였다. 이 주장은 '스키너 상자 실험'에 근거한다.

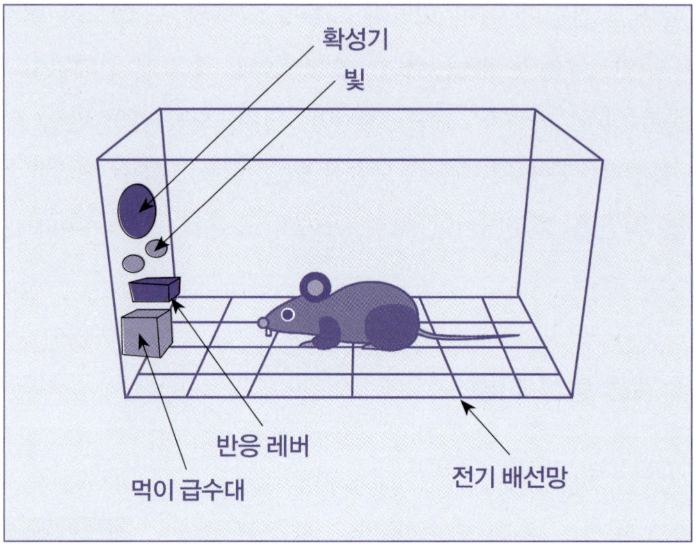

[그림 5-3] 스키너 상자 실험

스키너 상자는 실험 대상이 작동할 수 있는 막대기나 버튼이나 레버가 있는 밀폐된 공간이다. 동물은 상자의 내부를 자유롭게 탐험하면서 기계 장치를 작동할 때 생기는 결과를 발견했다. 단순한 형태의 경우에 반응 레버를 누르면 사료가 나오거나 동물에게 약한 전기 충격이 가해졌다. 이와 달리 바닥에 전기가 통해 실험 대상이 충격을 받지 않으려면 스위치를 작동해야 하는 상자도 있었다. 스키너는 긍정적 강화가 부정적 강화보다 강한 영향력을 미치며 행위가 반복될 가능성이 높아진다고 결론을 내렸다. 부정적인 결과를 막는 것도 긍정적 강화의 역할을 한다. 다시 말해 자발적으로 일어난 유기체의 특정 행동이 그 결과에 따라 더욱 강화되거나 약화되는 과정이 발생하는 조작적 조건 형성이 이루어진다는 것이다. 이를 통해 그는 인간의 조작적 행동을 예측할 수 있으며, 행동은 강화와 벌을 통해 통제될 수 있다고 보았다.

스키너가 제시한 조작적 조건 형성 이론의 주요 개념은 다음과 같다.

- 강화 : 어떤 행동이 다시 발생할 가능성을 증가시키는 과정이다.
- 정적 강화 : 대상이 원하는 자극(보상)을 제시함으로써 조작적 행동을 증가시키는 과정이다.
- 부적 강화 : 대상이 원하지 않는 혐오 자극을 제거함으로써 조작적 행동을 증가시키는 과정이다.
- 벌 : 대상이 원하지 않는 혐오 자극을 제공함으로써 행동이 발생하는 빈도를 감소시키는 과정이다.
- 소거 : 학습된 행동에 지속적인 강화가 제공되지 않을 때 사라지게 되는 과정이다.

3) 사회 학습 이론

■ 반두라(Bandura, 1925~)

반두라는 동물을 대상으로 하거나 실험실에서 진행되는 연구에서 비롯된 전통적인 행동주의 이론에서 벗어나, 사회 속에서 타인과 상호 작용하며 발달하는 존재로서의 아동에 관심을 가졌다. 그는 인간이 동물과 달리 자신의 행동과 행동 결과에 대해 생각할 수 있는 인지적 존재라는 것을 강조하였고 관찰 학습, 즉 다른 사람의 행동을 관찰하여 학습하는 모방 혹은 모델링 과정에 초점을 맞추었다.

반두라
(Bandura)

그는 '보보 인형 관찰 실험'을 통해 유아가 대상의 행동을 관찰하여 그대로 모방하는 행동 특성을 보인다는 것을 입증하였다. 이를 통해 모델로서 교사의 중요성을 강조하였고, 유아들의 이러한 관찰 학습은 중요한 발달 과정 중 하나로, 일련의 인지 과정을 거친다고 하였다. 관찰 학습은 총 네 가지 하위 인지 과정으로 구성되는데, 한 단계도 빠지지 않고 모든 단계를 거칠 때 성공적 모방이 이루어진다고 하였다. 반두라가 제시한 관찰 학습의 구성 요소는 다음과 같다.

- 주의 집중 : 모델의 행동에 주의를 집중하는 단계이다.
- 기억 과정 : 관찰된 내용을 기억하는 단계로, 모델 행동을 상징적 형태로 기억하는 능력이 필요하다.
- 운동 재생 : 모방하고자 하는 행동을 실제 행동으로 옮기는 단계로, 행동을 정확하게 재생하기 위한 신체·운동기술 능력이 요구된다.
- 동기화 : 직접적 혹은 간접적 강화를 통해 동기를 유발하는 단계로, 관찰을 통해 학습된 내용을 실제 행동으로 재생하기 위해서는 동기 유발이 필요하다.

3. 정신분석 이론

정신분석 이론은 프로이트(Freud)가 주창하고, 융(Jung), 아들러(Adler), 에릭슨(Erikson) 등에 의해 계승된 이론이다. 프로이트 이전에도 많은 철학자나 사상가들이 유아기 교육의 중요성을 강조하였으나, 이들은 모두 철학적 관점에서 중요성을 밝히는 데 그쳤다. 프로이트는 이러한 한계를 극복하고 과학적인 관점에서 유아기의 중요성을 밝힌 최초의 인물로 평가되고 있으며, 정신분석 이론은 1960년대까지 유아교육에 큰 영향을 미쳤다.

정신분석 이론은 정신 또는 마음의 분석을 의미하는데, 정신이 인간의 행동을 결정한다는 것을 기본 가정으로 한다. 인간의 생물학적 본능과 갈등을 해결하는 과정이 인간의 성격(정신) 형성에 관여하는 원인이 되며, 이를 통해 발달이 이루어진다고 생각하였다. 대표적인 학자로 프로이트와 에릭슨이 있다.

1) 심리성적 이론

■ 프로이트(Freud, 1856~1939)

프로이트
(Freud)

프로이트는 체코 출신으로 오스트리아 비엔나 의대에서 신경학을 전공하였다. 그는 신체적으로 결함이 없는데도 불구하고 신경증적 증상을 나타내는 환자들을 치료하던 중 대부분의 원인이 어린 시절에 경험한 상처 혹은 부모와의 관계와 연관성이 있다는 것을 발견하였다. 이후 프로이트는 인간의 내면에 관심을 가지고 유아기의 경험과 성격 발달과의 관계에 대해 연구하였다.

프로이트의 이론에 따르면, 인간의 성격은 5세 이전에 기본 구조가 형성되며 그 후에 점차적으로 정교화되는데, 인간이 태어나서 5세가 될 때까지가 성격 형성에 가장 중요한 시기라고 강조하였다. 또한 암송과 체벌을 효과적인 교수법으로 생각하며 아동 양육과 교육에 매우 엄격한 태도를 취한 당대의 교사와 부모들을 대상으로 아동에게 더욱 관대하고 허용적인 태도를 보일 것을 강조하였다.

프로이트는 인간의 정신세계가 의식, 전의식, 무의식으로 나누어지며, 인간의 성격은 원초아, 자아, 초자아의 구조로 구성되어 있다고 주장하였다. 인간의 행동과 사고는 원초아, 자아, 초자아의 상호 작용을 토대로 결정되며 이 세 가지 요소의 개념은 다음과 같다.

• 원초아(Id)

원초아(Id)는 무의식을 구성하는 핵심적 요소로, 인간의 원초적인 본능을 의미한다. 본능적인 욕구나 충동, 쾌락의 원리(pleasure principle)에 의해 지배되며, 비이성적이며 이기적이다. 갓난아이와 같이 현실적으로 가능한 것과 불가능한 것을 판단하지 못하고 쾌락적 욕망만을 추구한다.

- 자아(Ego)

생후 1년 정도가 되면 영아는 자신의 본능적 충동이 모두 현실적으로 만족될 수 없다는 것을 경험하면서 현실적으로 가능한 것과 불가능한 것을 판단할 수 있게 된다. 자아(Ego)는 현실의 원리(reality principle)에 입각하여 원초아와 초자아와의 갈등을 중재하는 역할로, 쾌락이 만족스럽게 충족되면 건강한 정신세계를 발달시키게 되며, 자아가 발달한다.

- 초자아(Superego)

3~4세경이 되면 점차 자아 이상이나 양심과 같은 도덕적이고 초월적인 가치를 추구하는 초자아(Superego)가 발달하게 된다. 초자아는 원초아처럼 선천적으로 획득되는 것이 아니라, 학습에 의해 형성되며, 성격의 구조 중 가장 마지막에 형성된다. 유아가 부모 혹은 타인과의 동일시, 사회적 가치와 문화적 규범 등을 내면화하는 과정을 통해 발달하며 원초아와 자아의 검열자 역할로, 원초아의 충동과 욕구를 억제하고 자아의 현실적 목표 대신 도덕적 목표를 추구하도록 돕는다.

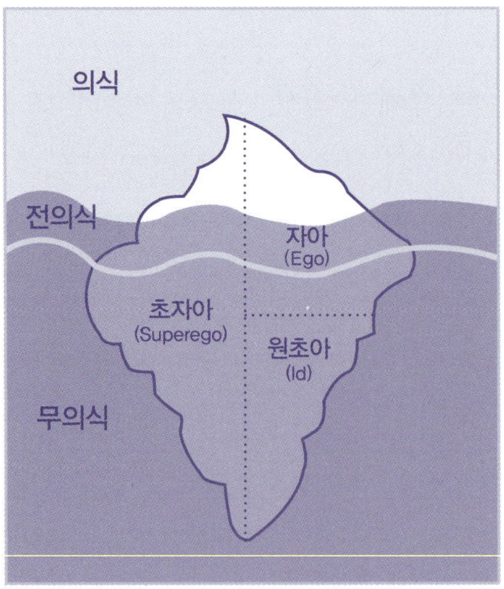

[그림 5-4] 인간의 정신세계

프로이트는 억압된 욕구가 무의식에 쌓이지 않도록 원초아의 욕구를 충족시킴으로써 영유아가 건강한 발달을 도모하도록 하는 것이 교육자의 역할이라고 하였다. 그는 본능의 역할을 강조하며, 쾌락을 추구하는 성적 본능 에너지를 리비도(libido)라고 하였다. 리비도는 일생동안 일정한 순서에 따라 특정 신체 부위에 집중되는데, 리비도가 집중되는 신체 부위에 따라 구강기, 항문기, 남근기, 잠복기, 생식기로 성격 발달 단계를 구분하였다. 각 발달 단계마다 욕구가 충분히 충족되어야 다음 단계로 발달할 수 있는데, 각 단계의 욕구가 결핍되거나 과잉 충족되었을 경우에는 고착(fixation) 현상이 발생하게 된다. 프로이트가 제시한 심리성적 이론의 발달 단계는 다음과 같다.

- 구강기(Oral Stage, 출생~1세)

구강기는 리비도가 구강 주위에 집중되는 시기로, 입술과 혀 등 입을 통해 쾌감을 얻는 시기이다. 이 시기의 영아는 수유나 빨기 행위를 통해 욕구를 충족하며, 영아가 정상적으로 발달하기 위해서는 적절한 구강 자극이 필요하다. 구강기에 욕구가 적절히 충족된다면 순조롭게 다음 단계로 발달하게 되지만, 욕구가 적절히 충족되지 못하거나 과잉 충족된다면 영아는 이 단계에 고착되어 남은 일생동안 충족하지 못한 욕구를 충족시키려 하며, 특정 행동 패턴을 보이게 된다. 욕구가 충분히 충족되지 못했을 경우, 손가락을 빨거나 손톱 혹은 연필을 물어뜯는 등의 행동을 보이거나 논쟁적인 성격으로 성장할 가능성이 높고, 욕구가 지나치게 충족되었을 경우, 과음 혹은 과식을 즐기거나 지나친 음주, 흡연 등의 특성이 나타날 수 있으며 의존적인 성격으로 성장할 가능성이 있다.

● 항문기(Anal Stage, 1~3세)

항문기는 리비도가 항문 주위로 이동하여 배설물을 보유하고 있다가 배출함으로써 쾌감을 얻는 시기이다. 이 시기는 본격적인 배변 훈련이 시작되는 시기로, 쾌감의 본능을 충족하고 싶어 하는 영아와 외부의 통제 상황 사이에서 제약에 부딪히는 것을 경험하게 된다. 이때 편안한 분위기에서 격려와 칭찬을 받으며 배변 훈련을 받은 영아는 창의적이고 생산적인 사람으로 성장할 수 있으나, 부모나 교사가 강압적이고 엄격하게 배변 훈련을 시키거나, 지나치게 청결을 강요할 경우 혹은 배변 훈련을 시키지 않고 방임할 경우 영아는 다음 단계로 발달하지 못하고 고착(fixation) 현상이 발생하게 된다. 전자의 경우, 지나친 결벽증 혹은 강박증 증세를 보이거나 인색하고 융통성이 없는 성격으로 성장할 가능성이 높고, 후자의 경우, 물건을 아껴 쓰지 않고 낭비하거나 주변 정리를 하지 못하고 어지럽히는 특성을 보일 수 있다.

● 남근기(Phallic Stage, 3~6세)

남근기는 리비도가 성기 주위로 이동하여 성기에 대한 민감성이 증대되고, 성기의 자극을 통해 쾌감을 얻는 시기이다. 이 시기의 유아는 자신과 다른 성을 가지고 있는 사람과의 신체적 차이, 출산 등에 대해 강한 호기심을 보이며, 자신과 반대되는 성을 가진 부모에게 성적 충동을 느끼게 된다. 이때 남아의 경우 오이디푸스 콤플렉스(Oedipus complex)를, 여아의 경우 엘렉트라 콤플렉스(Electra complex)를 경험하는 특징이 있다. 오이디푸스 콤플렉스는 남아가 처음 만나는 이성인 어머니에게 성적 매력을 느끼는 것으로, 어머니를 독점하고 싶은 욕망에 아버지를 경쟁자로 생각한다. 이후 남아는 아버지에게 거세를 당할지도 모른다는 불안감과 더불어 아버지를 증오의 대상에서 선망의 대상으로 바꾸고 자신과 동일시하게 되면서 콤플렉스를 극복하게 된다. 반대로 엘렉트라 콤플렉스는 여아가 아버지에게 느끼는 감정으로, 아버지를 독점하고 싶어 하며, 어머니를 경쟁자로 생각하는 것을 말한다. 이 단계에 고착된 유아는 성인이 되었을 때 공격적이거나 과시적인 성향 혹은 자기주장이 강한 성격을 보일 수 있다.

- 잠복기(Latent Stage, 6~12세)

잠복기는 오이디푸스 콤플렉스를 극복하는 과정에서 방어책으로 접어들게 되는 시기로, 성적 욕망은 무의식 속에 잠재된다. 프로이트는 특별히 유년기와 청소년기 사이의 전환기인 잠복기를 매우 중요하게 생각하였으며, 아동이 사회적 기술과 자신감을 개발하는 중요한 시기라고 하였다. 이 시기에 아동의 억압된 성적 에너지는 학교생활, 취미, 우정 등으로 승화될 수 있으며, 대부분의 에너지를 새로운 기술을 개발하고 지식을 습득하며 동성의 친구와 함께 놀이하는 데 사용하게 된다. 아동은 사회적 기술과 의사소통 기술을 습득함으로써 자신감을 향상시킬 수 있으며, 자아와 초자아의 형태가 확고해지게 된다. 이 단계에서 고착된 아동은 성인이 되었을 때 이성과의 관계에서 미숙하며 원만한 관계를 형성하는 데 어려움을 겪을 수 있다.

- 생식기(Puberty, 청년기)

생식기는 리비도가 다시 활성화되며 이성에게 강한 성적 관심을 갖게 되는 시기로, 사춘기에 시작되어 인간의 삶이 끝날 때까지 지속된다. 생식기 이전의 모든 단계는 초점이 전적으로 개인의 욕구에 맞추어져 있는 반면, 생식기는 다른 사람들과의 관계에 관심이 커지는 단계로, 다양한 삶의 영역 간에 균형을 유지하는 것을 목표로 한다. 다른 단계와는 달리 자아와 초자아가 완전히 형성되어 사고 과정 속에서 기능하며, 성적인 본능은 성교를 통해서 충족시킬 수 있다. 생식기 초기 단계를 성공적으로 잘 보낸 성인은 다른 사람들과 원만한 관계를 유지하며 따뜻하고 주변을 잘 돌보는 성향으로 성장하지만, 고착된다면 이성과의 관계에 어려움을 겪을 수 있다.

프로이트의 이론은 남성의 발달에 초점을 맞추고 여성의 정신적 발달에 대해서는 거의 언급하지 않고 있다는 점, 리비도(libido)와 같은 개념은 과학적으로 시험하기 어렵다는 점에서 한계를 가지며, 현재의 행동이 어린 시절의 경험에 의해 구체적으로 발생하였다는 것을 어떻게 알 수 있는지, 원인과 결과사이의 시간 간격이 너무 길어서 두 변수 사이에 관계가 있다고 가정할 수 없다는 점, 그의 연구가 실제 아이들의 관찰을 통한 경험적 연구가 아닌, 성인 환자들의 기억을 근거로 한 사례 연구를 기반으로 하고 있다는 점에서 오늘날에도 여전히 논란의 여지가 있다. 프로이트의 이론은 이러한 한계와 비판점이 있으나, 생애 초기의 3단계가 성격을 형성하는 데 있어 결정적인 역할을 한다고 하였으며, 유아교육과 영유아를 양육하고 교육하는 성인의 역할을 강조하는 데 크게 기여하였다는 점에서 의의가 있다.

2) 심리사회적 이론

■ 에릭슨(Erikson, 1902~1994)

에릭슨(Erikson)

에릭슨은 인간의 성격이 살아가는 동안 사회적 혹은 심리적으로 발생하는 갈등을 해결해 나가는 과정에 따라 변화한다고 보았으며, 각 발달 단계에 발생하는 욕구가 충족되었는지 좌절되었는지에 따라 성격이 양극적으로 발달할 수 있다고 하였다. 에릭슨 또한 프로이트와 마찬가지로 영아기와 유아기에 해당하는 첫 3단계가 성격 형성에 중요한 기본 단계임을 강조하였으나, 성격 발달에 현실적인 자아의 기능을 중시하고 자아정체성 형성에 관심을 가졌으며, 성격 발달이 특정 연령에 국한되지 않고 전 생애에 걸쳐 이루어진다고 생각하였고, 성격 발달에 있어 사회·문화적인 요인을 중요하게 생각하였다는 점에서 프로이트의 심리성적 이론과 차이가 있다.

에릭슨은 심리사회적 발달 단계를 8단계로 나누었으며, 각 단계별로 성취 과제와 극복해야 하는 위기를 제시하였다. 에릭슨은 위기를 제대로 극복하지 못할 경우 부정적인 인성을 갖게 될 가능성이 있으나, 전 단계에서 위기 극복에 실패하더라도 다음 단계에서 적절한 충족이 이루어질 경우, 건전한 인성을 가진 인간으로 성장할 수 있다고 하였다. 에릭슨이 제시한 심리사회적 발달 단계는 다음과 같다.

- 신뢰감 대 불신감(Trust vs. Mistrust, 0~2세)

이 단계는 주 양육자와 세계에 대한 신뢰감을 키우는 데 중점을 두는 시기로, 이 시기의 경험은 영아가 안정된 애착 관계를 형성하는 데 주요 요인으로 작용한다. 양육자에게 일관성 있고 반응적인 보살핌을 받은 영아는 심리적으로 안정감을 느끼며, 이를 바탕으로 세상을 더욱 적극적으로 탐색할 수 있게 되지만, 보살핌을 받지 못하고 방치된 영아는 양육자와 세상에 대해 불신감을 형성하게 된다. 에릭슨은 이 시기에 형성된 신뢰감이 이후의 모든 사회관계와 적응에 영향을 미친다고 생각하였으며, 이 시기를 일생에서 가장 중요한 시기라고 보았다.

- 자율성 대 수치심과 의심(Autonomy vs. Shame and Doubt, 2~3세)

이 단계는 독립심과 조절 능력을 발달시키는 단계로, 영아가 스스로 먹고 걸으며 배변 활동을 하는 등 신체적인 기술을 학습하며, 그 과정 속에서 자율성을 획득하는 시기이다. 영아는 하고 싶은 것, 자신이 할 수 있는 것과 그렇지 않은 것들 사이에서 선택하고 싶어 하며, 그 과정에서 자신의 의지를 드러 낸다. 영아에게 스스로 해 볼 수 있는 기회를 제공하고 적절하게 상호 작용하여 영아의 욕구가 충분히 충족된다면, 영아는 자율성을 획득할 수 있지만 잦은 실패를 경험하거나 기대에 적합한 행동을 하지 못할 경우, 자신의 능력을 수치스럽게 생각하고 의심하며 회의감을 갖게 된다.

- 주도성 대 죄의식(Initiative vs. Guilt, 3~6세)

이 단계의 유아들은 자신의 환경을 탐색하고 자신의 선택에 대해 더 많은 통제권을 행사하기 시작한다. 유아들은 자신이 설정한 목표나 계획을 달성하고자 노력하며, 그 과정 속에서 주도성이 발달하게 되는데, 이때 지나친 통제를 받거나 자신의 계획이나 목표에 대한 비난을 받을 경우에는 죄의식을 느끼게 된다.

- 근면성 대 열등감(Industry vs. Inferiority, 5~11세)

이 단계는 개인적인 자긍심과 성취감을 개발하는 데 초점을 두는 단계로, 아동이 속한 사회적 맥락인 학교는 이 단계로 진입하는 데 있어 중요한 원동력이 된다. 이 단계의 아동은 가족의 범주를 벗어나 학교 및 학교를 포함한 지역사회 및 문화를 이해하고, 그 속에서 기초적인 인지 기술 및 사회적 기술을 충분히 습득하면서 근면성을 형성하게 된다. 그러나 잦은 실수와 실패를 거듭할 경우 사회에 적응하지 못하고 열등감을 갖게 된다.

- 정체성 대 역할 혼돈(Identity vs. Confusion, 청소년기)

이 단계는 아동기에서 성인기로 전환됨에 따라 정체성에 혼란이 오는 시기로 스스로에 대한 깊이 있는 탐색이 요구되는 시기이다. 이 시기에 자신의 존재 가치에 대해 고민하며 자신에 대한 신의를 개발한 사람은 자아정체감을 형성하며 성공적으로 정체성을 발달시킬 수 있으나, 이 단계를 잘 완료하지 못할 경우, 자신의 삶과 사회 속에서 자신의 역할에 대해 혼란스러워할 수 있다.

- 친밀감 대 고립감(Intimacy vs. Isolation, 성인 초기)

이 단계는 성인 초기에 해당되며, 다른 사람들과 건강한 관계를 형성하는 것에 초점을 두는 시기이다. 이 단계의 성인은 이전 단계와는 다른 사회적 맥락 속에서 생활하고 있으며, 자신이 속한 가정, 직장, 사회 속에서 다른 사람들과 공동의 정체성을 확립하며 친밀감을 형성해 나간다. 이 단계를 잘 완료한 성인은 다른 사람과의 관계에 헌신적이며 발전적인 관계를 오래 유지할 수 있는 능력을 기를 수 있게 된다.

- 생산성 대 침체감(Generativity vs. Stagnation, 성인 중기)

성인 중반 단계에 해당되는 이 시기의 사람들은 사회에 무언가를 기여하고 세계에 자신의 흔적을 남기는 것에 관심을 갖는다. 이 단계의 성인은 부모로서, 배우자로서 자신의 가족을 돌보고 사회 활동을 통해 경력을 쌓는 것에 집중하게 되는데 이러한 활동이 이 단계를 성공적으로 완료하는 데 중요한 역할을 한다.

- 자아통합감 대 절망감(Integrity vs. Despair, 노년기)

심리사회적 발달 단계의 마지막 단계는 노년기로, 인생을 되새기게 되는 시기이다. 이 시기의 성인은 자신의 지나간 삶을 되돌아보고 만족감을 느끼거나 후회하게 되는데, 자신의 삶에 대해 만족하는 사람은 자신의 삶에 대한 가치와 지혜와 더불어 완전한 상태의 자아통합감을 느낄 수 있으나, 후회하는 사람은 괴로움과 절망감에 빠질 수 있다.

건전한 자아 발달을 위해 상호 작용과 태도 양식은 유아교육에서 주된 관심이 되어 왔다. 유아에게 일관성 있고, 긍정적이고 수용적인 태도, 인내심을 갖는 것은 안정감 있는 성격 발달을 위한 기본적인 정서로 중요시되고 있다.

4. 인지 발달 이론

인지 발달 이론은 피아제(Piaget)에 의해 체계화된 이론으로, 인간이 어떻게 지식을 구성해 나가는지에 관심을 가지고 인간의 사고 과정과 의식을 구성하고 있는 구조를 분석하고자 하였다. 인지 발달 이론은 성숙과 환경의 상호 작용의 결과로 아동이 발달한다고 보았으며, 아동이 환경을 인식하고 자신의 사고 체계 속에 지식의 영역으로 구성해 나가는 과정과 방법에 중점을 두었다. 대표적인 학자로 피아제(Piaget)와 비고츠키(Vygotsky)가 있다. 피아제는 주로 지능 발달 과정에 관심을 두고 지능을 기능적인 측면과 구조적인 측면으로 나누어 설명하였으며, 비고츠키는 피아제의 이론을 확대시켜 사회인지 이론으로 발전시켰다.

1) 피아제(Piaget, 1896~1980)

피아제
(Piaget)

피아제는 생물학을 전공한 스위스의 심리학자이자 생물학자로, 아동심리 분야에서 발달심리학의 기초를 다진 인지 발달 이론을 대표하는 학자이다. 그는 파리의 비네(Binet) 연구소에서 실시한 아동을 대상으로 한 지능 검사 도구를 만드는 과정에서 아동들이 문제를 틀릴 때마다 나타나는 오류의 양상 중 어떠한 공통된 유형을 발견하였으며, 이러한 유형이 성인의 사고 과정과는 전적으로 다르다는 것을 발견하였다.

피아제는 아동이 환경과 능동적으로 상호 작용하는 과정을 통해 인지 발달을 이룬다고 보았으며, 인간의 지적 능력은 유기체가 환경에 적응해 가는 것이라고 주장하였다. 그는 인간이 주어진 환경에 적응하는 것이 곧 인지 발달을 의미하며, 이러한 과정을 도식과 적응의 개념을 통해 설명하였다. 피아제가 제시한 주요 개념들은 다음과 같다.

- 도식 : 도식은 사고의 틀로서 사물이나 사건에 대한 전체적인 윤곽을 의미한다. 도식은 비슷한 환경 속에서 반복을 통해 변화하며 일반화된 행동의 구조를 형성하거나 조직화된다. 예를 들어 5세 유아가 하늘을 날아다니는 동물을 새라고 배웠다면, 이 아이는 '하늘을 날아다니는 것은 새와 같다.'는 도식을 형성하게 된다.

- 적응 : 적응은 인지적으로 도식이 변화하는 과정으로, 새롭게 도식을 만들거나 기존에 형성되어 있던 도식을 변화시키는 것을 말한다. 적응은 환경과의 직접적인 상호 작용 속에서 일어나며, 이 과정에서 동화와 조절이 일어난다.

- 동화와 조절 : 아동은 적응하기 위해서 동화와 조절의 과정을 거친다. 동화는 새로운 경험을 기존에 가지고 있는 도식에 맞추어 일반화하는 과정을 말한다. 만약에 새로운 경험이 기존의 도식과 일치한다면 인지적으로 평형 상태가 되지만, 일치하지 않는다면 기존의 도식을 수정하거나 새롭게 바꾸는 과정을 거치게 되는데, 이를 조절이라 한다. 즉 조절은 인지적 불평형 상태를 평형 상태로 만드는 과정이다.

피아제는 이러한 인지 구조가 4단계를 거쳐 발달하게 되는데, 각 단계들은 질적으로 다른 특성을 보인다고 하였다. 그는 이러한 단계가 진행될 때 일련의 순서가 정해져 있고, 단계가 높아질수록 복잡해지는 특징이 있다고 하였으며, 아동의 발달 속도나 개인차에 따라 각 단계를 제시된 연령보다 조금 빨리 혹은 느리게 수행할 수 있다고 하였다. 피아제가 제시한 인지 발달의 단계는 다음과 같다.

- 감각운동기(Sensorimotor Stage, 출생 직후~2세)

감각운동기는 단순 반사가 나타나는 출생 직후부터 상징적 사고가 시작되는 2세경까지를 말한다. 이 단계의 영아는 언어 발달 이전의 단계이기 때문에, 감각기관을 통한 자극에 반응하며, 감각 기관을 통한 자극 및 운동 기술을 통해 외부와 상호 작용한다.

이 시기의 가장 큰 특징 중 하나로 다음의 [그림 5-5]와 같은 대상영속성(Object permanence)을 들 수 있다. 이는 대상이 눈앞에 보이지 않더라도 변하지 않고 존재한다는 것을 깨닫는 것으로, 대상영속성을 획득하지 못한 초기의 영아는 눈앞에 있던 사물이 갑자기 사라지면 세상에서 없어진다고 생각한다. 그러나 시간이

경과함에 따라 영아는 사물이 눈앞에서 사라지더라도 영원히 사라지는 것은 아니라는 것을 이해하게 된다.

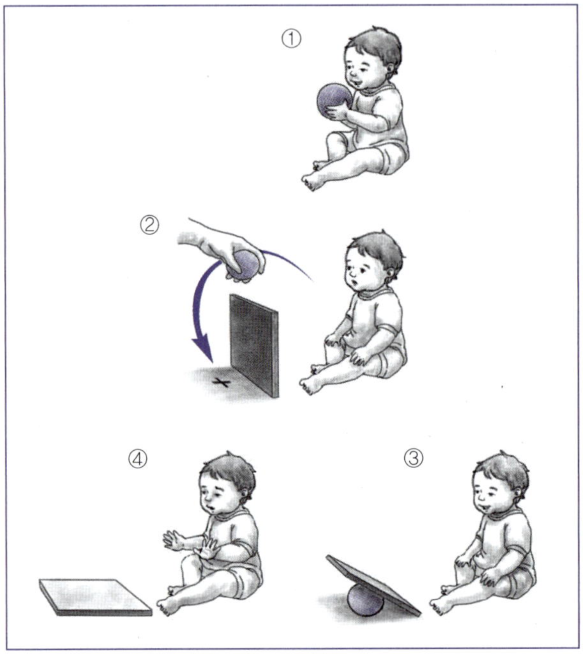

[그림 5-5] 대상영속성

- 전조작기(Preoperational Stage, 2~6, 7세)

전조작기는 논리적 사고가 가능한 조작적(operational) 시기 이전의 시기로, 유아가 정신적으로 표현은 할 수 있으나 이러한 사고 과정을 조직하는 체계는 아직 부족한 단계를 말한다. 이 단계의 유아는 논리적으로 사고하기보다는 직관적으로 사고하는 경향을 보이며, 내재되어 있는 표상을 여러 가지 형태의 상징으로 표현하게 된다. 전조작기 사고의 주요한 특징은 상징적 사고, 자기중심적 사고, 직관적 사고, 물활론적 사고, 인공론적 사고, 불가역적 사고이다.

- 상징적 사고 : 자신이 가지고 있는 표상들을 그림이나 언어 등의 형태로 표현하는 것을 말한다. 가장 대표적인 것으로 가상놀이를 들 수 있다.
- 자기중심적 사고 : 다른 사람의 생각, 감정, 지각, 관점 등이 자신과 같을 것이라고 생각하는 것을 말한다.
- 직관적 사고 : 한 가지 속성에 집중하여 대상을 이해하려고 하며, 대상을 한 가지 시각으로 고정하여 보기 때문에 넓은 그림은 볼 수 없는 특징을 보이는 것을 말한다. 전조작기 유아는 직관적 사고를 하는 특성으로 인해 보존 개념을 획득할 수 없다.
- 물활론적 사고 : 모든 사물에 생명이 있다고 여기는 사고를 말한다.
- 인공론적 사고 : 세상의 모든 사물을 사람이 만들었다고 생각하며, 모든 사물은 나를 위해 만들어졌다고 생각하는 사고를 말한다.
- 불가역적 사고 : 취한 조치를 되돌릴 수 없다고 생각하는 것을 말한다. 한 단계의 단계가 다른 단계에 의해 취소될 수 있다는 것을 인식하지 못하는 것을 말한다.

● 구체적 조작기(Concrete operational stage, 7~11세)

이 시기의 아동은 논리적으로 사고하는 능력, 즉 조작적(operational) 능력이 발달하게 되는데, 구체적인 상황에서 논리적 사고가 가능해지고, 미숙하지만 성인과 같은 사고방식이 나타나기 시작한다. 이 시기의 아동은 아직 가상의 혹은 추상적인 사고에는 관여할 수 없지만, 전조작기 유아들에 비해 물건의 속성과 관계에 대해 더 깊이 구체적으로 이해할 수 있기 때문에 구체적(concrete) 조작기라고 부른다. 이 시기의 아동은 자기중심적인 사고에서 벗어나 다른 사람의 관점에서 사고할 수 있으며, 보존 개념을 이해할 수 있다. 이 시기의 대표적인 특징은 보존 개념, 유목화, 서열화이다.

- 보존 개념 : 양과 부피의 개념을 이해하는 것을 말한다.
- 유목화 : 분류의 개념으로, 물체가 가진 다양한 특성을 기반으로 구분하고 분류할 수 있게 되는 것을 말한다.
- 서열화 : 연역적 사고가 가능하게 되는 것을 말한다.

● 형식적 조작기(Formal operational stage, 11,12세 이후)

형식적 조작기는 인지 발달 단계의 마지막 단계로, 이 시기의 아동은 비로소 성인과 같은 사고 체계를 형성하기 시작한다. 이 시기의 아동은 구체적인 대상뿐만 아니라, 현실 상황에는 없는 여러 가지 추상적인 개념들을 생각할 수 있게 된다. 또한 과거 혹은 현재의 경험을 통해 정밀하고 사실적인 가설을 설정할 수 있으며, 추론을 바탕으로 문제를 해결할 수 있게 된다. 이 시기의 아동은 자신의 생각과 다른 사람의 생각을 비교하고 분석하는 체계적인 사고가 가능하며, 한 번에 여러 가지 방식으로 생각들을 조작할 수 있게 된다.

피아제는 지적 발달은 평생에 걸쳐 진행되지만, 형식적 조작기가 인지 발달의 마지막 단계라고 주장하였으며, 성인의 지속적인 지적 발달은 지식 축적에 달려 있다고 지적하였다. 그는 아이들이 정신적으로 준비가 되었을 때 자신의 속도에 맞추어 논리적 개념을 개발해야 한다고 주장하였으며, 아이들이 어린 나이에 학습할 수 있는 것에는 천성적으로 한계가 있기 때문에 이른 시기부터 추상적 개념을 가르치기 위해 서두를 필요가 없다고 주장하였다.

2) 비고츠키(Vygotsky, 1896~1934)

비고츠키는 러시아의 심리학자로, 공동체가 '의미를 형성하는' 과정에서 핵심적인 역할을 한다고 주장하며 인지 발달에서 사회적 상호 작용의 근본적인 역할을 강조하였다. 그는 영유아의 발달이 반드시 학습보다 선행되어야 한다는 피아제의 주장과 달리, 사회적 학습을 발달보다 선행해야 한다고 주장하였다. 그는 사회적 학습을 인지 발달 과정에서 필연적이며 보편적인 것으로 보았으며, 이러한 학습이 사회·문화적으로 조직되어 있다고 주장하였다. 그는 이러한 주장을 바탕으로

비고츠키
(Vygotsky)

인지 발달에 대한 사회·문화적 접근법을 개발하였으나, 이론을 완벽하게 마무리하지 못한 채 38세의 나이로 생을 마감하였다.

비고츠키의 이론에 따르면, 유아의 인지 발달은 사회·문화적 맥락에 대한 이해 없이는 설명할 수 없으며, 같은 연령이라 할지라도 유아가 속한 특수한 문화와 환경에 의해 영향을 받기 때문에 모든 유아가 똑같은 인지 발달 단계를 거치지는 않는다고 하였다. 비고츠키가 주장한 사회·문화적 접근법의 주요 내용을 피아제의 이론과 비교하면 다음과 같다.

- 인지 발달에 영향을 미치는 문화에 중점을 둔다.
  비고츠키는 인지 발달이 문화에 따라 다르다고 주장하였다. 이는 인지 발달이 문화 전반에 걸쳐 보편적이라고 주장하는 피아제의 이론과 상반된 것이다.

- 인지 발달에 영향을 미치는 사회적 요인을 강조한다.
  비고츠키는 유아들이 성장하는 환경이 그들의 생각에 영향을 미친다고 생각하였으며, 근접발달영역[1] 내에서 유도된 사회적 학습과 유아가 또래와 상호작용하며 공동으로 구성한 지식을 통해 발달이 이루어진다고 주장하였다. 반면, 피아제는 인지 발달이 유아 스스로 지식을 구성하는 독립적인 탐구 과정이라고 주장하였다.

---

1) 근접발달영역(ZPD: zone of proximal development): 근접발달영역은 유아가 실제적으로 과제를 해결할 수 있는 발달 수준과 성인의 안내 혹은 더 능력 있는 또래들과의 협동을 통해 문제를 해결할 수 있는 잠재적 발달 수준 사이의 거리를 의미한다. 근접발달영역 안에서 정교한 교수-학습 작용이 일어나게 되면 학습자의 현재 발달 수준이 더 높아지게 되는데, 이때 비계(scaffolding) 설정이 중요하다고 강조한다. 비계는 유아가 스스로 할 수 있는 능력은 부족하지만, 교수자 혹은 성인이 도움을 주었을 때 유아 스스로가 문제를 해결할 수 있는 능력이 향상되는 것을 말하며, 유아의 근접발달영역 내에서 올바른 비계를 제공해 주는 것이 이상적인 교사의 역할로 요구된다.

- 인지 발달에 영향을 미치는 언어의 역할을 강조한다.

비고츠키는 피아제와는 다른 관점에서 언어의 역할을 강조하였다. 피아제는 사고가 언어보다 먼저 선행된다고 생각하였으며, 언어는 언어 발달과 관련된 사고에 의해 결정된다고 생각한 반면, 비고츠키는 언어와 사고는 태어날 때부터 별개의 체계라고 생각하였다. 그는 출생 이후에 언어와 사고가 각각의 체계 속에서 발달하다 3세경부터 병합되기 시작하여 언어적 사고, 즉 내적 언어를 형성한다고 주장하였으며, 인지 발달은 언어의 내면화로부터 시작된다고 하였다.

- 성인은 인지 발달의 중요한 원천이다.

비고츠키는 성인이 유아들에게 인지적 적응에 필요한 문화적인 수단들을 전달함으로써 내면화 과정을 돕는다고 생각하였다. 반면, 피아제는 또래의 중요성을 강조하며, 또래와의 상호 작용이 조망수용을 촉진한다고 생각하였다.

5. 생태학적 체계 이론

■ 브론펜브레너(Bronfenbrenner, 1917~2005)

브론펜브레너
(Bronfenbrenner)

브론펜브레너는 아동의 성장과 발전에 영향을 주는 환경과의 상호 작용 방식을 설명하며 생태계라고 알려진 여러 환경과의 맥락 속에서 아동을 연구하는 것이 중요하다고 강조하였다. 그는 아동을 둘러싼 환경의 고유한 특성을 아동과의 친밀감, 영향 수준에 따라 미시체계(microsystem), 중간체계(mesosystem), 외체계(exosystem), 거시체계(macro system), 시간체계(chronosystem)의 다섯 가지로 구분하였다. 이러한 구조에 따르면 아동은 일반적으로 가장 친밀한 가정 생태계에서부터 더 큰 학교 체계, 사회와 문화를 포함한 외체계, 가치와 이념, 관습 등이 포함된 거시체계로 점차 이동하면서 서로 다른 생태계에 동시에 몰입하게 되며, 각각의 체계들은 불가피하게 아동의 삶의 모든 측면에서 서로 상호 작용하면서 영향을 끼친다고 하였다.

- 미시체계(microsystem)

미시체계는 아동의 생활과 연관되는 직접적인 환경으로, 가족, 친구, 교사, 이웃 등 직접적으로 접촉하는 사람들이 포함된다. 아동은 이러한 사회적 구성원과 직접적으로 상호 작용하며 사회적 관계를 형성함으로써 환경을 구성해 나간다.

- 중간체계(mesosystem)

중간체계는 아동의 삶에서 미시체계와의 관계를 포함하는 체계로, 미시체계에 속하는 가족과의 경험이 아동의 학교 경험에 영향을 미칠 수 있음을 의미한다. 예를 들어 가정에서 부모에게 지속적으로 무시를 당한 경험이 있는 아이는 학교에서 교사에 대해 긍정적인 태도를 취할 가능성이 낮으며, 또래 관계에 어려움을 보일 수 있다는 것을 말한다.

- 외체계(exosystem)

외체계는 아동과 직접적으로 상호 작용하지 않는 환경과 활발하게 상호 작용하는 환경 사이에서 연결 고리 역할을 담당하는 체계로, 아동과 직접적인 상호 작용은 없지만 아동에게 영향을 미치는 사회적 구조를 말한다. 예를 들어 아이가 어머니보다 아버지에게 애착을 보이는 상황에서 아버지가 몇 달간 해외로 출장을 떠나는 사건(외체계, 사회적 구조)이 발생하게 된다면, 어머니와 아이의 사회적 관계는 더욱 상충되거나, 다른 한편으로는 이 사건으로 인해 어머니와 자녀 사이에 더 긴밀한 유대 관계가 형성될 가능성이 있는 것을 말한다.

• 거시체계(macro system)

거시체계는 아동이 생활하고 있는 개인의 실제 문화권으로, 아동 또는 아동의 가족이 속한 국가의 환경, 문화, 관습, 경제적 수준 등을 포함한다. 예를 들어 한국에서 태어난 쌍둥이가 각각 한국과 미국 가정에서 자라게 되었다면, 두 국가의 문화권 차이로 인해 발달적 특성에 차이가 있을 가능성이 있다는 것을 말한다.

• 시간체계(chronosystem)

시간체계는 아동의 전 생애에서 발생할 수 있는 전환과 변화를 포함하는 체계로, 사람에게 영향을 미칠 수 있는 사회나 역사적 배경을 포함하기도 한다. 예를 들어 일제 강점기에 아픈 역사를 경험한 한국 사람이 반일 감정을 가지게 된 것, 어린 시절의 부정적 경험이 이후의 삶에 영향을 미치게 되는 것 등을 들 수 있다.

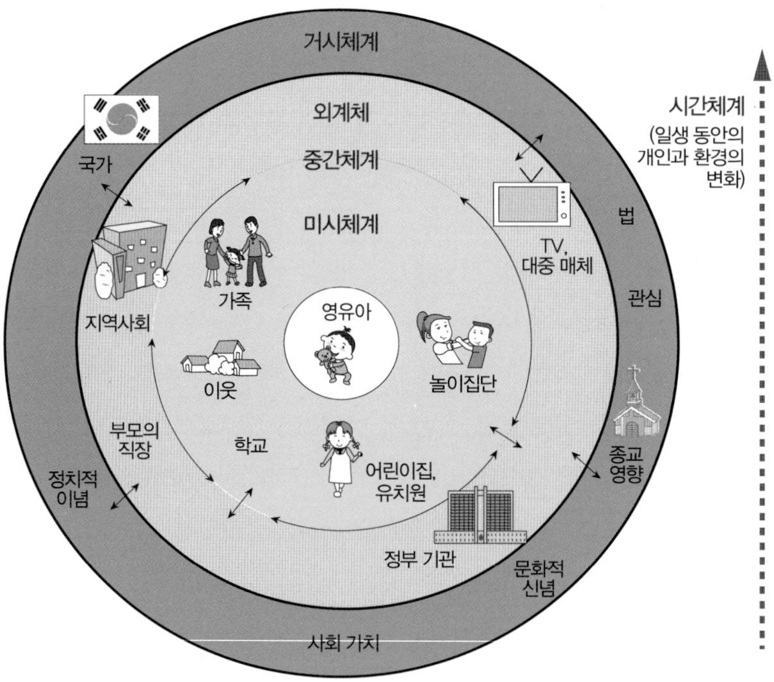

[그림 5-6] 생태학적 체계

6장

사회적 기초

'사회적 기초'는 교육과정을 계획할 때 고려해야 할 사회의 가치, 변화, 문화, 상태 등에 대한 정보를 제공해 준다(이기숙, 2000). 이외에도 각 사회에 영향을 미치고 있는 문화적 요소와 유아교육과 관련된 정책을 결정하는 정치적 요소 등도 사회적 측면에서 유아교육과정을 구성하는 데 영향을 미칠 수 있다. 그러므로 유아를 위한 교육과정을 제대로 이해하고 실천하기 위해서는 우리 사회의 다양한 변화와 요구가 유아교육과정의 방향 및 내용과 어떤 관계를 가지는지에 대한 다학문적인 접근이 필수적이다.

1. 가족의 변화

1) 가족 구조의 변화

가족에 대한 사전적 의미는 주로 부부를 중심으로 한 친족 관계에 있는 사람들의 집단 또는 그 구성원으로 혼인, 혈연, 입양 등으로 이루어진다고 정의된다. 즉 가족이란 부부 관계에 의해 혈연으로 맺어진 사람들이 강한 정서적 결합을 바탕으로 의식주 문제를 공동으로 해결하는 집단을 의미한다. 예전부터 가정은 사회를 구성하는 가장 기본적인 사회적 단위로서 자녀를 낳아 세대를 연결하고 그 자녀를 문화적으로 사회화하고 심리·사회적으로 개발시키며, 각 개인 행위를 이끌고 지도하는 데 중요한 역할을 해 왔다. 또한 가정은 가족을 중심으로 한 인간 생활의 기본적인 단위로 인간이 안주할 수 있는 공간적 장소이며, 그 안에서 의식주를 공동으로 영위하고 온정이나 사랑을 기반으로 하여 정서적 유대와 소속감을 느끼는 연대 의식을 가진 공동체이다. 이렇듯 전통적 가족은 가족 성원들에 대해 재생산과 사회화 기능, 경제 기능과 유대 기능 등 다양한 사회적 기능을 수행하였다. 전통적으로 가족이 수행해 왔던 기능은 성적 기능, 자녀 출산의 기능, 생산과 소비를 함께하는 경제적 기능, 양육(보호)의 기능, 교육(사회화)의 기능, 부양의 기능, 휴식과 오락의 기능, 종교적 기능 등이 있다. 그러나 근대화 과정을 거치면서 여성들의 교육 기회 확산과 취업모의 증가, 피임약과 피임 기술의 보급 증대, 산아제한 정책의 성과, 그리고 성에 대한 사회적 태도의 변화로 인해 가족생활주기, 부부 관계 및 부모자녀 관계 그리고 가족 가치관이 변화되면서 가족 규모는 축소되고, 생활 양식도 산업 적응적 모델로 바뀌어 오늘날에는 가족이 독자적으로 담당했던 전통적 기능들을 그것만을 전문으로 하는 다른 제도(기관)로 이관시키는 경향이 늘어나게 되었다(참여연대, 2006). 이러한 변화로 인해 한편으로는 가족의 부담이 감소되는 측면도 있으나, 다른 한편으로는 그만큼 가족 성원 간의 연대감과 결합력이 약화되는 경향도 나타나고 있다. 이렇듯 현대 사회에서의 가족의 의미는 다음의 세 가지 측면에서 달라지고 있다(박찬옥 외, 2017).

첫째, 핵가족이 보편화되고, 가족의 해체가 증가하면서 한부모 가족, 조손 가족, 재혼 가족 등 가족의 구조가 다양해지고 있다.

둘째, 가족 간 혈연관계가 약화되고 주말 가족이나 기러기 가족 등 가족들 간의 시공간적 거리가 멀어지면서 가족의 끈끈한 정서적 결합도 축소되고 있는 상황이다.

셋째, 여성들의 자아실현을 목적으로 한 사회적 참여가 늘어나면서 맞벌이 가족이 증가하게 되었다.

유아교육과정의 구성을 위한 사회적 기초를 탐구하기 위해서는 교육의 맥락 속에서 가족 구조의 변화가 어떠한 상황을 초래하게 되는지를 파악하여야 할 필요가 있다. 가족의 다양한 변화는 전통적인 가족 구조에서 당연시되었던 가족 내 자녀 양육 기능의 약화를 초래하고 있다. 대가족 제도에서는 3세대 이상이 한 가정을 이루고 살면서 유아들은 가족 안에서 다양한 경험을 가진 사람들과 사회적 관계망을 이루며 상호 작용을 하였고, 이 과정에서 자연스럽게 사회적 기술을 습득할 수 있었다. 또한 자녀를 양육함에 있어서 공동 책임감이 형성되어 유아들은 부모가 일시적 또는 장기적으로 부재한 상황에서도 안정감 있게 돌봄을 지원받을 수 있었다. 즉 대가족 제도 안에서 자녀의 양육, 돌봄, 가정교육 등을 가족이 담당하여 왔으나 핵가족으로 가족의 구조가 변화되면서 생의 초기에 양육과 교육, 사회화 등 가족의 기본적인 기능이 약화되면서 이에 따른 유아교육기관의 부담은 점점 더 높아지고 있는 실정이다. 즉 유아의 주된 생활 공간이 가정 이외에 유아교육기관이 되어버린 것이다. 이에 유아교육기관은 가정에서 기능하지 못해 생기는 문제들을 안을 수밖에 없는 상황에 처하게 되었다. 일견 가족의 형태나 기능이 어떠한 변화를 겪건 유아교육기관은 유아들을 교육하면 되는 곳으로 생각하기 쉽다. 그러나 가족의 변화로 유아교육기관에서는 유아들이 안고 있는 새로운 문제에 직면하지 않을 수 없다. 유아교육기관에서 이루어지는 교육은 그 자체로 독립적으로 이루어지는 것이 아니며 유아들의 안정적인 생활과 발달을 위해 가정에서 이루어져야 할 것으로 전제되었던 것들이 가족의 변화로 유지할 수 없게 되었기 때문이다. 즉 유아들을 대상으로 하는 교육과정이 가정의 기능 약화로 인해 취약해진 기초 지식과 자조 기술, 대인 관계 형성 능력을 보완해 주는 차원에서 운영될 필요가 있다는 것이다. 이러한 사회의 변화를 기초로 하여 유아교육과정에서는 양육의 기능을 보완하기 위해 집이라는 개인적인 공간과 애착의 대상자인 부모와 분리되어 오랜 시간을 보내는 유아들이 스트레스나 심리적 불안을 겪지 않도록 물리적·사회적 환경을 마련한 필요가 있다. 이에 우리나라의 국가 수준 유아교육과정을 통해 유아들에게 적절한 쉼과 교육이 조화를 이룰 수 있도록 배려하고 있으며, 우리 사회의 가족 구조 변화를 반영하여 유아들에게 가족의 소중함을 알고 가족과 화목하게 지내는 것의 중요성을 강조하고 있다. 또한 약화된 가족의 기능을 충족시켜 줄 수 있는 교육을 통해서 유아들이 공동체 구성원들과 긍정적인 관계를 형성할 수 있는 사회적 기술을 습득하도록 돕고, 사회적인 맥락 안에서 건강한 자아정체성과 자존감을 획득할 수 있도록 다양한 연령의 또래 관계와 성인, 이웃 사회와의 관계를 경험할 수 있는 기회를 제공하는 교육이 실행되도록 배려하고 있다. 유아 중심의 교육을 위해서는 우선적으로 유아에 대한 이해가 필요하고, 유아를 이해하기 위해서는 유아가 속한 가족 상황에 대한 이해가 선행되어야 한다. 개별 유아 수준의 교육뿐만 아니라 기관에서 이루어지는 교육 수준 혹은 유아교육기관을 지원하기 위한 중앙이나 지역 수준의 정책 입안을 위해서도 유아가 처한 가족의 여건이나 상황에 대한 변화를 제대로 파악하고 대처하여야 한다.

2) 여성의 사회적 진출 증대

1990년대 중반의 여대생들 사이에서는 “취업은 필수, 결혼은 선택”이라는 말이 유행하였다. 여성의 삶의 목표가 자신의 능력을 성취하는 일에 있음을 보여 주는 말이다. 전반적으로 우리나라 여성의 취업률은 날로 증가하고 있는 추세이다. 인류의 초기 원시 시대에는 남성은 일터, 여성은 가정 등으로 구분되는 성별 분업이 뚜렷하지 않았다. 남성이 생산을 전담하고 여성이 가정의 울타리 안에만 머물게 된 것은 대량 생산을 가능하게 한 자본주의 사회의 높은 생산력에서 비롯된 것이다. 대부분의 남성은 치열한 생산의 현장에서, 여성은 가정의 영역에 머물게 되었다. 남성 중심으로 운영되던 생산 현장에서는 생산력이 높아짐에 따라 강도 높은 노동으로부터 쉴 곳이 필요하게 되었고 이에 따라 가정에서는 휴식을 제공하기 위한 여성 중심의 가사 노동이 이루어졌다. 이때부터 일터와 휴식의 공간, 생산과 생활의 영역은 점차 뚜렷이 구별되었다. 그러나 현대 사회에 들어서면서부터 전통 사회에서와 달리 여성도 남성과 동등한 교육을 받고 자아실현과 경제적 자립의 욕구가 강해졌으며, 변화된 사회의 산업 구조는 여성 인력을 필요로 하게 되었다. 여성들의 취업 확산, 그 가운데서도 특히 취학 전의 어린 자녀를 둔 주부들의 취업률 증가는 기존의 전통적 가족 내의 분업 구조가 흔들리게 되는 데에 가장 중요한 요인으로 작용하였다. 이로 인한 변화 양상들은 후기 산업 사회로 접어들면서 더욱 심화되어, 성 역할이나 가족 관계, 가족 가치관의 변화를 보이게 되었다. 긍정적으로는 여성의 경제력이 향상됨에 따라 평등한 부부 관계가 형성되기 시작하였고, 남아 선호 경향도 감소하게 되었다. 그러나 가족 내 자녀의 수가 심각할 정도로 줄어들었고, 여성이 가정 내에서 전통적으로 담당해 오던 가사와 육아에도 변화가 초래되었다. 2015년 기준 여성의 경제 활동 참가율은 꾸준히 증가하고 있다. 2007년 50.2%였던 비율이 2015년에는 약 52%로 상승하였다. 특히 2016년 상반기 지역별 고용 조사에 의하면 15~54세 기혼 여성 대비 경력 단절 여성 비중은 20.6%로 전년 대비 1.2% 하락하여 회복세를 보이고 있다. 그러나 30~39세가 53.1%로 가장 많았으며 기혼 여성의 경우도 35.6%로 여전히 높은 비중을 차지하였다(통계청, 2016).

여성의 사회 진출로 인해 어린이집 및 유치원에서는 영유아들이 좀 더 장시간 교육을 받을 수 있는 시간 연장제와 방과 후 프로그램에 대한 욕구가 급증하고 있고, 보육에 대한 수요 증가로 어린이집도 그 숫자가 날로 늘어가고 있는 추세이다. 이와 같이 보육 정책은 사회 환경과 요구에 따라 변화해 왔다는 것을 알 수 있다. 즉 보육 사업 또는 정책은 시대 상황에 따라 구빈, 주로 저소득층의 근로 지원을 위한 탁아로부터 보다 보편적인 수요자를 대상으로 하는 보육과 아동 발달 지원, 저출산 대응 등으로 다양하게 활용되어 왔다. 앞으로의 사회가 '보육 정책'을 어떠한 사회적 요구에 대한 대응책으로 활용하며 어떠한 사회 문제의 해결을 위해 활용하고자 하는지에 따라 보육 정책의 목표와 성격, 내용은 변화할 수 있을 것이다. 다만 이러한 변화 가능성 속에서도 '보육'의 근본적 지향점이 무엇인가에 대한 진지한 논의를 통해 올바른 방향성을 찾아가는 것이 유아교육과정을 수립하는 것에 핵심적인 전제가 되어야 할 것이다(이정원 외, 2017).

3) 아버지 역할의 중요성 증대

영국 옥스퍼드 대학교 연구진은 1만 7,000명의 아이들이 태어나서 33세가 될 때까지 아이의 성장에 어떤 요인이 중요하게 영향을 미치는지 알아보기 위한 추적 연구를 하였다. 이 과정에서 뜻밖의 사실을 발견하게 되었다. 행복하고 안정적인 삶을 누리고 있는 사람들의 공통점 중 하나가 바로 '아버지와 좋은 관계'를 경험했다는 것이다. 이 연구의 시사점은 아버지의 양육 태도와 역할이 아이의 성장과 발달에 큰 영향을 미친다는 것이다. 이처럼 아버지의 역할 수행, 양육 태도 및 참여가 자녀의 인성, 성 역할, 인지 발달, 성취 동기 및 사회성 발달 등에 미치는 긍정적 영향에 관심을 돌리는 사회적인 변화에 따라, 1970년대 초반부터 아버지의 영향력이 과연 무시될 만큼 미약한 것인지에 대해 의문이 제기되었고(Lamb, 1981), 그동안 어머니의 양육 태도에 대한 연구의 흐름이 주종을 이루던 것에서 시각을 달리하여 아버지의 존재 및 태도와 역할이 자녀의 발달에 미치는 영향에 대한 연구가 등장하기 시작하였다.

전통 사회의 가정에서 부모는 남녀의 역할 구분이 뚜렷하여 아버지는 가족에 대해 경제적 자원을 제공하고, 사회적 권력을 행사하며, 가족의 안정을 책임지는 보호자 역할을 주로 해 왔다. 반면, 자녀의 양육이나 교육에 관련된 일에 직접 관여하는 일은 거의 없어 단순히 어머니 역할을 보완하는 주변적 인물로 인식되었다(Bigner, 1979). 하지만 최근 사회 변화로 인해 여성의 사회 진출 증가 등의 현상이 아버지들로 하여금 자연스럽게 육아의 일부를 담당하게 하여 어머니 역할 중심의 부모 역할을 새로운 시각에서 보게 되었고, 아버지와 자녀 간의 관계에 대한 연구가 활발히 이루어지게 되었다. 즉 시대적·사회적 변화로 인하여 어머니의 책임으로만 여겨졌던 자녀의 양육과 교육에 아버지의 관심과 참여가 요구되었고, 아버지 역할의 중요성 또한 점차 강조되게 되었다. 제3차 저출산 고령사회 기본계획(2015~2020)인 '브릿지 플랜(BRIDGE PLAN) 2020'에서 D는 daddy의 약자로서, '아빠의 가사 분담 문화 확산'을 의미한다. 일과 가정의 양립을 위해서는 가정 내 양성평등 문화 정착이 필요한데, 아버지의 양육 참여가 그 중심에 있다. 가정의 양성평등 문화 정책 정착을 위해 아버지의 역할을 강조하였다. 국내외 학계에서는 연구를 통해 아버지 양육 참여의 중요성을 입증해 왔다. 양육 과정에서 아버지의 적극적 참여는 자녀의 성장과 발달에 긍정적 영향을 미친다는 연구 결과들이 일관되게 나오자, 파크(Parke, 2000)가 연구에서 명명한 "아버지 효과(father's effect)"는 이제 일반 명사로 널리 사용되고 있다. 가정에서의 아버지의 역할이 과거에는 도구적 역할 수행에 큰 비중을 두었다면 현재는 자녀에게 애정을 마음껏 표현하고, 양육에 있어서 적극적으로 참여하는 표현적 역할 수행의 비중이 더욱 커지게 되었다. 최근 TV 등의 매체에서 아빠 육아 프로그램이 큰 반향을 일으킨 것도 아버지의 역할이 변화되고 있음을 반영한다. TV에서 어린 자녀와 다정하게 놀아 주는 남자 연예인의 모습이 낯설지 않으며 놀이터, 마트, 놀이공원 등 일상생활에서도 자녀와 함께하는 아버지들을 쉽게 볼 수 있다. 아버지의 양육 참여는 여성의 사회 경제적 참여가 증가하면서 자연스럽게 요구되어 왔으며, 최근의 이러한 사회적 분위기는 아버지 양육의 인식 변화를 가속화하였다.

2. 행복한 삶과 복지 사회 조성

복지 사회란 인간으로서의 가치를 유지하고 행복한 삶을 누릴 수 있도록 보장되어 있는 사회로 인도주의, 평등주의, 보상주의를 기본 이념으로 한다. 인도주의는 인간존중 사상을 근간으로 하고 있고 평등주의는 인간의 가치 평등을 근간으로 본다. 복지 사회에서는 유아기의 교육에서부터 평생교육에 이르기까지 교육 기회가 공평해야 하며 교육 정책의 목표를 넘어선 의미의 교육 불평등 해소, 개인의 적성 및 능력에 맞는 교육 시행, 제도 개선과 교육 기관에 대한 적절한 지원, 교육 결과를 적재적소에 활용 가능하도록 제도적 장치를 마련해야 한다.

복지 사회가 되기 위해서는 특히 소외된 계층을 위해 평등한 교육 기회가 제공되어야 하며 인류 공영에 이바지할 수 있는 내용 등이 포함되어야 한다. 지구 생태계의 파괴로 인해 많은 사람들이 어려움을 느끼고 공생할 수 있는 방법을 생각해 보는 환경 보전 교육을 비롯해, 다원화된 사회 속에서의 다문화, 반편견 교육과 세계화, 다양화 속에서도 전통적인 문화와 가치관을 계승할 수 있는 우리 전통문화에 대한 내용도 포함되어야 한다.

1) 지속가능발전과 환경교육의 중요성 강조

산업화와 최첨단 과학기술의 발달로 오늘날 우리의 생활은 더욱더 편리해졌지만, 그와 동시에 자원의 고갈 및 환경 오염으로 인해 생태계의 파괴라는 심각한 문제에 직면하게 되었다. 즉 지구 온난화, 녹지의 황폐화, 대기 오염, 토양 오염, 수질 오염, 동식물의 멸종 등으로 현재 지구는 몸살을 앓고 있다. 1970년대 이후 이러한 위기는 어느 한 국가에 특정된 것이 아니라 지구촌 전체가 해결해야 할 과제로 인식하게 되었고, 1972년 유엔인간환경회의(UNCHE)의 '유엔인간환경선언문'을 시작으로 1992년 유엔환경개발회의(UNCED)에서의 리우선언에 이어 2002년 지속가능발전 세계정상회의(WSSD)까지 해결 방안을 찾기 위한 노력이 계속되고 있다. 여기서 지속가능발전교육은 교육 목표 및 이념, 삶의 가치, 태도, 생활 방식 등에서의 일대 전환을 도모하려는 패러다임이다(UNESCO, 2012). 지속가능발전이라는 용어는 1980년 국제자원보호연맹, 유엔환경계획 그리고 세계야생동물기금이 공동 발표한 '지구를 아끼기: 지속가능한 삶을 위한 전략' 보고서에서 처음 사용되었으며, 1987년 브란트란트 보고서에서 세계환경개발위원회(WCDE)

를 통해 '미래 세대의 요구를 충족시킬 수 있는 능력을 훼손하지 않으면서 현 세대의 요구를 충족시키는 발전'으로 그 개념이 정의되었다. 그 후 2002년 지속가능발전 세계정상회의(WSSD)에서는 지속가능발전교육, 즉 "모든 사람들이 질 높은 혜택을 받을 수 있으며, 이를 통해 지속 가능한 미래와 사회를 위해 필요한 가치, 행동, 삶의 방식을 배울 수 있는 사회를 지향하는 교육"을 강조하였고(UNESCO, 2004), 이 회의에서 유엔은 2005년부터 2014년까지를 '유엔지속가능발전교육 10년(DESD 2005–2014: Decade of Education for Sustainable Developmnet)'으로 지정하면서 세계 모든 나라들의 적극적인 참여를 유도하였다.

우리나라 역시 세계 인류가 직면한 환경 문제의 심각성을 인식하고 이러한 국제 사회의 움직임에 동참하고 있다(환경부, 2006). 환경 문제를 해결하기 위해서는 즉각적인 문제 해결도 중요하지만 장기적인 관점에서 볼 때 인간 개개인의 의식 변화와 행동 수정이 더욱더 중요하며, 이는 환경교육을 통해 이루어질 수 있을 것이다. 즉, 환경 문제를 해결해야 하는 주체인 인간 개개인의 환경에 대한 올바른 태도, 가치관 등이 변화되지 않는다면 환경 관련 문제의 근본적인 해결이 어렵기 때문에 환경교육이 효율적인 대처 방법이 될 수 있는 것이다. 그 이유는 환경교육이 정치, 경제, 문화, 역사, 도덕 등 다양한 영역과 통합적인 접근성을 갖고 있다는 특성(윤경희, 2004) 때문이다. 그렇다면, 환경교육은 언제부터 이루어져야 하는 것일까? 유네스코(UNESCO, 2005)에서는 지속가능발전교육의 시기를 유아기를 포함한 평생교육으로 보고 있으며, 유아기는 지속 가능성에 대한 인식을 향상시킬 수 있는 중요한 시기라고 언급한 바 있다. 즉 환경에 대한 올바른 가치관과 태도를 갖고 환경 보전을 실천하는 습관을 갖도록 하기 위해서는 유아기부터 체계적인 환경교육을 실시해야 한다(박세영, 2012). 유아에게는 환경 문제를 이해할 수 있는 능력이 있으며, 이러한 이해를 바탕으로 형성된 환경에 대한 가치관, 생활 태도, 감각 행동은 이후 자연환경과 관련된 학습에 직접적인 영향을 미친다. 즉 유아기는 환경, 성 역할, 인종, 문화 다양성 등 다양한 가치와 태도가 형성되는 시기로 유아기의 지속가능발전교육은 지속가능발전과 관련된 가치관, 태도, 행동 양식을 결정하는 데 중요한 역할을 하기 때문에(권영임, 2009), 지속가능발전을 위한 역량을 형성하는 데 유아기는 결정적 시기라고 할 수 있다(박은혜, 신은수, 2012). 이 시기에 환경교육이 적절히 이루어진다면 친환경적인 성인으로 성장할 수 있기 때문이다. 물론 환경의 개념, 환경 문제 발생의 원인, 환경 문제, 환경 보전 및 대책 등 일반적인 환경교육 내용은 유아에게 다소 어려울 수도 있지만, 이러한 환경교육의 내용 영역 중에서 물, 공기, 흙, 쓰레기, 동식물 등 유아에게 친숙한 주제를 중심으로 이루어진다면, 유아 또한 환경에 대한 태도와 인식, 지식, 행동 형성을 할 수 있을 것이다(윤기영, 조경희, 1992). 따라서 유아기에 이루어지는 환경교육은 환경 오염에 대한 지식이나 문제 해결에 주안점을 두기보다는 자연의 심미적 감각을 익히고 즐기며 자연 속에 존재하는 모든 생명체와 교류하고 직접 체험으로 그 강조점이 변화되어 오고 있다(조형숙, 김현주, 홍은주, 2004). 이는 환경 친화적 태도가 일시적 환경교육으로 획득되거나 단순히 자연에 노출되어서 형성되는 것이 아니라 주변에서 자연을 발견하고 친숙해지는 과정을 지속적으로 이어 가며 자연을 적극적으로 찾아가고 놀이하고 교감함으로써 형성되기 때문이다(권은선, 2012; 신경희, 2002; 정현주, 2006). 뿐만 아니라 유아가 자연 속에서 무한한 상상력과 창조적 연상 작용을 자극하는 자연물을 놀잇감으로 사용하면서 자연 속 생명체와 상호 작용을 하며 살아 있는 모든 것에 대한 경외심을 갖게 된다는 것도 그 이유가 된다. 자연 친화적 교육이란 인간이 자연의 일부임을 인식하고 자연과 함께하며 자연 속에서 직접 경험하는 교육이며, 유아들은 이처럼 자연을 직접 관찰하고 탐색하는 과정을 통해 자연의 생명력을 직접 몸으로 느끼며 자연에 대한 친화적 태도를 형성할 수 있다. 많은 환경 친화적 태도 관련 선행 연구들(신지현, 2010; 이병철, 2001; 한상경, 2005; 허윤정, 2001; 황인숙, 2004)에서도 기술이나 지식의 전달이나 일회성을 띤 체험 학습이 아닌 유아의 생활 주변의 일상 경험 등을 통해서 자연을 직접 체험하고 가꾸면서 동식물 간의 관계를 알고, 계절의 변화를 느끼면서 자연과의 조화를 이루고 함께 공존하는 존재임을 알아 가는, 환경에 대한 감수성을 향상시키는 환경교육으로 확대되어야 한다는 의견을 주장하고 있다. 이 같은 자연 친화적 교육에 대한 관심은 환경교육에 대한 실천으로 이어지게 되었고, 현재 유아교육기관에서는 산책하기, 텃밭 가꾸기, 동물 기르기, 실외 환경에서의 놀이 활동, 숲 유치원 등을 실시하고 있는 추세이다.

2) 평등한 교육 및 보육 서비스 제공

자본주의 경제 원칙에 따른 상대적 빈곤 문제 야기, 빈곤층 아동의 보육 기회 확대, 다양한 프로그램, 제도적 지원의 필요성과 상대적 빈곤감은 계층 간 갈등을 일으켜 공동체 의식을 약화시키고 이질화 현상을 가져왔다. 복지 사회 구현을 위한 보육 사업에 있어 국가적 개입에 대한 요구가 점점 커지고 있다. 육아는 개별 가정의 책임이 아닌 사회 공동의 책임이라는 의식이 확대되면서 기존의 가정 양육을 대신할 사회 보육의 필요성과 중요성이 대두됨에 따라 보육의 공공성이 강조되고 있으나 현재 우리나라의 보육은 민간에게 지나치게 의존하고 있는 실정으로 보육 사업의 공공성 확대를 중심으로 하는 보육 서비스 구조의 변화가 필요하다.

우리나라 보육 사업은 1921년 서울의 태화 기독교사회관에서 빈곤 가정의 자녀들을 보살펴 주기 시작한 것이 그 효시라 할 수 있다. 초기의 우리나라 보육 사업은 기독교 선교나 부모를 대신하여 일정 시간 동안 보호해 주는 빈민 구제를 목적으로 하였으나 오늘날의 개념은 더욱 강화되어 보육의 수혜자는 빈곤 아동뿐 아니라 모든 일반 아동을 포함한다.

미국에서 1965년 시작된 헤드 스타트(Head Start) 프로젝트는 미국의 영유아보육의 발전을 위한 중요한 계기가 되었다. 이 프로젝트는 존슨(Johnson) 대통령이 내세운 '빈곤 퇴치' 운동의 일환으로 전국의 저소득층 가정의 영유아들을 위해 국가에서 무상으로 영유아보육·교육 프로그램을 제공한 프로젝트이다. 저소득층 영유아를 위한 보상교육으로 연방 정부의 주도 아래 실시된 프로그램은 학습 경험, 건강, 영양, 부모교육 등 다양한 내용이 포함되어 있다.

헤드 스타트는 영유아를 대상으로 하는 교육 프로그램으로서 불우한 가정에서 자라나는 문화 실조 상태에 있는 영유아를 보호해 주고 교육을 실시하여 문화적 불균형을 치유하는 혜택을 제공하였으며, 영유아기에 빈곤으로부터 야기될 수 있는 사회적 부적응 문제들을 미리 예방하려는 목적으로 시행되었다. 이는 초등학교 저학년에 이르러 해결하기보다 더 일찍 무상으로 보상받게 함으로써 사회적 문제를 경감시키려는 의도성을 가지고 만들어진 프로그램이다. 1960년대 미국의 교육 방향이 학문 중심으로 선회하면서 지능의 중요성이 강조되었고, 영유아 초기의 지능 발달이 강조되면서 보상교육에 대한 합리화가 이루어진 것이다.

3) 전통문화교육

한국전통문화는 과거로부터 지금까지 최소한 3세대 혹은 100년 이상 일정 맥락을 가지고 이어져 온 우리의 문화 중 오늘과 내일에도 가치가 있다고 판단하는 문화를 칭한다. 특히, 유아교육계에서 유념해야 할 전통문화로는 다음과 같은 네 가지를 생각해볼 수 있다(문미옥, 2016).

첫째, 관계를 존중하는 인간관이다. 우리의 전통적 인간관은 인간(人間)이라는 명칭에도 잘 나타나 있듯이, 다양한 인간관계와 자연과의 관계 그리고 이들 관계에서의 실천을 중요하게 여겼다. 부-부, 부-자, 장-유, 군-신, 붕-우 등의 인간관계에서 추구해야 할 인성은 인 의 예 지 신으로 보다 구체적으로는 인간관계 내지 사회윤리의 기본 덕목으로 효제 충신 예의 염치(孝悌 忠信 禮義 廉恥) 8가지를 강조하고 있다. 『소학』, 『사소절』, 『격몽요결』 등 어린이를 위한 책의 대부분의 내용은 인간관계에서 인간이 추구하고 실천해야 할 덕목을 여러 번 반복하여 다루고 있다.

둘째, 자연을 존중하는 자연관이다. 자연은 '스스로 자(自)'와 '그러할 연(然)'을 합친 것으로 우주에 있는 모든 존재와 모든 존재들이 존재하는 양식을 말한다. 자연은 스스로 존재하며 스스로 그러한 양식대로 존재한다. 우리 조상들은 자연의 성실함을 본받아 성실하게 살며, 자연과 조화를 이루며 살아가는 삶을 인간의 가장 이상적인 삶이라고 생각하며 수천 년의 역사를 이어 왔다. 우리의 자연관은 하늘과 땅과 우주(天地玄黃 宇宙洪荒), 해와 달과 별(日月盈昃 辰宿列張), 사철의 변화와 기운(寒來暑往 秋收冬藏) 등과 같이 모든 자연은 생명체이며 순환 고리로서 유기적 관계를 가지고 있음을 전제로 하였다.

셋째, 감성과 감정을 중요하게 여기는 교육관이다. 전통문화(유교)에서는 인간의 본성은 인 의 예 지(仁 義 禮 智)로 대표되고 여기서 네 가지 마음(감정), 사단(四端)이 나온다고 보았다. 인 의 예 지와 사단(四端)은 감수성, 예술성, 인지와 도덕성에 해당한다. 동시에 인간은 희 노 애 락 구 오 욕(喜怒哀樂懼惡慾), 즉 '기쁨, 분노, 슬픔, 즐김, 두려움, 미움, 욕심'의 일곱 가지 정서 및 감성을 가진 존재로 칠정(七情)을 중용의 도로 잘 다스림으로서 바른 인성의 소유자가 됨을 강조하고 있다. 즉 우리 전통문화에서는 인간됨을 위한 교육의 성패를 좌우하는 구체적인 요소로 각 개인의 정서와 감성이 매우 중요한 것임을 강조하고 있는 것이다.

넷째, 자연을 담은 신명나는 생활 문화이다. 우리나라의 의식주, 음악, 춤, 미술 등의 생활 문화는 각기 특성과 강점을 가지고 있다. 그들의 공통적인 특징은 앞서 언급한 사람을 존중하는 인간관, 자연에 대한 존중, 감성을 중시하는 점이며 또한 독특한 신명이 담겨 있다. 특히, 유아교육에서 강조할 만한 전통생활 문화의 세부적 특징으로는 태교와 같은 생명 존중과 기품 있는 육아 문화, 팽이놀이, 연날리기 그리고 윷놀이 등에서 나타나는 것처럼 자연과 함께 사람과 더불어 하는 전통놀이 문화, 자연을 담고 있는 한복, 음식 그리고 한옥의 의식주 문화, 그리고 춤을 통해 느낄 수 있는 신명나는 곡선과 여백의 미로 대표되는 우리 고유의 미술 세계가 있다.

이처럼 우리나라 고유의 주체성을 확립하여 우리의 문화를 중심으로 다른 나라, 민족, 문화에 대한 개방적이고 반편견적인 이해와 태도를 길러 주는 교육 내용이 필요하며 이러한 측면에서 전통교육은 바로 세계화교육의 출발인 것이다. 따라서 나와 우리 문화에 대한 경험을 통해 유아는 정체성을 갖게 되고 이를 기초로 다른 사람과 문화를 이해하고 존중할 줄 아는 바람직한 인간으로 성장할 수 있다. '우리'의 정체성, 즉 '우리는 누구인가?'에 대한 탐색은 '우리' 집단에 관한 총체적 의미 체계를 구축하게 하며 우리의 존재에 대한 근원적 탐색은 전통문화교육을 통해 가능하다. 전통문화란 특정한 행동 양식이나 제도, 또는 특정 시대의 선조들이 남긴 문화적 유산이나 유물 자체만을 의미하는 것이 아니라 그 속에 포함되어 전해지고 있는 정신과 의미까지를 내포하는 것이라고 할 수 있다. 그동안 우리는 우리의 전통문화에 뿌리를 두고 의식적이건 무의식적이건 상호 밀접한 관계를 지니며 성장·발달해 왔다. 우리의 정체성을 확립하기 위해 우리의 전통적 유형 문화를 표면적으로 아는 차원에서 그치지 않고 그 속에 내재한 우리의 무형 문화에 대한 의미와 정신을 지속해서 발견하고 탐색하고자 노력해야 할 것이다. 우리 문화의 정신적 산물들을 교육적 기능과 작용을 통하여 계승, 확산, 발전시켜 나갈 수 있게 해야 할 것이다. 이에 따라 우리나라 표준보육과정에서도 추구하는 인간상에 '우리 문화를 사랑하는 사람'을 명시하고 있다.

3. 21세기와 4차 산업혁명의 도래

1) 세계화와 다문화 사회

21세기 한국 사회는 세계화, 개방화가 진행되면서 다인종·다문화 사회로 급속히 진전하고 있다. 외국인 노동자, 국제결혼 이주자들이 지속적으로 증가하면서 노동 현장, 각급 학교, 지역 공동체에서 다인종적, 다문화적 공존과 상호 존중은 중요한 사회적 과제가 되었다. 이제 한국 사회의 다문화 현상은 거스를 수 없는 명제이지만 한국 사회를 발전시켜 온 단일 민족에 대한 자부심과 한국 사회에 깊이 박혀 있는 단일 민족주의에 대한 우월감과 문화에 대한 이중성은 다문화 사회로 나아가는 데 걸림돌이 되고 있다(전인옥, 2011). 왜냐하면 자기 문화 중심주의는 자신의 문화나 민족이 다른 민족보다 우월하다고 믿고 자신의 문화를 다른 문화를 판단하는 도덕적 규율로 삼아 다양한 문화 수용을 어렵게 하기 때문이다. 다양한 문화 속에서 살아가기 위해서는 다른 문화를 인정하고 협력하면서 자신의 문화를 발전시켜 나아가야 하며 다른 여러 민족이나 국가와 공동의 노력을 기울이는 것이 다양한 문화에 대한 인식과 이해라고 할 수 있다. 따라서 유아가 다양한 문화를 이해하고 존중할 수 있도록 다문화교육은 유아기부터 이루어져야 한다. 이러한 인식에 따라 유아기 다문화교육은 다양한 방면에서 강조되어 실시되기 시작하였다. 즉 다문화 관련 연구의 주제별 동향은 다문화교육에 대한 인식, 다문화 가정의 자녀 양육, 다문화교육 프로그램, 다문화교육 시 교사의 교육 신념 및 교사의 효능감, 다문화 유아의 발달, 다문화 관련 교사교육, 유아교육 프로그램, 다문화교육 정책 등 총 8개의 범주로 나누어 연구되고 있다. 이와 같이 다문화 인식과 이해의 중요성이 강조되면서 이를 교육적으로 접근하고자 하는 노력을 다문화교육이라고 한다. 다문화교육은 미래의 세계 적응에 가장 필요한 교육 영역 중 하나로 기대되고 있으며, 다문화교육을 보다 효과적으로 수행할 수 있는 연구 방안의 다각도 모색과 유아기에 적합한 다문화교육의 연구 및 실천이 강조되고 있다(지성애, 김영옥, 홍혜경, 2007).

또한 세계화의 급속한 진전으로 인하여 국경을 넘어선 인적·물적 교류가 더욱 활발해졌을 뿐만 아니라, 정치, 경제, 사회, 문화적인 측면에서 국가 간의 상호 연결성과 상호 의존성이 심화되었다. 이와 함께 빈곤, 환경 문제, 테러, 전염병 등 어느 한 국가 차원에서 해결할 수 없는 전 지구적 문제가 확대됨에 따라, 이에 대해 공동으로 대응하기 위한 협력의 필요성도 더욱 높아지고 있다(에듀인뉴스,

www.eduinnews.co.kr). 이러한 사회적 요구는 교육계에도 영향을 미치게 되었는데(김민호, 2007), 국내의 경우 세계시민교육[1]은 주로 초·중등 학생을 대상으로 실시되고 있으며 보통 사회과를 중심으로 하되 교과 간 연계가 이루어지도록 편성·운영하도록 되어 있다(강동연, 2001; 이재형, 2009). 그러나 실제 연구들은 교육과정에 대한 세계시민교육 관련 내용 분석 또는 교수·학습 방안에 대한 연구가 많은 편(이재형, 2009; 허영식, 2003)이고, 최근에 들어서야 프로젝트 수업을 활용해 통합적으로 접근하는 실행 연구(신희수, 2006; 박미이, 2011; 최정숙, 조철기 2009)가 발표되고 있다. 다른 학제의 연구 속도에 비해, 유아교육에서의 세계시민교육은 걸음마 단계이다. 유아에게 세계는 너무 먼 개념이므로 가르치는 데 무리가 있다고 보는 경향이 있고(유재경, 2008), 유아는 자기중심적인 존재로 탈중심화가 이루어지는 7세 이후가 되어야 타인을 이해할 수 있다는 피아제의 주장을 근거로 관심이 적은 편이다(교육부, 1999, 재인용). 유아는 지역과 국가를 넘어 세계 속에 살고 있다. 유아는 외국에 직접 나가 보기도 하고, 다른 나라에서 온 수입 과일을 먹거나 수입 제품을 구입해 이용할 수 있고, 자신이 살고 있는 지역에서 쉽게 외국 문화에 노출되어 있으며, 인터넷을 이용해 세계와 소통하기도 한다. 이처럼 세계는 유아와 이전보다 가까이 존재하고 있는 것이다(배지현, 2013; 유재경, 2008). 전희옥(2006) 역시 세계시민교육은 초등학교 고학년에서 어린 연령으로 내려와야 한다고 주장하며, 유아에 대한 세계시민교육의 중요성을 강조하였다. 콜린스(Collins, 2008:2012)도 아동을 위한 세계시민교육이 중학교에서 시작되는 것은 시기적으로 늦다고 주장하며, 사회관계에 대한 학습이 결정적으로 일어나는 영유아기에 세계시민교육이 시작되어야 한다고 강조하였다. 누리과정에서도 국제 사회의 상호 의존성이 증가함에 따라 세계는 단일화되어 가고 있으며,

1) 세계시민교육의 정의를 살펴보면, 교육과학기술부(2008)는 자신의 권리와 가치를 인정받되 그에 따르는 책임, 역할 의식이 뒤따르는 교육이며, 국가 의식과 세계의식을 바탕으로 당면한 과제에 대해 넓은 시야를 갖고 세계의 평화를 추구하는 교육이라고 정의하였다.

이에 따라 변화에 능동적으로 대처해 가는 교육이 중요함을 강조하고 있다(교육과학기술부, 보건복지부, 2012). 즉 누리과정은 타 문화를 존중하고 배려하며 더불어 살아가는 태도의 신장을 중시하여 세계 시민으로서의 국제적 소양과 역량을 기를 것을 강조하고 있다(교육과학기술부, 보건복지부, 2012; 배지현, 2013).

2) 4차 산업혁명에 의한 교육 패러다임의 변화

1차 산업혁명은 증기 기관 등에 의한 기계화 혁명이고, 2차 산업혁명은 전기를 활용한 대량 생산 혁명이며, 3차 산업혁명은 인터넷으로 대표되는 정보통신기술 중심의 정보화 혁명이었다. 4차 산업혁명에서는 기술융합을 통해 물리적, 디지털적, 생물학적 영역 간의 경계가 허물어져 가상물리 시스템(cyber-physical system)이 구축되고 인공 지능과 사물 인터넷을 통해 초연결·초지능 사회가 구현될 것으로 예견된다. 4차 산업혁명을 이끄는 핵심 기술은 인공 지능(AI), 사물 인터넷(IoT), 빅 데이터(Big Data)이다. 즉 테크놀로지가 발전함에 따라 상호 연결된 유무선 인터넷망을 통해 방대한 데이터의 수집, 분석, 활용이 가능하게 되었고, 이러한 데이터를 기반으로 인공 지능 컴퓨터가 내장된 기계가 스스로 학습하고 예측하여 적시 적소에 합당한 행동을 수행하는 것이다. 이를 통해 초연결·초지능 사회가 구현된다. 한편 이러한 4차 산업혁명 핵심 기술은 교육 분야에도 적용될 것이다. 인공 지능은 최적의 개인 맞춤형 교육 서비스를 제공하기 위해 사용자의 행동 패턴을 분석하거나, 교육 자료들을 선택적으로 제공하고, 앞으로 인공 지능 기술은 지금보다 더 빠른 속도로 발달할 것이며, 이에 따라 사람인 교사가 할 수 있는 지식 교육 서비스들이 인공 지능으로 대체될 것으로 예상되고 있다. 교육 환경에서 사물 인터넷을 활용하면 사물과 학습자가 서로 커뮤니케이션을 통해 상호 작용할 수 있는 학습 환경을 구축할 수 있으며, 학습자의 흥미, 수준 등에 따른 즉각적인 피드백을 제공하는 것이 가능하다. 빅 데이터는 교육 환경에 적용되어 학습자의 학습 과정에 관한 데이터를 추적하고, 학습 수준을 분석하여 각 학습자에게 맞는 학습 목표, 전략 및 내용 등 맞춤형·적응형 학습을 제공할 수 있게 된다. 이외에도 4차 산업혁명 시대의 중요 기술인 증강 현실(AR: Augmented Reality) 및 가상 현실(VR: Virtual Reality) 테크놀로지를 통해 교실에서 직접 가상의 현장 학습을 체험할 수 있는 것은 물론, 원자, 자기장, 인간의 신체 등의 내부를 자세히 살펴보는 체험 학습이 가능하다(안종배, 2017).

교육을 통해 지식을 주입하고 암기하게 하여 확인 평가하고 서열화하는 전통 방식의 교육은 더 이상 존립 가치가 상실되고 있다. 4차 산업혁명 시대에 요구되는 창의력과 팀워크 및 미래 대응 능력과 인성을 배양하는 교육이 획기적으로 변환되어야 한다.

전통적 개념의 교육은 학교라는 장소에서 교사는 가르치고 학생들은 배우는 것을 일컫는다. 하지만 4차 산업혁명 시대에 초연결·초지능 사회가 되면 학교교육의 양상은 다음과 같이 완전히 달라질 것이다(최연구, 2017).

첫째, 장소로서 학교의 의미가 크게 퇴색될 것이다. 미래에는 장소에 구애받지 않고 언제 어디서나 연결해 학습할 수 있게 될 것이기 때문이다. 지금도 세계 어느 지역에서건 미국 MIT나 하버드 대학교의 명강좌를 무크(MOOC: Massive Open Online Course)로 들을 수 있다. e-러닝, 인터넷 강의 등이 상용화된 것은 이미 오래전이다. 학교 교실 수업은 줄어들고 온라인 교육이나 재택 학습, 탐방 학습이 늘어날 것이다.

둘째, 교수자인 교사, 교수의 역할 변화이다. 세계미래학회(WFS: World Future Society)는 2030년에 사라질 열 가지 항목에 공교육을 포함시켰고, 공장형 교육 모델이 도입되어 교사 없는 맞춤형 학습 시대가 열릴 것이라고 예측하였다. 미래학자 토마스 프레이(Thomas Frey)는 전 세계 대학의 절반은 20년 내 문을 닫을 것이라고 비관적인 전망을 하기도 하였다. 물론 위기의 시작은 4차 산업혁명과 인공 지능 기술의 발전이다. 미래학자들이 사라질 것이라고 예측한 직업에는 의사, 변호사, 기자와 함께 교수, 교사도 포함되어 있다. 미래교육에서는 지금 처럼 교육과정의 지식을 전달하는 교사나 교수의 역할은 찾아보기 힘들 것이다. 미래 교수자의 역할은 지식 전수가 아니라 왜 학습이 필요한지를 깨닫게 해 주고 스스로 학습하는 방법을 코칭해 주는 것이다. 이를테면 가르치는 사람(teacher)에서 지도하고 조언하는 사람(mentor)으로 변화할 것이다.

셋째, 학교에서의 교수·학습 방법에도 큰 변화가 있을 것이다. 최근 선진국에서는 '거꾸로 교육(Flipped Learning)'이 기존 교육에 대한 대안으로 실험되고 있다. 학교에서 배우고 집에 가서 복습하고 다시 학교에서 평가를 하는 것이 기존의 전형적인 학교교육이었다면 '거꾸로 교육'은 말 그대로 거꾸로다. 집에서 공부하고 학교에 와서는 모르는 것을 물어보거나 어려운 것을 같이 토론해 보는 방식의 교육이다. 온라인이나 클라우드에 우수한 동영상 강의 자료를 올려놓고 원하는 시간에 접속해 개인 맞춤형으로 공부할 수 있게 해 주는 기술 환경은 '거꾸로 교육'의 필요조건이다. 정보통신기술은 교육 현장에 점점 더 많이 활용될 것이다. 에듀테크(EduTech) 산업이 각광을 받는 것은 이 때문이다. 기술 발전과 함께 에듀테크 산업도 빠른 속도로 발전할 것이고, 교실 환경은 디지털 기반으로 재설계될 것이다. 디지털 책이 종이책을 대체하고, 오프라인 수업보다는 개인 맞춤형 온라인 수업, 주입식 집합교육보다는 집단 지성, 협업, 공유 학습 중심의 교육으로 변화할 것이다.

3부

유아교육과정 구성 원리 및 운영

7장

유아교육과정 구성 원리

교육(教育)은 지식과 기술 등을 가르치며 인격을 길러 준다는 뜻으로, 유아교육에서 교육은 유아교육 전문가로 하여금 유아에게 올바른 지식과 기술을 가르치며 전인적인 발달을 이룰 수 있는 소양을 길러 주는 것을 말한다. 교육에는 반드시 교육을 통해 얻고자 하는 뚜렷한 목적이 있으며, 이러한 목적을 달성하기 위해서는 의도적으로 체계적이면서 계획적인 노력이 필요하다. 유아교육기관에서 유아에게 교육 활동을 전개하기 위해서는 교육과정 구성이 선행되어야 하며, 제대로 된 교육과정이 구성될 때 올바른 교육이 실행될 수 있기 때문에 교육 현장에서 교육과정 구성은 매우 중요하다.

교육과정을 구성하기 위해서는 교육 기관의 교육과정과 프로그램을 주의 깊게 분석하는 과정이 필요한데, 타일러(Tyler)는 교육과정을 개발하는 사람들에게 반드시 다음의 질문을 확인해야 한다고 하였다.

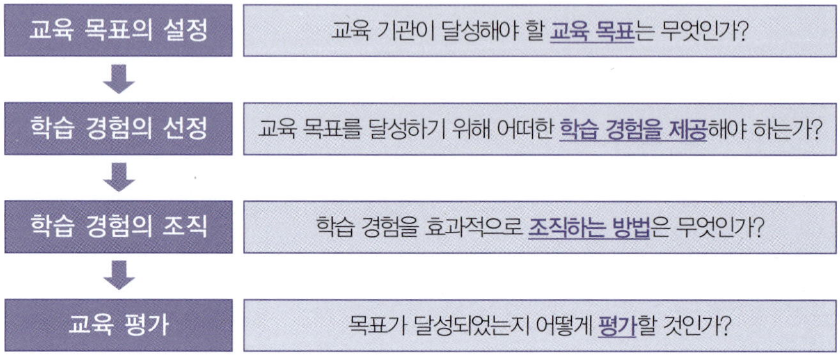

[그림 7-1] 타일러의 교육과정 개발 모형

이상의 질문들에서 교육 목표, 교육 내용, 교수·학습 방법, 교육 평가의 요소를 찾아볼 수 있는데, 이러한 요소는 교육과정을 구성하는 데 기초가 되는 요소로, 각각의 요소는 분리되어 있으나 상호 유기적인 관계를 갖는다. 본 장에서는 교육 목표의 설정, 교육 내용 선정과 조직 방법, 교수-학습 방법, 교육 평가로 나누어 유아교육과정의 구성 원리를 살펴보고자 한다.

1. 교육 목표의 설정

1) 교육 목표 설정 시 고려 사항

교육과정을 구성할 때 가장 먼저 생각해야 할 것이 교육목표를 설정하는 것이다. 새로운 과정이나 일을 시작할 때 첫 단추를 잘 꿰는 것이 중요하듯, 교육과정 구성에 있어 교육목표의 설정은 다음 단계의 교육과정을 계획하고 교육내용을 전개하는데 영향을 미치기 때문에 매우 중요하다. 따라서 교육목표를 설정하기에 앞서 교육기관에서 지향하고 있는 교육 철학은 무엇이며, 유아와 함께 생활하는 교사의 교육 철학은 무엇인지, 유아가 학습하기에 적합한 학습 이론은 어떤 것이며 사회·문화적으로 요구되고 있는 것은 어떤 것인지 등을 살펴보는 과정이 필요하다.

타일러는 교육목표를 설정 할 때 학습자에 관한 사실, 사회에 관한 사실, 교과 전문가의 견해, 교육 철학, 학습 심리를 고려하여 설정해야 한다고 하였으며 이 다섯 가지를 교육목표 설정에 필요한 원천(root)이라고 하였다. 타일러는 교육을 행동양식의 변화과정으로 정의하며, 교육 목표는 교육을 통해 변화될 학습자의 행동을 나타내는 것이어야 한다고 생각했다. 따라서 교육의 대상인 학습자의 전반적인 상태와 특성을 파악하고 그들의 생각과 태도, 흥미를 파악하는 것이 필요하다고 하였다. 또한 그는 이러한 교육이 학습자가 당면하게 될 사회에서 추구하는 가치와 요구에 부합하여 실제 생활에서 실용적이며 실효성이 있는지 고려하는 것이 필요하다고 하였다. 다시 말해, 학습자가 교육기관에서 학습한 내용이 미래에 자신의 직업생활과 지역사회의 발전에 기여하는 시민으로 생활하는데 필요한 내용과 일치하여 교육과 실생활 사이의 전이가 원활히 일어날 수 있도록 하는 것이 바람직하다고 보았다. 이와 더불어 교육기관에서 이루어지는 교육활동은 교육내용에 가장 정통한 교과전문가의 견해를 수렴해야한다고 하였는데, 교과전문가가 제안하는 학습자의 연령과 발달에 적합한 내용에 기초하여 목표가 설정되어야 한다고 하였다. 또한 교육기관에서 추구하는 교육적 가치나 철학을 반영하고, 설정된 교육목표가 학습자의 특성과 발달 수준에 적합하여 실제로 실행가능 한 것인지를 고려함으로써 학습자의 성장에 도움이 되는 가장 바람직하고 가치 있는 교육목표를 설정할 수 있도록 해야 한다. 교육목표는 유아의 발달적 필요, 흥미와 일치하여야하며, 유아를 위한 교육목표의 설정은 다음의 사항을 고려(이기숙, 2008)하는 것이 바람직하다.

- 학습자인 유아의 권리와 감정을 인격적으로 배려하고 있는가?
- 유아의 흥미와 요구가 충족되고 있는가?
- 유아의 발달단계를 확인하고 고려하는가?

- 유아들의 서로 다른 관심과 욕구, 발달단계, 소질과 적성, 능력을 배려하는가?
- 유아가 최고 단계까지 성장할 수 있도록 유아 각 개인의 잠재적 능력을 고려하고 있는가?

2) 교육 목적과 목표

교사가 영유아를 위한 교육과정을 구성하기 위해서는 교육 목표 설정 시 반드시 목적과 목표를 구별하여 사용해야 한다. 목적과 목표는 동의적으로 사용되는 것 같지만 완벽히 구별되는 의미를 갖는다.

먼저 사전적 의미를 살펴보면, 목적은 실현하려고 하는 일이나 나아가는 방향을 의미하며, 목표는 어떤 목적을 이루려고 지향하는 실제적 대상으로, 도달해야 할 곳을 목적으로 삼는다. 사전적 의미에서도 확인할 수 있듯이, 목적은 목표보다 넓고 포괄적인 의미로 사용된다. 교육 목적은 '유아가 놀이를 통해 심신의 건강과 조화로운 발달을 이루고 바른 인성과 민주 시민의 기초를 형성하는 것을 목적으로 한다.'와 같이 추상적이며 개념적인 성격을 띠며, 교육 목표는 '자신의 소중함을 알고, 건강하고 안전한 생활 습관을 기른다.'와 같이 목적을 달성하기 위한 구체적인 내용을 말한다.

경우에 따라서 목적과 목표는 장기 목표와 단기 목표로도 구분되는데, 일반적이고 추상적인 성격의 장기 목표는 목적과 같은 의미로 사용되며, 특수하고 구체적인 성격의 단기 목표는 목표와 같은 의미로 사용된다. 다시 말해, 장기 목표는 교육을 통하여 성취하려는 이상적이고 추상적인 행동적 용어와 관련된 목표로, 교육과정을 구성하는 철학적·이론적 관점을 반영하며, 단기 목표는 명료한 행동 결과와 관련된 목표로 실제 교수 상황을 반영한다. 2019 개정 누리과정에도 교육 목적과 교육 목표가 다음 [그림 7-2]와 같이 구분되어 제시되어 있다.

누리과정의 교육 목적

유아가 놀이를 통해 심신의 건강과 조화로운 발달을 이루고 바른 인성과 민주 시민의 기초를 형성하는 것을 목적으로 한다.

누리과정의 교육 목표

가. 자신의 소중함을 알고, 건강하고 안전한 생활 습관을 기른다.
나. 자신의 일을 스스로 해결하는 기초 능력을 기른다.
다. 호기심과 탐구심을 가지고 상상력과 창의력을 기른다.
라. 일상에서 아름다움을 느끼고 문화적 감수성을 기른다.
마. 사람과 자연을 존중하고 배려하며 소통하는 태도를 기른다.

[그림 7-2] 2019 개정 누리과정 교육 목적 및 교육 목표

2019 개정 누리과정의 교육 목적은 '유아가 놀이를 통해 심신의 건강과 조화로운 발달을 이루고 바른 인성과 민주 시민의 기초를 형성하는 데에 있다.'라고 되어 있다. 누리과정의 교육 목적에서는 '놀이를 통해'라는 표현을 제시하여 유아기의 고유한 특성을 강조하였다. 또한 전통적으로 유아교육에서 강조해 온 '심신의 건강', '조화로운 발달'과 '민주 시민'의 가치를 반영하였다. 인성의 중요성이 사회 전반에 걸쳐 강조되고 있다는 점을 반영한 것으로 볼 수 있다.

누리과정의 교육 목적 아래 제시된 교육 목표는 유아가 '추구하는 인간상'으로 성장하기 위해 필요한 사항을 중심으로 다섯 가지로 구성되어 있다. 누리과정의 다섯 가지 목표에서는 추구하는 인간상의 구체적인 내용을 설명하고 있다. 이와 같이 누리과정의 추구하는 인간상, 목적, 목표는 체계적으로 연계되어 있다.

3) 교육 목표의 진술

교육 목표는 기대되는 학습 성과로, 학습자가 한 단위의 수업을 종료한 후, 교육을 통한 결과로서 변화할 행동을 의미한다. 다시 말해, 교육 목표는 학습자가

도달해야 할 행동 변화의 방향성을 나타내며, 목표 달성을 위해 가장 알맞은 교육 내용 및 교수·학습 방법을 구상하는 데 영향을 미친다. 따라서 교육 목표가 구체적이고 명료하게 진술될 때 합리적이고 효율적인 교육 활동을 전개할 수 있고, 적합한 교육 환경을 조성할 수 있으며, 적절한 평가가 가능해진다.

수업 목표 진술은 학자들에 따라 제시하고 있는 방식이 다르며, 경우에 따라 조건이나 상황을 함께 진술하는 방식을 취하기도 한다. 대표적인 학자로 타일러(Tyler), 메이거(Mager), 그론룬드(Gronlund)가 있으며, 진술 방식을 살펴보면 다음과 같다.

(1) 타일러(Tyler)의 진술 방식

타일러는 교육 목표를 설정할 때 반드시 내용 영역과 행동 영역을 동시에 진술해야 한다고 하였다. 그는 학습자를 주어로 하여 학습자에게 가르치고자 하는 내용과 교육을 통해 변화될 도착점의 행동을 명확하고 구체적으로 진술할 것을 제안하였다. 타일러가 제안한 목표 진술 방식을 예를 들어 설명하면 다음과 같다(Tyler, 1949).

〈타일러(Tyler)식 목표 진술〉

- 자연물을 이용하여 우리 가족의 모습을 꾸밀 수 있다.
  (내용 영역) / (행동 영역)
- 돌·흙이 생활에 이용되는 것을 조사하여 발표할 수 있다.
  (내용 영역) / (행동 영역)
- 건축물의 형태와 입체 도형의 특징을 유추하여 연결해 본다.
  (내용 영역) / (행동 영역)
- 세계 여러 나라의 춤에 대해 관심을 갖고 알아본다.
  (내용 영역) / (행동 영역)

(2) 메이거(Mager)의 진술 방식

메이거는 교육 목표를 보다 더 상세하게 진술할 것을 제안하였다. 그는 상세한 목표 진술이 교육 활동에 더욱 유용하며, 학습자가 최종적으로 성취해야 하는 행동을 분명하고 자세한 동사로 진술해야 하고, 그 성취 행동이 나타날 수 있는 조건과 수락 기준이 함께 제시되어야 한다고 하였다. 메이거가 제안한 목표 진술 방식을 예를 들어 설명하면 다음과 같다(Mager, 1962).

〈메이거(Mager)식 목표 진술〉

- 웃어른을 위해 내가 할 수 있는 일을 그림과 글로 표현한다.
  (조건) (수락 기준) (행동)
- 가족 그림 카드를 두 가지 준거에 따라 분류할 수 있다.
  (조건) (수락 기준) (행동)
- 소리 나는 물건을 상황에 따라 적절하게 조절할 수 있다.
  (조건) (수락 기준) (행동)
- 신체를 이용하여 바람을 창의적으로 표현해 본다.
  (조건) (수락 기준) (행동)

(3) 그론룬드(Gronlund)의 진술 방식

그론룬드는 단순하고 사실적인 지식 및 기능 외에 고차원적인 지식을 학습 내용으로 다루기 위해서는 이차원적인 수업 목표 진술이 필요하다고 주장하였다. 앞서 제시한 타일러, 메이거가 제안한 목표 진술 방식이 일차원적인 방식이라면, 그론룬드가 제안한 목표 진술 방식은 학습 내용을 전체적으로 포괄하는 일반 목표와 이를 더욱 세분화한 하위 목표인 구체적 목표로 나누어 이차원적으로 진술하는 것이다. 그론룬드가 제안한 목표 진술 방식을 예를 들어 설명하면 다음과 같다(Gronlund, 1970).

〈그론룬드(Gronlund)식 목표 진술〉

- 나의 감정 알고 상황에 맞게 표현하기 ······························ (일반 목표)
  - 나의 감정이 상황에 따라 변함을 안다.
  - 나의 감정을 표현하는 방법에는 여러 가지가 있음을 안다.
  - 나의 감정을 긍정적으로 조절하여 표현한다.

  ] (구체적 목표)

- 가족의 생활 알기 ·· (일반 목표)
  - 가족마다 즐겨 먹는 음식이 다름을 이해한다.
  - 가족에게는 함께 사는 집이 있음을 안다.
  - 가족이 사는 집의 구조에 관심을 갖는다.

  ] (구체적 목표)

- 우리나라의 옷 살펴보기 ·· (일반 목표)
  - 우리나라 전통 의복에 대하여 알아본다.
  - 우리나라 전통 의복과 관련된 생활 문화를 경험한다.
  - 우리나라 전통 의복에 맞는 인사법을 알고, 예절 바르게 행동한다.

  ] (구체적 목표)

- 바람과 놀기 ·· (일반 목표)
  - 어느 곳에나 공기가 있음을 안다.
  - 공기가 움직여서 바람이 생겨남을 안다.
  - 바람에 사물을 움직이게 하는 힘이 있음을 안다.
  - 공기와 바람을 이용한 놀이를 즐긴다.

  ] (구체적 목표)

2. 교육 내용 선정과 조직 방법

교육 기관이 달성해야 할 교육 목표를 설정하였다면, 다음 단계는 학습자에게 교육 목표를 달성하기 위해 어떠한 학습 경험을 제공할 것인지를 고민하는 것이다. 학습자에게 의미 있는 교육 내용을 선정하고 조직하기 위해서는 다양한 관점에서 교육 내용이 고려되어야 한다. 또한 교육 내용은 유아들의 생활 경험을 선정하고 조직한 것으로 이를 학습함으로써 교육 목표를 이루고 궁극적으로 전인 발달을 달성할 수 있는 것으로 선정되어야 한다.

1) 교육 내용의 선정

유아를 위한 교육 내용은 사실 축적, 기술 축적, 교과 중심, 개념 중심, 주제 중심, 통합적 접근 중심 등 여섯 가지 유형으로 구분할 수 있다. 이는 교육 내용에서 무엇을 더 중요한 가치로 생각하느냐에 따라 다른 것이며, 절대적인 것은 아니다. 유아교육은 한 가지 유형만을 근거로 하여 내용을 구성하는 데는 무리가 있으며, 경우에 따라서는 몇 가지의 유형을 함께 혼용하여 내용의 근거를 삼기도 한다.

(1) 사실 축적

사실 축적은 비중의 차이가 있을 뿐 대부분의 교육과정에서 흔히 볼 수 있는 유형으로, 실제로 존재하는 사실을 축적하는 것을 말한다. 실제로 존재하는 사실(fact)이란 유아가 직접 경험하거나 관찰한 세부적인 사실로, 대상의 물리적 속성에서부터 역사적인 사건에 이르기까지 모든 사실을 교육 내용으로 본다. 따라서 사실 축적 유형의 교육 내용은 동물의 이름이나 울음소리 알아보기, 날씨 관찰하기, 모양과 색깔의 이름 알아보기, 추석의 유래 알아보기 등의 활동과 같이 물리적인 속성이나 역사적 사실들이 강조된다.

사실 축적은 유아가 여러 가지 사실을 기억하는 것을 좋아하는 선천적인 특징을 가지고 있으며, 자신이 축적한 사실을 바탕으로 의사소통하기 때문에 도움이 된다는 장점을 가지고 있다. 그러나 사실 전달만을 목적으로 교사가 일방적으로 설명하는 데 치중하는 경향을 보일 수 있으며, 이를 통해 유아는 수동적으로 단순 암기만 하게 될 우려가 있다.

(2) 기술 축적

기술 축적은 유아가 생활하는 데 필요한 기량과 기술을 축적하는 것을 말한다. 기술(skill)이란 기본 생활 습관을 포함하여, 단추 끼우기, 컵에 물 따르기, 정리·정돈하기, 신발 신기, 옷 입기 등 일상생활에 필요한 기술, 친구 사귀기와 같은 사회적 기술, 신체를 조절하여 알맞게 움직이는 운동 기술, 글자를 인지하고 쓰기, 수 세기 등과 같은 기술 등을 교육 내용으로 본다. 유아는 반복적인 연습을 통해 이러한 기술들에 숙련될 수 있으나 연습의 과정이 자발적 형태의 놀이나 게임이 아니라, 교사 주도의 형식적인 기술 훈련에만 치우치게 될 우려가 있다.

(3) 교과 중심

교과 중심은 학교급별 교육과정의 일환에서 확장된 유형으로, 초·중등학교 교육과정에서 중심 내용이 되는 교과를 말한다. 유아교육과정은 학습자의 발달적 특성으로 인해 엄격하게 분리하여 교과를 독립적으로 편성하지 않고, 두 개나 그 이상의 교과를 통합하여 운영하는 것이 일반적이다. 또한 유아교육에서는 유아들의 생활 경험을 반영한 하나의 주제를 중심으로 각 영역의 놀이와 활동을 지원하는데 각 영역의 놀이와 활동 이면에는 교과의 교육 내용이 존재한다. 따라서 교사는 각 교과에서 다루어질 내용을 통합하여 운영함으로써 유아가 다양하고 통합적인 활동을 전개하는 데 제한되지 않도록 유의해야 한다.

(4) 개념 중심

개념 중심은 1960년대 학문 중심 교육과정의 영향을 받아 유아교육에서도 핵심적인 개념을 중심으로 학문 영역을 강조한 교육 내용을 구성하는 경향을 말한다. 이러한 유형은 지식을 고차원적으로 구조화함으로써 주요 개념을 효과적이고 조직적으로 학습할 수 있으며 난이도에 따라 심도 있는 학습을 가능하게 한다는 장점이 있다. 유아는 물음에 대한 해답을 탐구하는 과정에서 경험한 다양한 개념을 이해하게 되므로, 교사는 유아의 발달 수준을 고려하여 교육 내용을 선정하여야 하며, 유아가 교육 내용을 효율적으로 학습할 수 있도록 내용을 조직해야 한다. 유아는 생활 속에서의 놀이 경험을 통하여 사물과 자연 현상에 대한 물리적·논리수학적·사회적 지식 및 경험을 축적한다. 이에 유아들이 갖는 '왜?(why)' 라는 물음에 대한 답들은 기초적인 개념 수준에서의 답변이겠지만 상위 학교의 교과 체제로 갈수록 고차원적 개념으로 구조화된다.

(5) 주제 중심

주제 중심은 유아의 발달에 적합한 주제(topic, theme, unit, project)를 중심으로 구성된 유형으로 유아교육과정에서 가장 일반적으로 사용되는 유형 중의 하나이다. 주제 중심은 유아의 경험, 지역사회의 사건, 다양한 정보 및 지식 등을 포함한 생활 주제를 교육 내용으로 보며, 교과의 한계를 너머 유아의 학습 경험을 의미 있게 통합한다는 장점이 있다. 주제 중심으로 교육 내용을 구성할 때는 지식과 기술, 태도 및 가치 등이 포함될 수 있도록 해야 한다. 2019 개정 누리과정이 도입됨에 따라 기존의 11개의 생활 주제를 유아의 흥미 및 관심에 따라 더욱 확장하고, 이를 놀이와 연결시키는 시도가 권고되고 있는데 그 내용은 다음과 같다.

- 유아의 생활에서 교육을 이루고자 하는 유아교육에서 '생활 주제'를 버려야 할 필요는 없다.
- 생활 주제는 이미 많은 검증을 거쳐 나온 것이기에 생활 주제를 버리고 새로운 주제를 찾아야 놀이 중심이 되는 것은 아니다.
- 생활 주제를 전개하더라도 '누가'(유아 혹은 교사) 주제를 선택했느냐가 중요한 것이다.
- 생활 주제는 유아의 생활과 밀접하고 익숙한 것으로 정해져 있어, 유아도 생활 주제가 낯설지 않다. 그러나 생활 주제를 선택할 때 유아와 함께 정하고, 주제를 선정하게 된 이유에 대해 함께 이야기하고, 놀이를 진행하면 다음 놀이 주제가 자연스럽게 이어지기도 한다.
- 새로운 놀이 주제 선정
  - 놀이 주제를 선정하기 위한 놀이 관찰
  - 관찰된 놀이 공유
  - 유아들과 앞으로 어떤 놀이를 하고 싶은지 의견 모아 보기
  - 놀이를 진행하면서 모아진 의견의 놀이로 놀아 보기
  - 새로운 주제 선정
  - 놀이가 진행되면서 놀이에 대해 이야기 나누기

- 교육적 놀이 지원

	놀이의 시작	• '생활도구' 주제 진행 중 과학체험관에 다녀온 경험을 바탕으로 지렛대놀이가 자연스럽게 진행됨
교육적 놀이 지원	공간	• 지렛대로 블록 날리기 놀이를 하기에 적합한 장소라고 판단한 복도로 놀이 공간을 확장함
	자료	• 유아가 다양한 자료를 요구하였을 때 적절한 자료를 함께 탐색·제공하고 활용 방법을 지지함

교육적 놀이 지원		
	일과	• 지렛대로 블록 날려 목표물 맞추기 게임 활동, 지렛대놀이를 안전하게 하기 위한 이야기 나누기 활동을 진행하여 유아의 놀이를 지원함
	상호 작용	• 관찰하기, 질문하기, 제안하기, 정서적 지원하기 등으로 놀이를 지원함
	안전	• 유아가 복도에서 지렛대놀이를 시작할 때와 멀리 날리기 시합을 할 때 안전 관련 규칙을 유아들과 논의하고, 놀이를 안전사고에 유의하며 관찰함
	놀이 지원 계획/평가	• '생활도구' 주제 아래에서 유아들이 관심을 가질 수 있도록 환경을 구성하고 자료를 제공함 • 실행 과정에서 유아의 실제적 흥미에 기반하여 주제를 덧붙여 감 • 유아가 놀이 시간에 그린 지렛대 표상물을 통해 과학적 개념 형성 및 이해도, 탐구 태도 등을 평가함 • 지렛대놀이에 나타난 누리과정 5개 영역을 통합적으로 서술하여 평가함 • 약 두 달간 진행된 지렛대놀이가 거의 마무리 되었을 때 누리과정 운영 평가를 실시함

출처: 교육부, 보건복지부(2019). 2019 개정 누리과정 놀이실행자료.

(6) 통합적 접근 중심

통합적 접근은 앞서 제시한 다섯 가지 유형이 모두 통합된 유형으로, 유아가 일상생활에서 우연히 겪게 되는 문제 혹은 사건을 중심으로 발생되는 모든 것을 교육 내용으로 본다. 통합적 접근 중심은 유아가 일상생활 속에서 발견하는 흥미와 호기심을 중심으로 교육 내용이 구성되므로 구조화된 수업보다 비구조화된 수업에 가까우며, 비교적 비형식적인 특징을 갖는다. 따라서 교사는 유아의 흥미와 자발성을 인정하고 유아가 지식을 스스로 구성해 나가는 주체로서 역동적으로 지식을 구성하고 그것이 단편적인 지식에 그치지 않고, 다양한 활동으로 확장될 수 있도록 격려해야 한다.

한편 미국유아교육협회(NAEYC: The National Association for the Education of Young Children)에서는 교육과정 내용 선정을 위한 지침을 다음과 같이 제시하고 있다.

교육과정 내용 선정 지침

1. 교육 내용은 유아가 어떻게 배우는지에 대한 전문적인 의견과 연구로 이루어진 분명한 이론적 기초를 포함하고 있어야 한다.
2. 교육 내용은 모든 영역—사회, 정서, 인지, 신체, 언어—에서 영유아를 위한 장기적 목표를 성취할 수 있도록 설계하고 민주 사회에 기여하는 시민의 역할을 준비할 수 있게 계획해야 한다.
3. 교육 내용은 지식과 이해의 발달, 과정과 기술의 발달, 성격과 태도의 발달을 격려하여야 한다.
4. 교육 내용은 유아의 발달에 적절하고, 유아의 삶의 현상과 관련이 있고, 유아에게 의미 있는 폭넓은 내용을 다루어야 한다.
5. 교육 내용의 목표는 각 연령의 유아에게 적합해야 하며 실현 가능하도록 계획해야 한다.
6. 교육 내용은 각 유아의 요구와 흥미를 존중하여 결정해야 한다.
7. 교육 내용은 개인적, 문화적, 언어적 다양성을 반영하고 지지하도록 한다.
8. 교육 내용은 유아의 학습을 통합하기 위해서, 그리고 새로운 개념과 기술의 획득을 촉진하기 위해서 유아가 이미 알고 있는 것과 할 수 있는 것을 기초로 한다.
9. 교육 내용은 유아의 지식과 경험에 기초하여 유아의 정신 구조가 시간이 지나면서 성장할 수 있도록 적절한 개념적 틀을 제공해 주어야 한다.
10. 교육 내용을 통해 접하게 되는 특정 주제나 내용은 풍부한 개념적 발달에 필요한 학습 경험을 제공한다. 또한 주제 중심 통합적 교육 내용은 여러 교과 영역을 통합하도록 해 준다.

11. 교육 내용은 지적인 통합성을 가져야 한다.
12. 교육 내용은 탐구할 가치가 있어야 한다.
13. 교육 내용은 유아들로 하여금 학습 과정에 능동적으로 참여하게 하며, 유아에게 의미 있는 선택의 기회를 제공해야 한다.
14. 교육 내용은 유아의 실수를 존중하고 탐구와 실험을 제한하지 않아야 한다.
15. 교육 내용은 유아의 사고와 추론, 의사 결정, 문제 해결 능력의 발달을 강조한다.
16. 교육 내용은 모든 영역의 학습에서 사회적 상호 작용의 가치를 강조하고, 또래로부터 배울 수 있는 기회를 제공해야 한다.
17. 교육 내용은 활동과 감각적인 자극, 맑은 공기, 휴식, 위생, 영양, 배설에 대한 유아의 생리적 요구를 만족시켜야 한다.
18. 교육 내용은 유아에게 심리적인 안정감을 주어야 한다.
19. 교육 내용은 유아의 관점에서 성공하기 위한 적절한 경험을 제공함으로써 자신감과 학습의 즐거움을 장려해야 한다.
20. 교육 내용은 유아 개인이나 집단에 따라 융통성 있게 적용해야 한다.

출처: NAEYC & NAECS/SDE(1991). Position Statement : Guidelines for Appropriate Curriculum Content and Assessment in Programs Serving Children Ages 3 Through 8. *Young Children, 46*(3), pp. 29-31.

2019 개정 누리과정에서는 놀이 경험을 통한 배움의 영역을 5개 영역으로 구성하여, 5개 영역의 내용이 통합적으로 유아의 경험과 연계되도록 유아를 지원하도록 한다. 아래 [표 7-1]에서와 같이 신체운동·건강 영역, 의사소통 영역, 사회관계 영역, 예술경험 영역, 자연탐구 영역을 교육 내용의 범주, 내용으로 제시하고 있다.

〈표 7-1〉 2019 개정 누리과정 영역별 목표-내용 범주-내용

영역	목표	내용 범주	내용
신체 운동 · 건강	실내외에서 신체 활동을 즐기고, 건강하고 안전한 생활을 한다. 1) 신체 활동에 즐겁게 참여한다. 2) 건강한 생활 습관을 기른다. 3) 안전한 생활 습관을 기른다.	신체 활동 즐기기	• 신체를 인식하고 움직인다. • 신체 움직임을 조절한다. • 기초적인 이동 운동, 제자리 운동, 도구를 이용한 운동을 한다. • 실내외 신체 활동에 자발적으로 참여한다.
		건강하게 생활하기	• 자신의 몸과 주변을 깨끗이 한다. • 몸에 좋은 음식에 관심을 가지고 바른 태도로 즐겁게 먹는다. • 하루 일과에서 적당한 휴식을 취한다. • 질병을 예방하는 방법을 알고 실천한다.
		안전하게 생활하기	• 일상에서 안전하게 놀이하고 생활한다. • TV, 컴퓨터, 스마트폰 등을 바르게 사용한다. • 교통안전 규칙을 지킨다. • 안전사고, 화재, 재난, 학대, 유괴 등에 대처하는 방법을 경험한다.
의사소통	일상생활에 필요한 의사소통 능력과 상상력을 기른다. 1) 일상생활에서 듣고 말하기를 즐긴다. 2) 읽기와 쓰기에 관심을 가진다. 3) 책이나 이야기를 통해 상상하기를 즐긴다.	듣기와 말하기	• 말이나 이야기를 관심 있게 듣는다. • 자신의 경험, 느낌, 생각을 말한다. • 상황에 적절한 단어를 사용하여 말한다. • 상대방이 하는 이야기를 듣고 관련해서 말한다. • 바른 태도로 듣고 말한다. • 고운 말을 사용한다.
		읽기와 쓰기에 관심 가지기	• 말과 글의 관계에 관심을 가진다. • 주변의 상징, 글자 등의 읽기에 관심을 가진다. • 자신의 생각을 글자와 비슷한 형태로 표현한다.
		책과 이야기 즐기기	• 책에 관심을 가지고 상상하기를 즐긴다. • 동화, 동시에서 말의 재미를 느낀다. • 말놀이와 이야기 짓기를 즐긴다.

<table>
<tr><th>영역</th><th>목표</th><th>내용 범주</th><th>내용</th></tr>
<tr><td rowspan="3">사회 관계</td><td rowspan="3">자신을 존중하고 더불어 생활하는 태도를 가진다.

1) 자신을 이해하고 존중한다.
2) 다른 사람과 사이좋게 지낸다.
3) 우리가 사는 사회와 다양한 문화에 관심을 가진다.</td><td>나를 알고 존중하기</td><td>• 나를 알고 소중히 여긴다.
• 나의 감정을 알고 상황에 맞게 표현한다.
• 내가 할 수 있는 것을 스스로 한다.</td></tr>
<tr><td>더불어 생활하기</td><td>• 가족의 의미를 알고 화목하게 지낸다.
• 친구와 서로 도우며 사이좋게 지낸다.
• 친구와의 갈등을 긍정적인 방법으로 해결한다.
• 서로 다른 감정, 생각, 행동을 존중한다.
• 친구와 어른께 예의 바르게 행동한다.
• 약속과 규칙의 필요성을 알고 지킨다.</td></tr>
<tr><td>사회에 관심 가지기</td><td>• 내가 살고 있는 곳에 대해 궁금한 것을 알아본다.
• 우리나라에 대해 자부심을 가진다.
• 다양한 문화에 관심을 가진다.</td></tr>
<tr><td rowspan="3">예술 경험</td><td rowspan="3">아름다움과 예술에 관심을 가지고 창의적 표현을 즐긴다.

1) 자연과 생활 및 예술에서 아름다움을 느낀다.
2) 예술을 통해 창의적으로 표현하는 과정을 즐긴다.
3) 다양한 예술 표현을 존중한다.</td><td>아름다움 찾아보기</td><td>• 자연과 생활에서 아름다움을 느끼고 즐긴다.
• 예술적 요소에 관심을 갖고 찾아본다.</td></tr>
<tr><td>창의적으로 표현하기</td><td>• 노래를 즐겨 부른다.
• 신체, 사물, 악기로 간단한 소리와 리듬을 만들어 본다.
• 신체나 도구를 활용하여 움직임과 춤으로 자유롭게 표현한다.
• 다양한 미술 재료와 도구로 자신의 생각과 느낌을 표현한다.
• 극놀이로 경험이나 이야기를 표현한다.</td></tr>
<tr><td>예술 감상하기</td><td>• 다양한 예술을 감상하며 상상하기를 즐긴다.
• 서로 다른 예술 표현을 존중한다.
• 우리나라 전통 예술에 관심을 갖고 친숙해진다.</td></tr>
</table>

영역	목표	내용 범주	내용
자연 탐구	탐구하는 과정을 즐기고, 자연과 더불어 살아가는 태도를 가진다. 1) 일상에서 호기심을 가지고 탐구하는 과정을 즐긴다. 2 생활 속의 문제를 수학적, 과학적으로 탐구한다. 3) 생명과 자연을 존중한다.	탐구 과정 즐기기	• 주변 세계와 자연에 대해 지속적으로 호기심을 가진다. • 궁금한 것을 탐구하는 과정에 즐겁게 참여한다. • 탐구 과정에서 서로 다른 생각에 관심을 가진다.
		생활 속에서 탐구하기	• 물체의 특성과 변화를 여러 가지 방법으로 탐색한다. • 물체를 세어 수량을 알아본다. • 물체의 위치와 방향, 모양을 알고 구별한다. • 일상에서 길이, 무게 등의 속성을 비교한다. • 주변에서 반복되는 규칙을 찾는다. • 일상에서 모은 자료를 기준에 따라 분류한다. • 도구와 기계에 대해 관심을 가진다.
		자연과 더불어 살기	• 주변의 동식물에 관심을 가진다. • 생명과 자연환경을 소중히 여긴다. • 날씨와 계절의 변화를 생활과 관련짓는다.

2) 교육 내용의 조직 방법

인간의 행동은 반복적이고 누적적인 교육적 경험을 통해 서서히 변화한다. 특히 유아에게 지식과 기술을 가르치는 일은 더더욱 점진적으로 계획되어야 하며, 효과적으로 행동의 변화를 이끌어 내기 위해서는 체계적이고 세밀하게 학습 경험을 조직해야 한다. 학습 경험이 수직적인 관계인지 수평적인 관계인지에 따라 계속성, 계열성, 통합성의 원칙을 적용할 수 있으며 이러한 원칙은 학습 경험을 조직하는 기준이 된다.

(1) 계속성(continuity)

계속성은 수직적인 조직 방법으로, 학습 경험을 누적적이고 반복적으로 조직하는 것을 말한다. 계속성은 반복성 혹은 연속성이라고도 하며, 학습 경험이 일회적으로 끝나는 것이 아니라 계속적으로 반복되도록 수직적으로 배열하여 조직하는 것이다. 유아들은 발달적으로 성숙하지 못한 상태로, 한 가지의 지식 혹은 기술을 습득하는 데에도 여러 번의 연습을 필요로 한다. 따라서 유아들이 새롭게 어떤 지식이나 기술을 익힐 때, 유아들이 익숙해질 때까지 학습 경험을 자주 제공하여 익숙해질 수 있도록 기회를 제공해 주는 것이 필요하다.

2019 개정 누리과정의 예술경험 영역의 내용 범주 중, '아름다움 찾아보기'의 내용인 '예술적 요소에 관심을 갖고 찾아본다.'를 예로 들면, 1회의 학습 경험으로는 학습 목표를 달성하기 어려우므로 반복적으로 음악을 감상하고 다양한 방법으로 음악을 즐길 수 있도록 격려하면서 리듬, 셈여림, 빠르기, 음의 고저 등 음악적 요소를 탐색할 수 있는 활동을 제공해야 한다.

(2) 계열성(sequence)

계열성은 학습 경험이 제시되는 시간적인 순서를 의미하며, 수직적인 조직이라는 점에서 계속성과 의미를 같이한다. 그러나 계열성의 교육 내용은 계속성에서 제시한 단순한 반복과는 다른 것으로, 선행하는 학습 경험보다 내용의 폭이 넓고 깊어지면서 심화되는 것을 말한다. 대표적인 예로 브루너(Bruner)가 주장한 나선형적 조직을 들 수 있다. 계열성을 고려하여 교육 내용을 조직하기 위해서는 단순한 것에서 복잡한 것으로, 친숙한 것에서 친숙하지 않은 것으로, 구체적인 것에서 추상적인 것으로, 전체에서 부분으로 혹은 부분에서 전체로 등의 원칙을 적용하여야 한다.

(3) 통합성(integrity)

통합성은 수직적 관계인 계속성이나 계열성과 다르게 교육 내용이 서로 다른 내용 영역과 연계되도록 조직하는 것으로, 수평적인 조직을 의미한다. 통합성을 기준으로 학습 경험을 조직할 때 학습자는 경험한 학습 경험들을 서로 연결하여 통합된 시각을 형성할 수 있다. 특히 유아는 발달 특성상 한 가지 과목을 분절하여 학습하기보다, 다양한 영역을 통합적으로 구성할 때 더욱 효과적으로 학습하게 된다. 이때 각각의 영역은 서로 분절되지 않고 영향을 주고받으며, 유아는 경험을 통합하는 과정에서 새로운 지식을 형성하게 된다.

3. 교수-학습 방법

인간을 바람직한 방향으로 변화시키고자 하는 과정이 교육이라면, 변화시키고자 하는 목표에 도달하기 위해 어떻게 가르칠 것인지, 어떻게 배우게 할 것인지를 고민하는 과정이 교수-학습 방법이라고 할 수 있다. 교수(敎授)란 교사가 의도적으로 수업을 계획하고 준비하며 실행하고 평가하는 일련의 과정을 모두 총칭하는 것으로, 교수자가 설정한 교육 목표에 효과적으로 도달할 수 있도록 교육 환경을 조성하는 과정까지 포함한다.

학습(學習)은 학습 경험의 결과로, 학습 경험을 통해 지속적으로 지식 혹은 행동, 태도가 변화하는 것을 말한다. '學習'이라는 한자에서도 찾아볼 수 있듯이 학습은 배운 것을 익힌다는 의미로, 학습 경험에 대한 학습자의 태도나 내적 조건이 교수자가 제공하는 교육 환경이라는 외적 환경과의 상호 작용을 통해 발생하게 된다. 따라서 교수와 학습은 동시에 발생하며 상호 간의 교류가 통합적으로 이루어지기 때문에 분리된 개념으로 생각할 수 없으며, 교수자가 가르친 내용과 학습자가 학습한 내용이 일치하는 것이 이상적인 교수-학습 관계라고 할 수 있다.

그러나 교수자가 가르친 내용과 학습자가 학습한 내용 사이에는 차이가 있으며, 교수자와 학습자의 개인적인 변인에 의해 서로 다른 결과를 나타낸다.

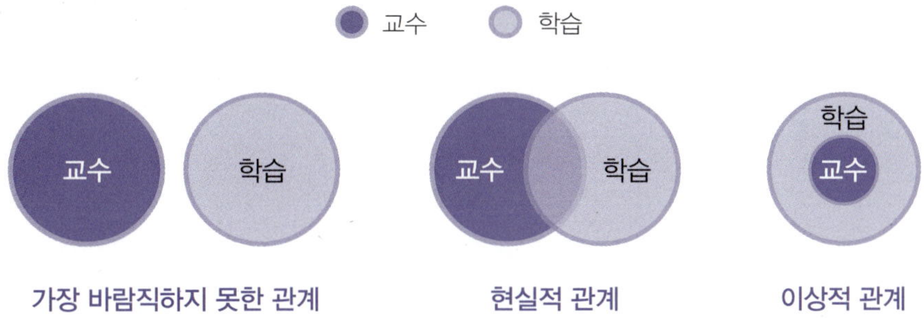

[그림 7-3] 교수와 학습의 관계

1) 교수-학습 원리

유아교육에서 교수-학습 원리는 학습자인 유아의 발달상의 특성과 개인차를 고려한 교사-유아 간의 상호 작용 과정을 말한다. 유아교육은 유아에게 올바른 지식과 기술을 가르치며 전인적인 발달을 이룰 수 있는 소양을 길러 주는 것을 목표로 하고 있기 때문에 유아교육기관에서의 교수-학습은 유아가 등원하는 순간부터 하원하는 순간까지 일과 전체에 걸쳐 진행된다고 할 수 있다. 유아는 발달적으로 성인학습자와는 다른 특성을 가지고 있으므로 유아에게 의미있는 학습 경험을 제공하고 유아의 학습 활동을 촉진시키기 위해서는 반드시 유아의 발달적 특성을 고려하여 교수-학습방법을 계획해야 한다.

2019 개정 누리과정에 제시된 교수·학습의 원리는 다음과 같다.

① 유아가 흥미와 관심에 따라 놀이에 자유롭게 참여하고 즐기도록 한다.
② 유아가 놀이를 통해 배우도록 한다.
③ 유아가 다양한 놀이와 활동을 경험할 수 있도록 실내외 환경을 구성한다.

④ 유아와 유아, 유아와 교사, 유아와 환경 간에 능동적인 상호 작용이 이루어지도록 한다.
⑤ 5개 영역의 내용이 통합적으로 유아의 경험과 연계되도록 한다.
⑥ 개별 유아의 요구에 따라 휴식과 일상생활이 원활히 이루어지도록 한다.
⑦ 유아의 연령, 발달, 장애, 배경 등을 고려하여 개별 특성에 적합한 방식으로 배우도록 한다.

또한 NAEYC에도 교수·학습의 기본 가정을 다음과 같이 제시하고 있다.

① 유아는 신체적 욕구가 충족되고 심리적으로 안전하다고 느꼈을 때 가장 잘 학습한다.
② 사람과 사물과의 능동적 상호 작용 경험을 통해 스스로 지식을 구성한다.
③ 유아는 성인을 비롯한 또래 유아 등 타인과의 관계를 통해 발달과 학습에 대한 필수적인 지원을 받는다.
④ 유아의 학습 과정은 인식에서 시작하여, 탐색과 조사로 진전되며, 끝으로 활용으로 옮겨 가는 순환적 주기를 통해 학습한다.
⑤ 유아는 자발적 놀이를 통해 배운다.
⑥ 유아의 흥미와 알고자 하는 욕구가 학습을 자극한다.
⑦ 인간의 발달과 학습은 개개인에 따라 다양하다.

이상의 원리는 유아의 발달적 특성에 입각한 교수-학습 원리로 더욱 구체화되며 그 내용은 다음과 같다(NAEYC & NAECS/SDE, 1991).

(1) 놀이 중심의 원리

놀이는 유아의 생활이자 학습 그 자체라고 할 수 있다. 놀이를 하면서 유아는 다른 사람들과 관계를 맺고, 주변에 대한 지적 호기심을 충족시키며 삶에 필요한 지식, 기능, 태도를 익히고 사고를 확장해 간다. 놀이는 즐거워서 자발적으로 하는 것이므로 유아가 정서적 긴장이나 두려움 없이 많은 것을 배우고 익히는 학습의 기회가 된다. 따라서 놀이를 통해 가르치고 배우는 것이 유아기에 가장 적합한 교수·학습 방법이 된다. 놀이 중심으로 교수·학습 활동이 이루어지기 위해서는 교사의 교육적인 의도가 중요하다. 유아의 자발적인 놀이가 자연스럽게 학습 경험으로 연계되도록 하는 것도 교사가 사전에 염두에 두고 있는 교육 목표와 내용이 있을 때 가능하다. 뿐만 아니라 교사는 의도하는 교육 목표와 내용에 부합하며, 유아가 자발적이며 적극적으로 참여할 수 있는 놀이를 계획하여 제공하는 것이 필요하다. 교사는 생활 주제와 유아의 발달 수준을 고려하여 다양한 놀이를 준비하고 유아가 놀이를 통해 자연스럽게 교육 활동 주제에 몰입하고 학습할 수 있도록 안내자 및 촉진자의 역할을 해야 한다. 또한 교사는 유아가 놀이 계획, 선택 및 수행, 평가의 기회를 가질 수 있도록 지도한다.

(2) 개별화의 원리

유아의 관심과 흥미, 발달이나 환경 특성 등을 고려하여 개별 유아에게 적합한 방식으로 학습하도록 한다. 이에 개별화의 원리는 모든 유아가 배움의 주인이 되는 유아 중심 교육과정을 추구한다. 유아는 같은 연령이라도 각자 경험의 내용과 범위, 관심사, 학습 능력, 발달 수준, 가정의 문화 등 많은 부분에서 서로 차이가 있다. 특히 다문화 가족이 증가하고 있는 상황에서 유아 개개인의 독특성을 인정하고 개별 유아에게 적합한 학습 방식을 지원하는 것은 필수적이다. 교사는 유아의 연령만을 기준으로 교육 활동을 계획하는 것이 아니라 개별 유아의 특성을 함께 고려하여 활동을 제공하고 교수전략을 사용하는 것이 필요하다. 이를 위해 모든 유아가 동시에 같은 것을 하도록 기대하지 말고 난이도가 다른 다양한 활동을 제공하여 유아가 자신의 흥미와 능력, 학습 속도에 맞는 것을 선택할 수 있도록 한다. 또한 유아의 특성을 고려하여 개별 또는 소집단, 대집단 등으로 집단 형태를 다양하게 구성한다.

장애가 있는 유아의 경우, 교사는 전문가의 도움을 받아 장애 상태와 발달에 적절한 교육·보육 계획을 세워야 한다. 교사가 특수교육에 대한 충분한 지식이 없는 상황에서 혼자 특수 유아에 대해 판단을 내리는 것은 바람직하지 않다. 교사는 특수교육 전문가와의 긴밀한 협력 체계를 구축하고 특수교육 대상으로 판단되는 유아를 보다 면밀히 관찰하여 그에 따른 개별 지도를 해야 한다.

(3) 탐구 학습의 원리

유아는 자신이 속한 외부 세계와 호기심을 가지고 상호 작용함으로써 스스로 새로운 지식을 구성해 나간다. 유아는 태어나면서부터 주변 환경에 관심을 가지고 적극적으로 탐색하고 탐구하기를 즐기는데, 이러한 과정을 통해 유아의 인지 능력이 발달하게 된다. 따라서 교수자는 유아가 호기심을 가지고 적극적으로 탐색할 수 있는 학습 환경을 구성하여 유아의 탐구 활동을 촉진시키고, 유아 스스로 가설을 세우고 문제를 해결해 나가는 과정을 통해 학습이 촉진될 수 있도록 격려해야 한다. 또한 유아의 활동은 유아가 흥미를 가지는 것에서 시작해야 한다. 흥미를 가진다는 것은 어떤 것에 주의를 기울이고 지속적으로 몰두하며 마음이 사로잡혀 있는 것이다. 자신이 흥미 있어 하는 활동이 제공되었을 때 유아는 그 활동에 마음이 사로잡혀서 관람자가 아니라 적극적인 참여자가 되고 이를 통해 학습이 일어난다. 활동의 주제나 내용이 유아의 관심 밖이거나 흥미가 없는 것일 때 유아가 활동에 적극적으로 참여하여 몰입하기는 어렵다. 따라서 교사는 세심한 관찰을 통해 유아의 관심이나 흥미가 무엇인지 파악하고 이에 적합한 활동을 제시해야 한다. 또한 유아가 보이는 관심과 흥미에는 개인차가 있으므로 교사는 다양한 활동을 준비하여 유아가 자신이 원하는 활동을 직접 선택할 수 있는 기회도 충분하게 제공해야 한다. 유아의 흥미가 지속적으로 유지되어 이에 기반한 배움이 이루어지기 위해서는 여러 활동을 단편적으로 경험하기보다 흥미 있는 활동을 반복하고 자신이 한 경험에 대해 생각할 기회를 제공하는 것이 필요하다. 예를 들어 생활 주제에 맞는 그림책을 한 번 들려주는 것으로 그치면 유아는 주인공에게 잠시 흥미를 가질 뿐 몰입할 수 없다. 유아는 반복적으로 읽는 경험을 통해 구체적인 상황과 다른 등장인물에 대해서도 관심과 이해를 확대해 나가며, 그림책에 몰입하는 즐거움을 갖는다. 따라서 교사는 생활 주제별로 다양한 활동을 진행하는 동시에 어느 한 부분에 몰입하여 깊이 있게 알아 가고자 하는 유아를 위해서 충분한 환경과 시간을 제공해야 한다.

(4) 통합의 원리

유아는 자신을 둘러싼 세상에 대해 배워나갈 때 분리된 내용영역이나 분절된 교과로 배우는 것이 아니라 통합된 전체 경험으로 배운다. 통합은 부분들을 전체에 관련시켜 결합해 가는 과정이며, 유아는 자신의 경험들을 통합하여 전인적으로 성장·발달한다.

즉, 유아교육에서의 통합이란 생활 주제를 중심으로 개별 유아의 발달 영역간의 통합, 교육 활동들 간의 통합, 교육기관과 지역사회, 가정과의 통합, 일과 운영에서의 통합, 개별 유아의 경험과 학습 경험과의 통합 등을 통해 유아의 학습경험이 내적·외적으로 통합되는 것을 의미한다. 따라서 개별 유아의 발달 수준과 흥미에 적합하며 유아의 발달이 통합적으로 이루어짐으로써 전인발달이라는 교육목표에 도달할 수 있도록 교수·학습 방법을 고안해야 한다.

2019 개정 누리과정에서는 생활 주제 외에도 교사가 자율성을 가지고 다양한 통합 방식을 운영할 수 있도록 하였다. 유아는 놀이하면서 자연스럽게 5개 영역을 통합하여 경험하므로, 교사는 유아의 놀이를 존중함으로써 5개 영역의 통합을 실천할 수 있다. 또한 미리 정해진 생활 주제가 아니더라도, 유아의 놀이에서 나타나는 주제, 그림책, 사물 등을 활용하여 유아의 관심과 흥미를 중심으로 누리과정을 통합적으로 실천할 수 있다.

한편 주제 중심의 통합은 유아의 흥미와 발달, 학습에 적합한 주제를 선정하여 이를 탐구하는 과정에서 누리과정의 5개 영역과 관련되는 내용들을 통합하여 학습하는 것이다. 주제를 탐구하기 위해 유아는 여러 활동들을 하게 되는데 이들 활동들은 서로 연관됨으로써 주제에 대해 효과적이며 깊이 있게 이해할 수 있게 된다. 예를 들어, '여름'이란 생활 주제 아래에서 여름의 날씨를 알아보는 활동, 여름에 보이는 곤충과 식물을 탐색하는 활동, 여름철에 먹는 음식과 옷차림, 여름을 시원하게 보내는 방법 등에 관한 활동들을 통해 여름이란 계절에 대해 전체적으로 이해하게 된다. 또한 날씨, 곤충과 식물에 대한 활동들은 자연탐구 영역, 아름다운 계절 풍경을 느끼고 즐기는 예술경험영역, 계절 변화에 따른 건강과 안전에 중점을 둔 신체운동·건강 영역, 이들 활동들에 수반되는 의사소통과 사회관계 영역의 관련 내용들이 통합적으로 다루어진다. 주제를 중심으로 통합적으로 활동들을 운영하기 위하여 교사는 주제 전개에 따른 전체적인 계획을 체계적으로 세워야 한다. 그러나 계획을 그대로 실행하는 것에만 중점을 두기 보다는 유아의 반응과 흥미에 따라 기존의 계획을 수정해감으로써 교사와 유아가 함께 만들어 가는 교육이 되도록 한다.

(5) 생활·경험 중심의 원리

유아는 일상생활 속에서 여러 가지 경험을 하게 되며, 이를 통해 지식, 기능, 태도 및 가치를 형성해 간다. 지식은 유아가 습득하게 되는 사실, 개념, 정보 등을 말한다. 기능은 지식을 습득하고 적용하는 방법을 강구하는 능력으로, 필요한 절차나 과정을 시작하고 진행하는 유능성을 의미한다. 태도 및 가치는 가치판단, 감정적인 성향, 학습과정에서 나타나는 태도, 흥미와 관련된 것이며, 어떤 일을 행할 때 나타나는 특별한 양식으로 호기심, 자세, 느낌 등이 포함된다. 유아가 배워 나가는 지식, 기능, 태도 및 가치는 일상생활의 문제를 해결할 수 있는 실제적인 것이어야 한다. 따라서 유아 개인에게 의미가 있고 실제적인 가치를 가지는 생활 속의 경험을 통해 이를 습득하도록 한다. 유아는 현재의 경험을 통하여 미래로 성장해 간다는 점에서 누리과정은 유아가 현재 경험하는 내용이 중요함을 강조하고 있다. 유아는 5개 영역의 내용을 일상적으로 경험하며 궁극적으로 추구하는 인간상을 향하여 성장해 간다. 누리과정의 목표는 5개 영역의 목표와 일대일 대응 관계가 아니며, 59개의 내용에 고르게 분포되어 있다. 또한 개정 누리과정에서는 추구하는 인간상 구현을 위해 지식, 기능, 태도 및 가치를 유아가 놀이하며 배우는 경험과 연계하여 제시하였으며, 지식, 기능, 태도 및 가치를 누리과정 전반에 반영하였다. 따라서 유아는 유치원과 어린이집에서 즐겁게 놀이하며 배우는 과정을 통해 지식, 기능, 태도 및 가치를 자연스럽게 경험하며 형성할 수 있다. 교사는 유아가 놀이 속에서 이러한 지식, 기능, 태도 및 가치를 자연스럽게 경험하면서 추구하는 인간상을 향하여 성장해 가도록 지원할 수 있다.

출처: 교육부, 보건복지부(2019). 2019 개정 누리과정 해설서.

[그림 7-4] 추구하는 인간상-목표-5개 영역의 연계

또한 유아는 발달 특성상 구체적이며 직접적인 경험을 토대로 학습을 한다. 유아가 생활 속에서 하는 경험은 유아에게 가장 가깝고 친숙하며 구체적이고 직접적이다. 따라서 유아는 가장 가까운 곳에서 일어나는 일상을 중심으로 지식, 기능, 태도 및 가치를 배워나가는 것이 바람직하다. 유아의 생활 속 경험을 학습상황으로 이끌어가기 위해서는 교사의 역할이 중요하다.

교사는 유아를 정해진 기준에 따라 예단하여 이해하지 않고, 유아가 자신의 연령과 발달에 따라 자연스럽게 놀이하며 배우는 경험을 있는 그대로 이해할 필요가 있다. 또한 연령에 따라 많은 세부 내용을 가르쳐야 한다는 부담을 내려놓고 유아가 스스로 놀이하며 배우는 경험을 중심으로 누리과정을 운영해 가도록 한다. 또한 교사는 유아와 직접적으로 관련된 가정과 유치원과 어린이집의 일과, 친구 관계 등에서 유아가 하는 경험에 대해 잘 알고 있어야 한다. 동시에 유아가 습득해야 할 지식, 기능, 태도 및 가치가 무엇인지를 알고 있을 때 유아가 하는 경험을 학습의 장으로 연결할 수 있다. 즉, 유아의 수많은 일상적 경험을 학습 상황으로 이끄는 것은 교사의 교육적 접근이 있을 때 가능하다.

2) 교수-학습 실천

(1) 교사의 역할

진정한 유아·놀이 중심 교육과정은 교사의 책무성이 자율성을 뒷받침할 때 완성된다. '책무성'이란 유아·놀이 중심 교육과정에서 놀이, 일상생활, 활동이 잘 이루어질 수 있도록 고민하고 지원하는 교사의 역할 인식 및 실천을 의미한다. 특히, 교사의 책무성은 놀이 속에 녹아 있는 배움과 누리과정 5개 영역의 내용을 읽어 내고 지원하는 것이 핵심이다. 이는 교사가 수시로 일과 가운데 유아·놀이 중심의 철학을 벗어나지는 않았는지 자신을 돌아보면서 교수를 실천할 때 지켜진다. 기존에 혹시라도 '미리 계획한 계획안에 기반한 실행과 평가'에 주력하였다면 이제는 '지속적인 놀이 지원 계획을 수립하는 것'에 힘을 쏟을 필요가 있다. 즉,

유아·놀이 중심 교육과정이라고 하여 교사의 역할이 축소되는 것이 아니라 학급 수준 교육과정의 개발자로서 더 높은 전문성이 요구되는 것이다.

교수·학습의 실천은 유치원과 어린이집에서 교육과정을 운영하면서 유아의 배움을 지원하기 위해 교사가 구체적으로 어떻게 실제를 구현할지에 대한 것이다. 유아·놀이 중심 교육과정을 표방하는 개정 누리과정은 교사가 유아의 흥미와 관심, 개별 특성을 존중하며 유아의 다양한 놀이와 경험을 지원할 수 있도록 공간을 구성하고, 자료와 시간을 조직하고 상호 작용에 변화를 줄 것을 기대한다.

박은혜 등(2016)은 교수·학습의 실천을 위한 교사의 세 가지 특정한 역할을 제시하였다.

첫째, 피딩(feeding)은 정보, 어휘 또는 활동을 제공해 주는 역할을 의미한다. 즉, 유아가 현재 진행하는 활동에 대해 어떻게 인식하고 있는지, 유아의 의도나 생각에 대해 이야기할 때 필요한 어휘를 제공해 줌으로써 진행 중인 생각과 아이디어를 계속적으로 발전시켜 갈 수 있도록 해 주는 것이다. 유아가 만들어 낸 것의 용도를 더 명료화하기 위해 질문하는 방법, 다음 단계의 행동에 대해 알아보기 위해 질문하는 방법, 만들어 낸 것이나 만든 과정에 관한 정보 및 재료를 공유하게 하는 방법, 제안하는 방법을 사용할 수 있다. 베이킹 과정 중의 대화를 통해 유아의 직관적인 사고를 의식화할 수 있는 작업이 필요하다. 이것은 대화에서 사용할 유아의 어휘 목록을 늘려 줌으로써 학습을 제공하는 피딩의 중요한 역할이다.

- **"선생님은 네가 …한 것을 알게 되었어."**
- **"선생님은 네가 언제 …하는 것을 보았어."**
- **"선생님이 보기엔, 네가 …를 통해 …를 만들어 내던데."**
- **"…이 과연 …같이 될지 궁금하구나."**

이러한 형태의 대화는 유아에게 교사가 자신이 하는 활동에 관심을 갖고 있음을 알게 한다. 대화를 통해 유아가 탐색하고 있거나 생각하고 있는 것이 무엇인지 명확해지면 유아의 이해와 발견을 확장해 주어야 하는데 거기에는 두 가지 방법이 있다. 그것은 씨딩(seeding)과 리딩(leading)이다.

둘째, 씨딩(seeding)은 시기적절하게 풍부한 환경을 구성해 주는 것을 의미한다. 즉, 새로운 자료를 소개하여 유아의 발견을 촉진하는 역할을 말한다. 이 역할은 교실을 구성하고, 유아가 사용할 교구를 준비하며, 시기적절하게 풍부한 교재를 제공하는 것을 포함한다. 이를 통해 직접적 지도 없이도 확장된 활동을 촉진할 수 있다.

- **"블록으로 도로를 만들었구나. 도로 표지판이 필요해 보이는데 어떤 재료가 있으면 좋을까?"**
  (적시에 교구를 추가함으로써 교구 및 또래와의 참여를 유도한다.)

셋째, 리딩(leading)은 발전된 또는 관련 있는 개념으로 확장·연계해 주기를 의미한다. 즉, 교사가 새로운 정보나 활동을 제안하여 유아의 발견을 촉진하도록 돕는 역할을 의미한다. 이 역할을 할 때 교사는 과학과 관련된 많은 양의 사회적 지식과 교과 내용 지식을 모델링, 시범, 설명, 지시를 통해 전달한다. 교사는 유아가 발견을 촉진하기 위해 생각한 것을 말로 해 보도록 하는 리딩의 역할을 사용할 수 있다.

- **"이건 물 위에 뜨는데 과연 이게 항상 그럴지, 아니면 가끔은 가라앉을지 궁금해."**
- **"물 속에 가라앉는 물건은 여기에 놓고 물 위에 뜨는 것은 다른 쪽에 놓는구나. 선생님은 가라앉는 쪽에 있는 두 개의 물건이 과연 같은 속도로 가라앉을지 궁금한데."**

(2) 놀이 환경 구성

교사는 유아가 공간에 부여하는 의미를 이해하기 위해 놀이의 전개를 지켜보면서 유아의 놀이를 방해하는 요소가 무엇인지를 관찰하고, 유아의 의견을 반영하여 놀이 공간을 구성하고 운영해 나가는 자율성을 가진다. 유아는 놀이를 통해 하나의 공간을 자신들의 놀이에 적합한 공간으로 새로운 목적을 부여하여 사용하기도 하고 놀이할 공간을 스스로 찾아내거나 만들기도 하고, 공간과 공간을 연결하여 새로운 놀이로 확장하기도 한다.

개정 누리과정에서 놀이 환경은 유아가 놀이하는 실내외 모든 공간과 놀이 자료를 포함한다. 유아가 보고 듣고 만지며 자유롭게 표현할 수 있는 놀이 환경은 놀이가 다양하게 이루어지도록 하는 중요한 교육적 자원이다. 따라서 교사는 다양한 실내외 놀이 환경과 풍부한 놀이 자료를 제공하여 유아의 놀이가 활성화되도록 돕는다.

놀이 자료는 유아가 놀이에 사용할 수 있는 놀잇감, 매체, 재료와 도구 등을 포함한다. 유아에게 놀이 자료는 자신의 감정과 생각, 상상 등을 자유롭게 표현하는 수단이자 세상에 대한 이해를 넓혀 나가는 데 중요한 역할을 하는 매개물이다. 교사는 유아에게 일상의 평범한 사물, 자연물, 악기, 미술 재료, 그림책, 재활용품 등을 적절히 제공할 수 있으며 계절이나 행사, 국경일과 관련된 자료는 시기에 맞게 제공할 필요가 있다. 또한 비구조적인 열린 자료를 풍부하게 제공하여 유아가 자신만의 방식으로 활용할 수 있도록 지원하며 유아가 찾아낸 새로운 놀이 자료나 창의적인 놀이 방식을 인정하고 존중해야 한다. 놀이 자료를 제공할 때는 유아가 자유롭게 탐색할 수 있도록 자료의 사용 방법이나 놀이 방식을 지나치게 제한하지 않도록 유의한다.

또한 교사는 새로운 교실이나 보육실의 실내 놀이 공간을 어떻게 구성할지, 실외 놀이 공간을 어떻게 활용할지에 대해 고민하게 된다. 교실에 기존의 영역이 구성되어 있다고 하더라도 학급의 원아 수, 성별의 비율, 유아들의 전반적인 놀이 성향을 고려하여 적합성을 판단해 보아야 한다. 학기 초에는 놀이 자료를 구분하기 위한 기본적인 영역을 구분하고 각 영역이 지나치게 협소해지지 않도록 가구를 배치해 보는 것이 좋다. 또한, 한번 정한 영역을 한 학기 내내 고정하지 않고 놀이에 따라 즉각적으로 재배치해 주려는 융통성을 발휘하고 실내외 전체 공간을 놀이를 위해 다양하게 활용하려는 노력이 필요하다.

교실의 흥미 영역은 유아들이 가장 좋아하는 놀이를 중심으로 구성하는 것이 좋으며, 유아들이 흥미를 보이지 않는 영역은 다른 영역과 통합하여 재구성하거나 다른 영역으로 대체하는 것도 가능하다. 또한 유아의 관심과 흥미, 요구에 따라 새로운 영역을 구성할 수 있으며, 이때 유아가 주도적으로 놀이 영역을 창조할 수 있도록 지원해야 한다. 교실 밖의 복도나 계단, 구석진 공간 등 유아가 놀이할 수 있는 실내 공간은 먼저 안전에 문제가 없는지 파악한 후에 놀이 공간으로 구성할 수 있다.

한편, 개정된 누리과정에서는 이러한 흥미 영역의 환경 구성이 유아의 자유로운 놀이를 제한할 수 있다고 하여 풍부한 환경 구성이라고 표현하고 있다. 이렇듯 놀이 공간은 유아의 필요나 요구에 의해 변화가 가능하다. 유치원에서 유아의 자발적인 놀이를 강조하는 흐름에 따라 '팽이놀이방'과 같이 유아들이 원하는 놀이 공간을 추가해 주기도 하며 이름도 유아들과 함께 정할 수 있다. 학기 초에는 유아들이 교실에 있는 다양한 놀이 공간에서 흥미 있는 놀잇감을 선택해 즐겁게 놀 수 있도록 지원해 주도록 한다. 또한 유아의 의견이 하나로 모인다면 교실 전체를 하나의 놀이의 장으로 이용해 같이 놀이할 수도 있다. 아래의 놀이/활동 영역별 설명과 예시는 반드시 따라야 할 기준이 아니며, 유아들의 풍부한 놀이 환경을 위한 자료 지원을 위한 차원에서 제시하는 내용이다.

- 쌓기놀이 영역: 쌓기놀이 영역은 시끄럽고 소음이 발생하고 활동적이며 건조한 영역이므로 주로 역할놀이 영역 옆에 위치하는 것이 좋다. 특히 블록을 쌓고 넘어뜨리는 과정의 소음을 줄이기 위하여 바닥에 카펫이나 자리를 깔아 인접 영역에 방해를 주지 않도록 한다. 블록을 넣어 두는 장은 문이 없는 개방식으로 하여 밑에는 바퀴를 달아 영역을 재배열하거나 학습 활동을 위하여 움직일 때 이동을 원활하게 한다. 블록은 여러 명이 동시에 놀이할 수 있도록 충분히 구비해 주고 주제나 계절에 따라 소품을 첨가할 수 있다.

[놀잇감 및 교재·교구]

- 다양한 블록: 종이 벽돌 블록, 단위 블록, 공간 블록, 우레탄 블록 등
- 크고 작은 모형: 동물, 사람, 공룡 등의 인형이나 모형, 탈것(예: 기차, 트럭, 레미콘, 구급차, 경찰차, 여객기) 등
- 사회극 놀이 소품: 여러 종류의 가면, 교통 신호나 표지판 등
- 기타 자료: 쌓기놀이에 도움을 주는 책, 그림 자료 등

■ 역할놀이 영역: 역할놀이 영역은 유아들이 소방서놀이, 병원놀이 등 다양한 주제의 상상놀이 및 사회극놀이를 하는 곳이다. 역할놀이 영역은 집과 같은 안락한 느낌을 가질 수 있도록 소파, 쿠션, 테이블보 등을 이용하여 환경을 구성한다. 역할놀이에 사용되는 소품은 상품화된 물품을 구입하기보다 실제로 사용하는 용품이거나 실제와 유사한 작은 것으로 준비하는 것이 좋다. 다양한 놀이를 위해서는 유아를 위해 비구조화된 소품도 제공이 가능하다. 폐품으로 활용하는 자료(예: 의복, 신발, 핸드폰, 가방, 가정용품 등)들을 제공할 경우에는 특별히 안전에 신경을 써야 하며 위험한 부분은 미리 제거한 후 제공하도록 한다. 양성평등, 다문화교육 등이 자연스럽게 이루어질 수 있는 장소이므로 소꿉놀이와 관련된 주제 이외에 여러 가지 주제가 전개될 수 있도록 소품을 준비해 준다.

[놀잇감 및 교재·교구]

- 기본 가구: 거울, 소파, 유아용 탁자, 의자, 옷장 등
- 소품: 가족놀이 소품(예: 인형류, 주방 용품, 일상 용품, 의류, 신발류, 열쇠, 우산, 가방, 빗, 넥타이, 머플러 등), 교통기관놀이 소품(예: 차표, 지도, 여행 소책자, 여행 가방 등), 가게놀이 소품(예: 모형 과일, 시장바구니, 지갑 등), 병원놀이 소품(예: 의사 가운, 청진기, 바늘을 뺀 주사기, 붕대, 혈압기 등), 기타 주유소놀이, 은행놀이, 방송국놀이, 미용실놀이, 서점놀이, 목욕탕놀이 등의 각종 역할놀이 소품 등

■ 미술 영역: 미술 영역은 다양한 재료를 이용하여 그리기, 만들기, 꾸미기와 같은 표현이 이루어지고 완성된 작품을 감상하는 기회를 제공한다. 미술 영역에서의 활동을 통하여 아동은 자신의 생각이나 느낌을 다양한 매체를 활용하여 표현, 감상하는 기회를 갖는다. 만들고 자르는 과정에서 손과 팔의 소근육 발달 및 눈과 손의 협응력이 발달한다. 미술 활동은 그 자체가 즐거운 경험을 제공하며 정서적 안정을 주고 자신만의 작품을 만들고 완성하는 과정을 통 하여 유아는 만족감과 자신감 및 창의적 표현 능력을 기르고, 다양한 색, 선, 형태, 질감을 탐색하고 여러 다른 친구들의 작품을 감상하는 기회를 통해 심미감을 향상시킨다. 특히 찰흙이나 반죽과 같은 재료는 결과물에 대한 기쁨보다는 손으로 충분히 재료 자체를 탐색하는 것에서 즐거움을 느끼므로 마음껏 활용할 수 있도록 해야 한다.

[놀잇감 및 교재·교구]

- 종이류: 도화지, 색종이, 색지, 골판지, 포장지 등
- 그리기 도구: 크레파스, 색연필, 볼펜, 물감, 먹물, 붓, 사인펜, 매직, 핑거 페인트 등
- 만들기 도구: 가위, 풀, 테이프, 스테이플러, 펀치, 핑킹 가위 등
- 각종 자료: 찰흙, 고무 점토, 밀가루 점토, 나뭇가지, 나무젓가락, 빨대, 실, 솜, 스펀지, 수수깡, 자연물(예: 솔방울, 돌, 나뭇잎, 조개껍데기, 깃털 등) 등
- 여러 가지 재활용품: 상자, 헝겊, 요구르트 병, 휴지 말이 등

■ 언어 영역: 언어 영역은 유아들이 편안하게 책을 보거나 자료를 찾는 것 이외에 말하기, 듣기, 읽기, 쓰기 등이 이루어지는 곳이다. 언어 활동은 일상에서 교사나 또래 아동과 자연스럽게 대화를 나누는 말하기와 듣기 활동, 그리고 그림책이나 다양한 매체를 활용한 읽기와 쓰기 활동으로 나눈다. 교사는 언어 활동을 위한 자료를 동시에 제공할 수도 있고 책 이외의 활동을 주기적으로 교체해 줄 수도 있다.

[놀잇감 및 교재·교구]

- 듣기 자료: 다양한 종류의 책, CD 플레이어, 헤드폰, 카세트와 카세트테이프 등
- 말하기 자료: 이야기 꾸미기 자료와 융판, 그림 카드, 막대 인형, 인형극 틀, 녹음기, 마이크 등
- 읽기 자료: 종류별 책과 책꽂이, 그림책, 잡지류, 글씨가 적혀 있는 다양한 종류의 카드(예: 친구 이름 카드, 글자 카드, 모래 글자 카드) 등
- 쓰기 자료: 각종 필기구, 단어 카드, 컴퓨터와 프린터, 한글 고무 글자판과 스탬프, 잉크, 소형 화이트보드와 마커 팬, 가위, 펀치, 스테이플러 등

■ 음률 영역: 음률 영역은 유아들이 음악을 듣고, 노래를 부르고 여러 가지 악기 및 소리를 탐색하며 몸을 움직여 보는 영역이다. 음률 영역에 참여함으로써 유아는 자신의 기쁨, 슬픔, 즐거움, 속상함을 음악을 통해 긍정적으로 표현하는 방법을 배울 수 있고 정서적인 안정감을 느낀다.

[놀잇감 및 교재·교구]

- 기본 교구: 녹음기, 헤드폰, 카세트테이프, 다양한 음악 테이프나 CD, 악보, 악기 관련 사진, 각종 연주회나 춤 공연 등의 사진이나 동영상 자료 등
- 생활 속 악기: 젓가락, 냄비 뚜껑, 깡통, 빨래판, 체, 콩, 부채 등
- 우리나라 전통 악기류: 장구, 소고, 북, 꽹과리, 가야금, 피리 등
- 외국 악기류: 리듬 악기(예: 탬버린, 캐스터네츠, 트라이앵글, 마라카스 등), 멜로디 악기(예: 실로폰, 멜로디언, 키보드, 피아노 등)
- 스카프, 리본, 작은 낙하산 등의 신체 표현 도구나 음악 연주회나 춤 공연, 오페라 등에서 공연자가 입는 무대 의상 등

■ 수·조작 영역: 수·조작 영역은 유아들이 소근육, 논리적 사고, 과학적 사고 혹은 문제 해결과 관련된 활동을 하는 곳이다. 개별적인 활동이 주로 이루어지는 곳으로 조용한 곳에 책상과 함께 배치한다. 조작놀이 영역의 교구들은 생활 주제에 맞추어 1, 2주에 한 번씩 교체하며 유아의 개인차를 고려하여 난이도에 차이를 두어 제시한다. 수·조작 자료는 유아가 집중적으로 관찰을 하므로 특별히 자료의 파손이나 안전에 주의한다. 수 활동을 위한 자료는 한 가지 목적만을 위한 폐쇄적 자료나 카드 자료보다는 유아가 흥미를 갖는 자연물을 이용한 자료를 활용한다. 놀잇감은 유아들의 흥미를 끌 수 있도록 잘 보이게 놓고 정리·정돈도 쉽게 할 수 있도록 바구니나 쟁반에 담아 제공하는 것이 좋다.

[놀잇감 및 교재·교구]

- 구성 활동 자료: 레고 블록, 코코 블록, 다목적 블록, 꽃 블록 등
- 수 활동 자료: 일대일 대응, 분류, 비교, 서열, 부분과 전체, 무게·부피·길이 측정, 공간과 형태 개념에 도움이 되는 교재와 교구 등
- 조작 활동 자료: 퍼즐, 자물쇠 맞추기, 볼트와 너트 맞추기 등
- 일상생활 활동 자료: 옮겨 담기, 바느질, 끈 끼우기, 구슬 꿰기, 단추 끼우기, 지퍼 올리기, 끈 매기 등
- 게임 활동 자료: 기억하기와 색깔 맞추기와 같은 간단한 게임, 로토 게임 등

■ 과학 영역: 과학 영역은 수·조작 영역과 마찬가지로 조용한 영역에 배치하는데, 식물이나 동물을 키울 수 있으므로 햇빛이 잘 드는 곳을 택한다. 또한 소집단으로 집중하여 활동에 몰입할 수 있도록 유아가 관찰하기 쉬운 낮은 탁자 등을 구비한다. 과학 영역의 자료들은 계절, 주제, 유아의 흥미에 기초하여 다양한 자연물이나 실물을 제시한다. 예를 들면 열매, 식물, 꽃, 솔방울, 곤충, 조개껍데기 등 주변에서 볼 수 있는 것이 좋으며, 자료는 한꺼번에 모두 제시하는 것보다 꾸준히 바꾸어 주고 보충해 주는 것이 좋다. 또한 유

아가 감각 기관을 활용하여 자발적으로 탐색할 수 있는 자료를 제공하고 유아들이 함께 찾아볼 수 있는 과학 관련 그림책이나 사전, 비디오, 사진 등을 풍부하게 준비하여 준다. 과학적 탐색을 하면서 자료들을 벽에 부착할 수 있으므로 쉽고 안전하게 붙일 수 있는 작은 게시판을 과학 영역에 붙여 둔다.

[놀잇감 및 교재·교구]

- 기본 도구: 거울, 자석, 돋보기, 현미경, 프리즘, 전지, 온도계, 습도계, 관찰 용지, 필기도구, 자, 저울 등
- 생명체 관련 자료: 식물, 자연물(예: 나뭇잎, 열매, 씨앗, 솔방울, 조개껍데기 등), 동물(예: 거북이, 금붕어, 햄스터, 병아리, 토끼, 개구리 등), 어항, 새장, 개미집, 동식물 관련 책, 표본 등
- 기계류: 시계(예: 손목시계, 모래시계 등), 라디오, 텔레비전, 컴퓨터 등의 부속품, 열쇠와 자물쇠, 다양한 바퀴, 여러 가지 물체와 물질 등
- 자연 현상 관련 자료: 기후 관련 사진이나 그림, 기상도, 구름 사진이나 그림, 돌, 흙, 달, 별, 해 등의 사진이나 그림 등

실외 공간은 유아들이 마음껏 뛰어놀 수 있는 장소이며 날씨의 변화와 자연 현상을 감각적으로 느낄 수 있는 곳으로, 유아에게 즐거움을 주는 장소이다. 유아가 마음껏 뛰어놀며, 자연과 계절의 변화를 만나고 탐색할 수 있는 놀이 환경이다. 유아는 실외에서 굽히기, 돌기, 비틀기, 흔들기 등 몸의 균형감과 안정된 운동 능력을 기른다. 교사는 이러한 능력을 기르기 위한 기구와 자료를 자주 교체하며 제공하여 유아의 경험을 확대하도록 한다. 또한 교사는 유아가 몸을 충분히 움직여 즐겁게 놀이하고 위험으로부터 자신을 안전하게 보호하는 능력을 기를 수 있도록 지원해야 한다. 이처럼 실외 놀이 환경은 유아가 안전하게 놀이할 수 있는 공간과 자료로 구성해야 한다. 또한 실외 놀이터 등 바깥놀이 시설은 유아의 안전을 위해 「어린이놀이시설 안전관

리법」에 따른 시설 기준을 적용하여 설치하도록 한다. 실외 환경은 정적인 영역과 동적인 영역을 분리하여, 달리기, 공놀이, 자전거 타기, 물·모래놀이 등 적극적인 활동은 동적 활동 영역에, 작업하기, 휴식하기, 책 읽기 등은 정적인 활동 영역에 배치한다.

실외 환경의 영역은 대근육 운동놀이 영역, 모래·물놀이 영역, 자연탐구 및 관찰 영역, 작업 영역, 휴식 영역 및 놀잇감을 보관할 수 있는 보관 창고 등으로 구성하며, 외부의 차량이나 사람들로부터 유아를 보호할 수 있도록 울타리나 담장으로 둘러싸이도록 하고, 전체적인 바깥놀이 활동을 교사가 잘 감독할 수 있도록 영역을 구성한다.

- 대근육 운동놀이 영역: 대근육 운동놀이를 위한 영역에는 그네, 미끄럼틀, 시소, 오르기 등의 고정 놀이 기구들을 배치한다. 고정 놀이 기구의 바닥에는 모래나 쿠션이 있는 재료를 깔아서 유아가 넘어지거나 떨어졌을 경우에도 큰 상처를 입지 않도록 안전을 고려하여 설치한다. 나무 상자, 널빤지, 플라스틱 용기, 로프, 속이 빈 블록 등의 도구를 내어 주어 뛰고, 달리고 하는 움직임 이외에 다양한 형태의 움직임을 경험해 보게 할 수 있다. 실외에서는 실내에서 하지 못했던 소방관 물 뿌리기, 붓으로 바닥에 물을 칠하며 미술 작업하기, 나무 아래서 책 읽기 등 다양한 역할놀이, 구성놀이, 미술 활동, 책 보기, 음악 듣기, 게임, 그림자 과학놀이를 할 수 있다. 활발한 실외놀이를 한 후에 그늘 아래서 잠시 쉴 수 있거나 물을 마실 수 있는 휴식 공간이 마련되는 것이 필요하다.

[놀잇감 및 교재·교구]

- 놀이 기구: 크기가 다른 공, 굴렁쇠, 훌라후프, 줄넘기, 제기, 고무줄 등
- 운동 놀이 기구: 그네, 평균대, 뜀틀, 매트 등
- 복합 놀이 시설: 시소, 미끄럼틀, 그네, 정글짐, 그물망, 오름판, 흔들 다리 등

■ 모래·물놀이 영역: 물과 모래는 특정한 결과물을 요구하지 않기 때문에 유아들에게 실패나 좌절의 감정을 주지 않고 내적인 불만이나 긴장 등을 발산하거나 해소시켜 줄 수 있다. 모래놀이 영역은 일반적으로 복합 놀이 기구 아래에 위치하게 하는 경우가 많은데, 독립된 영역으로 제시해 주는 경우에는 햇볕을 가릴 수 있도록 가리개를 해 주는 것이 좋다. 모래놀이 영역과 인접하여 몰놀이 영역을 설치하면 놀이가 확장될 수 있다. 학기 초에는 물과 모래 자체를 만지고 놀면서 다양한 방법으로 탐색할 수 있도록 하고 이후에는 여러 가지 소품을 제공해 주어 놀이가 확장될 수 있도록 한다. 모래놀이를 하는 동안에는 모래가 눈에 들어가거나 삽 등의 도구로 상처를 입지 않도록 안전에 유의하며 놀 수 있도록 한다. 물·모래놀이 시설은 오랫동안 유아가 앉아서 놀게 되므로 그늘을 만들어 주도록 한다.

[놀잇감 및 교재·교구]

- 모래놀이를 위한 자료: 모래놀이용 기구(예: 다양한 크기와 모양의 그릇과 통, 흙 파기 도구), 모형 자동차(예: 포크레인, 지게차, 트럭 등), 모래놀이 테이블
- 물놀이를 위한 자료: 물놀이 기구(예: 다양한 크기의 그릇, 호스류, 물뿌리개 등)
- 기타 자료: 측정 도구, 자연물(예: 돌멩이, 나뭇가지, 조개껍데기, 열매 등), 정리함, 청소 도구, 극놀이로 확장할 수 있는 다양한 소품 등

■ 자연탐구 및 관찰 영역: 동식물을 기르며 유아들은 관찰하고, 조사하고, 실험하는 등의 탐구 과정에 적극적으로 참여함으로써 탐구를 즐기게 되고 아울러, 자연물에 대한 전문적 지식을 얻고 개념을 형성하며 자연에 대한 이해와 정서적 교감을 나누게 된다. 유아들이 꽃과 나무, 풀을 탐색하고 토끼나 개, 닭, 오리와 같은 동물들을 관찰할 수 있도록 준비한다. 식물 기르기 영역은 햇빛이 잘 들고 물을 사용하기 좋은 곳에 배치한다. 텃밭을 만들 공

간이 부족하다면 크고 작은 화분을 이용한다. 식물 기르기 영역은 유아가 직접 씨를 뿌리고 재배하고 수확하는 과정을 통해 식물의 성장 과정과 변화를 관찰하고 이해하도록 한다. 또한 유아가 사계절 내내 꽃과 열매를 관찰할 수 있도록 꽃나무와 유실수를 계절별로 적절히 안배하여 심는다. 동물 기르기 영역은 햇빛이 잘 들고 바람이 잘 통하며, 배수가 잘 되는 장소에 배치한다. 자칫 위생 상태가 불량해지기 쉬우므로 청소가 용이하도록 만들고 청결하게 관리하여야 한다. 식물은 실외 환경 전반에 걸쳐 작은 꽃과 풀에서 큰 나무에 이르기까지 조화롭게 조성해야 하지만 독성이 있거나 가시가 있는 식물은 제외한다. 꽃과 나무를 교사가 미리 심어 놓을 수도 있지만 계절에 따라 유아들이 직접 씨를 뿌리고 재배하는 경험을 하게 하는 것이 좋다. 지역에 따라서 직접 야채를 재배하는 경험을 할 수도 있다. 동물은 사육장을 만들어 청결하게 관리해야 하며, 유아들이 지나치게 접근하지 않도록 안전 울타리를 설치한다.

[놀잇감 및 교재·교구]

- 자연 세계를 탐색할 수 있는 도구: 관찰 도구(예: 돋보기, 관찰 기록지, 쓰기 도구, 곤충 채집통), 카메라, 백과사전, 물 주기 도구, 크고 작은 화분, 모종삽 등
- 기르기에 적절한 식물: 상추, 배추, 무, 고추, 토마토, 가지, 감자, 고구마 등
- 기르기에 적절한 동물: 토끼, 닭, 새 등

■ 작업 영역: 작업 영역에는 바깥에서 접할 수 있는 다양한 환경의 특성을 통해 다양한 주제와 활동으로 놀이를 확장하도록 한다. 물감으로 그림 그리기, 큰 블록 쌓기, 목공놀이, 점토놀이 등이 이루어진다. 만 3세는 너무 다양한 자료보다는 기본적인 자료를 자주 바꾸어 주도록 하며, 핑거 페인팅 재료, 큰 붓, 점토를 제공하여 작업 활동을 자유롭게 표현하며 즐길 수 있도록 한다.

[놀잇감 및 교재·교구]

- 핑거 페인팅 재료, 점토, 그림 그릴 때 쓰는 이젤, 종이, 그림물감, 다양한 굵기의 붓, 그리기 도구, 목공 도구, 비닐 옷 등
- 작업용 자료: 종이 박스, 나무 박스, 점토류, 밀가루 반죽, 톱밥, 나무젓가락, 빨대, 고무 밴드, 스티로폼, 모루, 스펀지, 수수깡, 자연물(예: 솔방울, 도토리, 돌멩이, 낙엽) 등
- 각종 도구류: 나무망치, 다양한 그릇, 자, 장갑, 밀기 막대 등

■ 휴식 영역: 유아들이 실외에서 장시간 활동을 하면 쉽게 지쳐 버리기 때문에 놀이 중에 언제라도 휴식할 수 있는 장소를 제공해 주는 것이 필요하다. 날씨가 좋으면 그리기, 책 보기, 동화 들려주기, 미술 활동과 같이 실내에서 하던 조용한 활동을 실외에서도 할 수 있고, 간식을 밖에서 먹을 수도 있다. 공간이 허락한다면 그늘이 드리워지도록 등나무를 올리거나 지붕이 있는 정자를 설치하고 그 아래에 모여 앉을 수 있는 평상이나 의자를 둘 수도 있다. 그러나 조용한 영역을 위한 공간이 충분하지 않다면 의자나 돗자리 등을 준비해 주고 움직임이 많은 영역에서 떨어진 곳에 배치하여 유아가 놀이에 집중할 수 있도록 배려한다. 텐트를 설치해 주거나 놀이집을 제공해 주는 것도 좋은 방법이 된다.

[놀잇감 및 교재·교구]

- 의자나 벤치, 돗자리를 깔아 주어 편안한 영역으로 구성하고 책이나 조작 놀잇감 제공
- 조용한 음악을 들을 수 있도록 음악 CD와 CD 플레이어, 이어폰 등 준비

■ 놀잇감을 보관할 수 있는 보관 창고: 실외 놀이 영역에는 놀이 기구 및 놀이 용품을 보관할 수 있는 창고나 보관함 그리고 통로가 있어야 한다. 창고나 보관함은 유아들이 실외 놀이 기구를 쉽게 꺼내 쓰고 정리·정돈할 수 있도록 배치하고 정리가 끝난 후에는 유아가 안에 들어가지 않도록 잠금 장치를 하여 교직원이 관리할 수 있도록 한다. 통로는 다른 영역으로 가는 전이 공간, 자전거 등과 같은 탈것이 다니는 길, 각 놀이 영역을 탐색하기 위한 공간 등으로 사용되므로 중요하다. 특히 통로는 각 영역별 특성을 고려하여 시멘트, 보도블록, 흙, 잔디와 같이 바닥 표면을 다르게 구성할 수도 있다.

[놀잇감 및 교재·교구]

- 여러 가지 놀이 기구를 정리할 수 있는 선반

4. 교육 평가

교사의 오랜 역할 중 하나는 유아의 학습을 평가하고 기록하는 것이다. 교육과정 평가는 교육 기관이 설정한 교육 목표를 달성하기 위하여 학습자의 특성을 고려하여 교육 내용을 선정하고 조직하여 최종적으로 학습자가 얼마만큼 성취 목표에 도달하였는지를 평가하는 것으로, 교사가 구성한 교육과정과 학습자인 영유아에 대해 평가하는 것을 말한다. 다음 [그림 7-5]와 같이, 교육과정 평가는 교육과정 구성의 마지막 절차이면서도 차기 교육 계획을 수립할 때 교육 목표 설정보다 앞서 가장 먼저 참고해야 하는 자료가 되기 때문에 매우 중요하다.

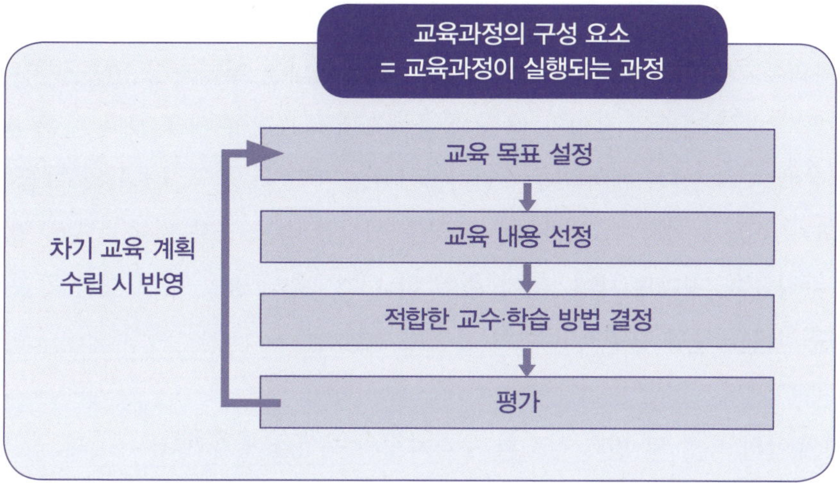

[그림 7-5] 교육과정 구성 요소와 실행 과정

2019 개정 누리과정에서 평가는 유치원과 어린이집에서 유아가 중심이 되고 놀이가 살아나는 누리과정의 운영을 되돌아보고 개선해 가는 과정이다. 개정 누리과정은 유치원과 어린이집에서 유아·놀이 중심 교육과정을 운영하는 데 도움이 되고자 평가를 간략화하고 각 기관의 자율적인 평가를 강조하고 있다. 유치원과 어린이집은 평가의 목적, 대상, 방법, 결과의 활용을 바탕으로 누리과정 평가를 자율적으로 실시할 수 있다. 즉, 교사가 놀이하며 배우는 유아의 실제 경험을 평가와 연계하여 이해하도록 평가의 자율성을 보장하였다. 또한 자율성이 강조되는 평가에서 고려해야 할 핵심 사항을 평가의 목적, 대상, 방법, 결과 활용으로 나누어 간략히 제시하였다. 무엇보다 누리과정을 운영하는 일상 속에서 유아가 실제 놀이하는 내용과 교사의 지원 내용을 기록한 계획안 등을 유아 평가 및 누리과정 운영 평가와 연계하여 활용할 수 있도록 하였다.

2019 개정 누리과정에 제시된 평가에 대한 중점 사항은 다음과 같다(교육부, 2019)

가. 누리과정 운영의 질을 진단하고 개선하기 위해 평가를 계획하고 실시한다.

평가의 목적은 유아가 중심이 되고 놀이가 살아나는 누리과정 운영을 자체적으로 평가하여, 누리과정 운영의 질을 진단하고 누리과정 운영을 보다 나은 방향으로 개선하는 데 있다. 유치원과 어린이집에서는 지역 특성, 각 기관 및 학급(반)의 상황과 요구를 고려하여, 누리과정 운영을 개선할 수 있도록 자율적으로 평가 계획을 수립한다. 평가의 내용, 평가 주기 및 시기, 평가 방법 등에 대한 계획은 각 기관 구성원들 간의 민주적인 협의를 통해 정한다.

나. 유아의 특성 및 변화 정도와 누리과정의 운영을 평가한다.

평가는 유아 평가와 누리과정의 운영 평가로 이루어진다. 유아 평가는 궁극적으로 유아의 행복과 전인적 발달을 지원하는 데 그 목적이 있다. 교사는 유아의 놀이, 일상생활, 활동 속에서 유아의 고유한 특성이나 의미 있는 변화를 발견하고, 그것을 바탕으로 유아의 배움과 성장을 돕기 위하여 평가를 할 수 있다. 교사는 유아의 배움이 나타나는 놀이, 일상생활, 활동에서 유아가 가장 즐기고 잘하는 것, 놀이의 특성, 흥미와 관심, 친구 관계, 놀이를 이어 가기 위한 자료의 활용 등에 주목하여 유아 놀이를 관찰하고 이를 통해 유아의 특성과 변화를 이해하도록 한다. 누리과정 운영 평가는 유치원과 어린이집의 교육과정이 유아·놀이 중심으로 적절하게 운영되고 있는지 평가하는 데 그 목적이 있다. 유치원과 어린이집의 누리과정 운영 평가에서는 놀이 시간을 충분히 운영하였는지, 유아 주도적인 놀이와 배움이 이루어지고 있는지, 놀이 지원이 적절한지 등을 평가할 수 있다. 이는 놀이 속에서 나타나는 유아의 특성 및 변화 정도와 연계하여 파악할 수 있다. 필요에 따라 부모와의 협력이나 행정적·재정적 지원이 적절하게 이루어지고 있는지 등을 평가할 수도 있다.

다. 평가의 목적에 따라 적합한 방법을 사용하여 평가한다.

평가 방법은 평가의 목적과 대상에 따라 달라질 수 있다. 유치원과 어린이집은 평가 목적에 가장 적합한 평가 방법을 자율적으로 정하여 활용할 수 있다. 교사는 유아의 특성과 변화 정도를 파악하기 위하여 유아들의 실제 놀이 모습을 계획안에 기록할 수 있고, 놀이 결과물과 작품 등을 일상적으로 수집할 수 있다. 유아들의 놀이를 관찰할 때에는 유아의 말, 몸짓, 표정 등에서 드러나는 놀이의 의미와 특성에 주목하여 이 중 필요한 내용을 메모나 사진 등 교사가 할 수 있는 가장 용이한 방법으로 기록한다. 이러한 관찰 기록 자료는 교실에서 자율적으로 수립한 계획안에 포함하여 유아의 특성과 변화 정도를 파악하는 데 활용할 수 있다. 유치원과 어린이집의 누리과정 운영에 대한 평가는 개선이 필요한 사항에 따라 자율적으로 실시할 수 있다. 기관별, 학급별 상황이나 필요성에 따라 적합한 방법을 선택하여 누리과정 운영을 평가한다. 개정 누리과정에서는 교사가 유아의 놀이 관찰 기록, 유아 평가와 누리과정 운영 평가 등 평가 자료를 만들고 수집하는 데 과도한 노력을 기울이기보다는 유아의 놀이에 더 집중하고 지원하는 것이 중요함을 강조하고 있다. 교사는 개별 유아를 정기적으로 관찰하기보다는 배움이 나타나는 또래 간의 놀이나 활동 등 유아들이 일상에서 놀이하며 배우는 자연스러운 상황에서 유아의 특성과 변화를 이해하는 평가를 하도록 한다. 또한 5개 영역 59개 내용을 성취 기준으로 잘못 인식하여 유아의 놀이에서 59개 내용이 나타나는지 여부만을 체크하지 않도록 유의한다.

라. 평가의 결과는 유아에 대한 이해와 누리과정 운영 개선을 위한 자료로 활용할 수 있다.

교사는 유아의 놀이, 일상생활, 활동을 통해 수집된 자료를 평가의 목적에 맞게 종합하여 평가의 결과를 얻을 수 있다. 유아 평가의 결과는 유아가 행복감을 느끼고 전인적으로 발달하도록 도움을 주는 데 활용한다. 또한 누리과정이 추구하는 인간상과 목적 및 목표 등에 비추어 유아의 특성과 변화 정도를 이해하고 유아의 배움과 성장에 도움이 되도록 지원하는 데 활용한다. 수집된 모든 자료를 바탕으로 개별 유아의 특성과 변화 정도를 종합적으로 이해하여, 이를 부모와의 면담 자료 및 유아의 생활 지도 등에 활용할 수 있다. 한편, 유치원과 어린이집에서 자율적인 방식을 통해 실시한 누리과정 운영 평가의 결과는 각 기관에서 유아·놀이 중심 교육과정의 운영을 보다 나은 방향으로 개선하는 데 활용할 수 있다.

이러한 내용을 반영하여 생활 주제별 놀이 과정 및 누리과정 운영 평가 내용을 공개한 한 유치원의 누리과정 운영 평가 예시 자료를 살펴보면 다음과 같다.

<table>
<tr><th>놀이 주제</th><th>미로</th></tr>
<tr><th>시기</th><th>7월 1일 ~ 7월 21일 (3주간)</th></tr>
<tr><td>유아
놀이 관찰
내용</td><td>
놀이의 발달
ㅇㅇ학급 유아들 중 A와 B가 자유선택 활동 시간에 미로 찾기를 하고 싶다고 교사에게 미로 찾기를 달라고 요구한다. 교사가 미로 찾기를 프린트해 주자 A와 B는 미로 찾기를 하며 이야기를 나누었고, 주변 유아들이 자신도 미로 찾기를 하고 싶다며 미로 찾기 종이를 가지고 가서 놀이를 시작한다.

놀이의 진행
〈미술 재료로 미로 만들기〉
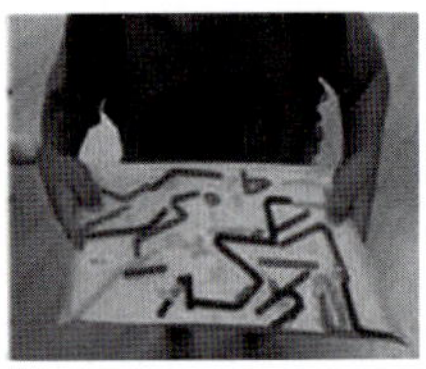
유아들이 미로에 흥미를 갖고 미술 영역에서 다양한 재료로 미로를 만들기 시작한다. 교사가 유아 중 빨대로 미로를 만든 유아의 작품을 소개해 주고 전시하자, 유아들이 그것을 보고 따라 만들기도 하고 미로에 구슬을 올려 굴리는 게임을 하기도 하였다.

〈교실 물건으로 미로 만들기〉

교사가 우리 반에서 미술 영역 말고도 다른 재료로 미로를 만들 수 있는지 유아들에게 질문을 하자, 유아들은 유치원 교실 물건(책, 벽돌, 블록 등)으로 미로를 만들어 보자고 제안한다.

〈미로 속에서 하루 종일 생활하기〉
교실 물건으로 미로를 만들었던 것을 부수기 아까워하며 재미있어했던 유아들은 미로 속에서 놀이하는 날을 제안한다. 유아들이 입구부터 출구까지 팻말을 만들어 달기도 하고 간식을 미로 속에서 먹어 보는 경험을 하기도 하며 즐거운 시간을 보냈다.
</td></tr>
</table>

유아 놀이 관찰 내용	**놀이의 마무리** "오늘도 미로에서 간식 먹으면 안 돼요?"라고 이야기하던 유아들은 며칠 후 교사가 작품을 담아 왔던 빈 상자에 들어가서 앉고, 상자를 끌기도 하고 그림을 그리기도 하며 상자로 관심이 옮겨 간다.
누리과정 운영 평가	• 신체운동·건강 미로를 만들고 신체를 움직이며 움직임을 조절하고, 안전하게 도구를 사용하는 방법을 경험함 • 의사소통 유아들이 미로를 만들기 위한 자신의 생각을 언어로 표현하고, 다른 유아의 의견을 듣는 기회가 많아 바르게 말하고 듣는 태도 형성에 도움이 됨 • 사회관계 미로를 만들며 유아들이 함께하는 시간이 많아 유아들 간 서로 다른 감정과 행동을 존중하고 소통하며 갈등을 해결 함 • 예술경험 미로와 관련된 다양한 재료를 활용하여 미로를 만드는 유아들이 있었으나, 일부 유아들은 한정된 재료로만 만들어 다소 부족함이 있어 좀 더 다양한 재료의 지원이 필요함 • 자연탐구 미로를 구성하며 길이, 위치, 방향에 대한 탐구 과정에 즐겁게 참여하고 풍부히 경험함

출처: 아이누리(https://i-nuri.go.kr/).

8장

유아교육과정 운영

유아교육에서 놀이의 중요성을 모르는 사람은 없다. 그러나 흔히 놀이 중심 교육을 위해 교사와 유아가 무엇을 해야 하는 것인지에 대해서는 현장에서 구체적으로 알지 못하는 경우가 많다. 놀이 중심 교육은 그저 놀게 하는 교육이 아니다. 내용 지식을 통한 학습 과제가 있지만 이를 놀이 속에서 흥미 있게 접근해 가도록 하는 것이 놀이 중심 교육의 핵심이다.

유아가 활동을 통해 자신의 이해를 확인하고 이에 적응하도록 돕기 위해, 교사는 유아가 사용하는 내용 영역의 '주요 개념'들을 명확히 알고 있어야 한다. 또한 놀이를 통한 배움에서 그 개념이 어떻게 생성되고, 유아가 놀이하며 모아 온 정보가 어떤 과정을 통해 습득되어 가는지에 대한 교사의 인식도 중요하다.

이에 본 장에서는 놀이를 통한 배움을 지원하기 위하여 유아와 교사가 함께 수립하는 교수계획, 유아·놀이 중심 교육과정에서의 교사의 역할, 교수전략, 교수·학습의 실행에 대해 살펴본다.

1. 교육과정 개정에 따른 교수계획의 관점 변화

- "나는 계획한 교육 계획안을 잘 실천했는가?"
- "누리과정 지도서를 보고 베끼기 바쁘지 않았는가?"
- "교육 계획 실천 여부와 상관없이 빈칸 없이 계획안을 가득 채우려 애쓰지 않았는가?"
- "계획안에 작성한 교육 자료가 있는지 없는지 확인도 안한 채 기계적으로 적지는 않았는가?"
- "매년 그대로 연간/월안/주간 교육 계획안을 사용하지는 않았는가?"

개정 누리과정의 가장 두드러진 변화 중 하나는 교사의 자율성을 지원하고 현장에서 놀이가 살아날 수 있도록 국가 수준 교육과정을 간략화한 것이다. 교사는 간략화된 교육과정 내용을 기반으로 '유아와 교사가 동시에 주체'가 되는 누리과정을 실현하는 데 초점을 두어야 한다. 기존에는 생활 주제에 맞춘 계획된 활동을 놀이보다 우선적으로 실시했다면, 이제 이를 지양하고 유아에게 마음껏 놀이할 권리를 회복시켜 주는 것이 개정의 취지이다.

개정 누리과정이 교사들의 자율권이 많이 강화한 시점에서 현장 교사들이 아무것도 안 하거나 역할을 소홀히 해도 된다고 이해할 것이 아니라 유아들이 자유롭게 놀이하는 방식을 어떻게 지원할 것인가, 계획안 짜는 데 보냈던 많은 시간을 유아들의 놀이에 더 귀 기울이고 지원하는 방식을 즐겁게 같이 고민하는 책임으로 이해할 필요가 있다. 즉, 유아교사는 교육과정의 새로운 주체가 되고 자율권과 책무성을 함께 이해할 것을 제안한다. 교사와 유아가 자율권을 가지고 즐겁게 만들어 가는 교육과정을 국가가 지원하고자 하는 것이 이번 개정 누리과정의 지향점인 것이다.

이는 교육에서 교사의 계획대로 실행해 가는 교육과정을 운영하는 것이 아니라 유아의 관심과 흥미에 따라 유기적이고 순환적으로 교육과정을 재계획하면서 교사와 유아가 함께 만들어 가는 교육과정을 운영해 갈 것을 요구하고 있다고 볼 수 있다.

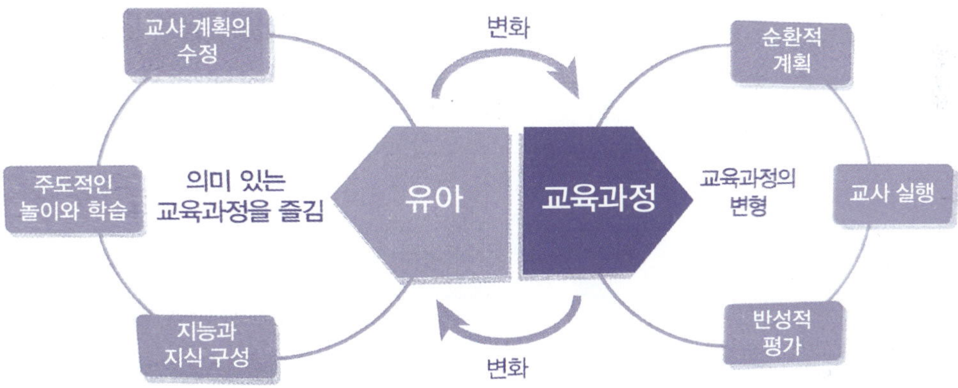

출처: 곽향림(2015). 구성주의 유아교육 교수학습법. 경기도: 공동체.

[그림 8-1] 교사와 유아가 함께 만들어 가는 맞춤교육

[그림 8-1]은 교육과정의 교실 실행 속에서 교사가 반성적 사고를 통해 유아와 관점을 상호 교류하면서 지속적으로 변화시켜 가는 교육과정의 모형을 설명하고 있다. 이는 결국 구성주의적인 관점과도 연결되며, 구성주의 교실의 유아는 스스로 지능과 지식을 구성해 가면서 자신들의 흥미와 아이디어에 몰입하여 주도적으로 놀이와 학습에 참여하는 가운데 교육과정을 발현시켜 간다. 그래서 교사에 의해 계획된 교육은 유아들에 의해 변형(변화)되어 가고 결국 교육과정은 교사와 유아가 함께 만들어 가면서 맞춤교육이 되는 것이다. 이를 위해서는 기존의 계획된 교육과정에서 변화를 주는 것이 필요하다. 여기서 변화란, 유아 자신의 성장에 의한 변화와 사회문화의 변화를 의미하지만 교사 자신의 변화까지 포함된다. 교육

과정의 변화, 교수계획의 관점 변화는 교사의 신념과 의지에 의해 실현되는 결과이다. 교사는 교육 계획 시, 주제와 관련하여 유아가 하고 싶은 놀이에 대한 의견을 듣고 이를 반영하며, 교사 주도의 수업이 아닌, 교사가 생각하기에 유아가 좋아할 만한 놀이에 대한 '최소한의 계획'만을 포함시킨다. 또한 교육과정을 통하여 가르쳐야 할 객관적인 사실만을 나열할 것이 아니라 '우리 교실을 맡은 바로 나와 우리 아이들'에 의해 '정말 배우고 싶은 것'과 '우리에게 의미 있는 것'으로 해석되고 선택하는 것이 중요하다. 이를 통해 결국 교사는 내가 맡은 아이들에게 꼭 맞는 맞춤교육을 실행할 수 있게 되는 것이다.

[그림 8-2] 유아의 의견이 반영되는 교육과정

한편, 개정 교육과정 운영에 대한 교사의 책무성은 놀이 속에 녹아 있는 배움과 누리과정 5개 영역의 내용을 읽어 내고 지원하는 것이 핵심이다. 교사가 이러한 교육 내용 개념에 유창성을 가지면 유아와 계속해서 대화하고 활동을 준비하며 놀이를 확장할 기회를 선택하는 데 융통성을 발휘할 수 있다. 이러한 교사의 지원을 통해 유아는 계속해서 사실을 수집하고 조직함으로써 이전에 일반화시킨 내용에 적용하거나 확장시킬 수 있다.

유아의 놀이 장면 : 아이들은 이 놀이를 통해 무엇을 배우고 있을까? 교사는 무엇을 지원하였을까?

- 무엇이 보이나?
  모래, 물, 그릇, 움직임, 모래의 촉감, 변화, 친구, 물구덩이 등

- 왼쪽의 놀이 장면에서 보이는 신체운동·건강/의사소통/사회관계/예술경험/자연탐구 영역의 내용을 찾아보자.
  - 신체를 인식하고 움직인다.
  - 신체 움직임을 조절한다.
  - 말이나 이야기를 관심 있게 듣는다.
  - 자신의 경험, 느낌, 생각을 말한다.
  - 친구와 서로 도우며 사이좋게 지낸다.
  - 주변 세계와 자연에 대해 지속적으로 호기심을 가진다.
  - 궁금한 것을 탐구하는 과정에 즐겁게 참여한다.
  - 물체의 특성과 변화를 여러 가지 방법으로 탐색한다.

이렇게 유아의 놀이를 통한 배움 속에는 국가가 제시한 5개 영역의 내용이 모두 들어 있으며 놀이 자체가 통합이기도 하니 이를 지원하면 되는 것이다. 따라서 5개 영역을 생활 주제를 중심으로 계획하여 가르쳐야 한다는 부담감을 완화할 필요가 있다. 기존에 혹시라도 '미리 계획한 계획안에 기반한 실행과 평가'에 주력하였다면 이제는 '지속적인 놀이 지원 계획을 수립하는 것'에 힘을 쏟을 필요가 있다. 즉, 유아·놀이 중심 교육과정이라고 하여 교사의 역할이 축소되는 것이 아니라 학급 수준 교육과정의 개발자로서 더 높은 전문성이 요구되는 것이다. 이에 교사는 유아의 놀이, 일상생활, 활동을 잘 관찰하고 기록하다가 유아의 배움을 지원하기 위한 계획을 수립하는 것이 좋다. 특히, 개정 누리과정은 다섯 가지 추구하는 인간상을 제시하고 있으므로 누리과정 목적과 목표 및 5개 영역별 목표와 내용을 유아의 성장 변화 및 교육과정 운영에 대한 판단의 근거로 삼을 수 있다.

추구하는 인간상	• 건강한 사람, 자주적인 사람, 창의적인 사람, 감성이 풍부한 사람, 더불어 사는 사람
목적	• 유아가 놀이를 통해 심신의 건강과 조화로운 발달을 이루고 바른 인성과 민주 시민의 기초를 형성하는 데에 있다.
목표	• 자신의 소중함을 알고 건강하고 안전한 생활 습관을 기른다. • 자신의 일을 스스로 해결하는 기초 능력을 기른다. • 호기심과 탐구심을 가지고 상상력과 창의력을 기른다. • 일상에서 아름다움을 느끼고 문화적 감수성을 기른다. • 사람과 자연을 존중하고 배려하며 소통하는 태도를 기른다.

↑ 놀이, 일상생활, 활동

누리과정 영역	신체운동·건강	의사소통	사회관계	예술경험	자연탐구
영역별 목표	실내외에서 신체 활동을 즐기고 건강하고 안전한 생활을 한다.	일상생활에 필요한 의사소통 능력과 상상력을 기른다.	자신을 존중하고 더불어 생활하는 태도를 가진다.	아름다움과 예술에 관심을 가지고 창의적 표현을 즐긴다.	탐구하는 과정을 즐기고, 자연과 더불어 살아가는 태도를 가진다.

출처: 교육부, 보건복지부(2019). 2019 개정 누리과정 놀이실행자료.

[그림 8-3] 개정 누리과정의 구성

교육과정에 대한 교사의 계획 수립에 관하여 누리과정의 편성·운영 지침에는 '누리과정을 바탕으로 각 기관의 실정에 적합한 계획을 수립하여 운영한다.'라는 내용이 있다. 이는 다음과 같은 내용으로 구체화된다.

유치원과 어린이집은 국가 수준의 교육과정인 개정 누리과정을 바탕으로 각 기관의 실정에 따라 적합한 계획을 수립하여 운영하여야 한다. 계획안에는 교사가 기관과 학급(반) 수준에서 유아의 놀이를 지원하기 위해 필요한 사항을 미리 생각하여 준비하는 모든 과정이 포함될 수 있다. 개정 누리과정은 계획안 수립에 있어서 기관과 교사의 자율성을 강조하였다. 계획안을 작성할 때에는 교육과 보육 모두를 포괄하여 유아의 경험이 교육적 가치를 가지도록 놀이를 중심으로 기록하고 교사의 지원 방안을 기술할 필요가 있다. 유아·놀이 중심 교육과정에서 교사는 유아의 흥미와 상관없이 새로운 놀이 자료를 일방적으로 제안하거나 교사 주도로 새로운 놀이 방법으로 이끌기보다는 놀이 관찰에 기반하여 놀이를 지원하는 것이 좋다. 현재 진행 중인 놀이가 잘 지속될 수 있도록 공간, 자료, 시간 등의 측면에서 무엇을 어떻게 지원하는 것이 좋을지 고민하고 제안하며, 유아가 교사의 지원을 어떻게 받아들이는지 살펴보고 추후 지원에 반영할 필요가 있다.

- 자율적인 계획 수립

유치원과 어린이집은 각 기관의 교육 철학, 가정과 지역사회의 특성, 유아의 요구 등을 반영하여 자율적으로 계획을 수립할 수 있다. 교사는 기존에 활용하였던 연간, 월간, 주간, 일일 계획안을 기관 및 학급(반)의 특성에 적합하게 변경하여 사용할 수 있다. 즉 계획안의 종류, 형식, 분량 등을 자율적으로 조정하여 작성할 수 있다. 예를 들어, 기관 수준에서 매년 작성하는 연간 계획 이외에 월간과 주간, 주간과 일일 계획을 통합하거나 기관과 담당 학급(반) 특성에 따라 간단한 일지 등을 활용하여 계획안을 작성할 수 있다. 또한 기관에서 배부하는 계획안은 유아가 활동할 내용을 미리 계획하여 안내하는 방식에서 유아가 실제 놀이한 내용과 배움에 대한 기록을 공유하는 방식으로 변화할 수도 있다.

- 유아의 놀이를 지원하는 계획안 작성

유아가 주도하는 놀이는 미리 계획하여 운영하기 어렵기 때문에 교사는 유아가 놀이하며 경험한 내용을 중심으로 계획안을 기술할 수 있다. 기존에 계획안을 자유선택 활동, 대·소집단 활동, 바깥놀이 등을 포함하는 정해진 형식에 맞추어 기술해 왔다면 개정 누리과정에서의 계획안은 유아가 실제 놀이한 내용 및 놀이를 지원하는 내용을 포함하되 자율적인 형식으로 바꾸어 볼 수 있다. 이것은 유아가 실제 경험한 놀이 내용과 그에 따른 교사의 놀이 지원 계획을 기술하는 형식으로, 기존의 방식에 비해 사전 계획을 최소화하여 계획을 수립한다는 특징이 있다. 교사는 필요에 따라 안전과 관련된 사항, 유아 특성에 따라 개별적으로 지원해야 하는 사항 등을 계획할 수 있다.

계획안을 자율적으로 작성하고, 사전 계획을 최소화함으로써 교사는 유아가 주도하는 놀이를 적극적으로 지원할 수 있다. 단, 교사는 자율적인 계획 수립의 의미를 계획안을 작성하지 않아도 된다거나 단순히 업무를 줄이는 방식으로 이해하지 않도록 유의해야 한다.

이러한 취지를 바탕으로 개정 누리과정은 유아가 좀 더 중심이 되고 놀이가 좀 더 활성화 되도록 누리과정의 총론과 영역별 내용이 조정되었고, 이러한 과정에서 몇 가지 주요 용어들이 조정되고 고시문에 나타나지 않는 것들이 있다.

흥미 영역, 자유선택 활동, 연간, 월간, 주간, 일일 교육 계획안 등

개정 누리과정에서 고시문에 현장에서 중요하게 실행되어 온 주제 중심, 자유선택 활동, 흥미 영역, 연간, 월간, 주간, 일일 교육 계획안, 대소집단 활동 등과 같은 용어가 제시되지 않은 것은, 이러한 용어가 중요하지 않다는 것을 의미하거나, 현재 이러한 용어를 기반으로 하는 실행을 절대로 하면 안 된다는 강제성을 의미하는 것은 아니다. 따라서 자유선택 활동은 유아 주도적 놀이로 개선해 갈 필요가 있으며, 흥미 영역은 유아들의 풍부한 놀이 환경을 지원하는 여러 가지 방식 중의 하나로 이해하여 유아 주도 놀이가 더 활성화되도록 개선해 가도록 한다. 또한 연간, 월간, 주간, 일일 교육 계획안은 큰 틀에서 '계획을 한다'로 제시하여 현장에서 다양한 방식으로 교육 계획을 수립할 수 있도록 지원하고자 하였다. 계획안 작성과 같은 과도한 문서 작성 형식을 지양하고 현장에서 가장 적합한 방식으로 개선해 가도록 현장의 자율권과 책무성을 확대 지원하고자 한 것이다.

참고로 어린이집은 의무 평가제에서 이미 연간 계획을 의무화하지만, 월간, 주간, 일안 중의 한 가지 방식으로 계획을 수립하는 것으로 자율화하고 있다. 현재 개정 누리과정을 시범 운영 중인 유치원에서는 일안을 없애고, 주간 통신문을 미리 보내는 것이 아니라, 1주 후에 유아가 실제 놀이한 내용을 기술하여 보내는 방식으로 조정하여 교사들의 계획과 실행에 대한 일치감을 늘리고 선계획의 부담감을 줄이고 있다. 이러한 방식은 학부모들에게 실제로 유아가 무엇을 놀이하며 배웠는지를 구체적으로 안내하여 신뢰감을 증진하는 기회로 삼고 있다.

개정 누리과정이 교사들의 자율권이 많이 강화한 시점에서 현장 교사들이 아무것도 안 하거나 역할을 소홀히 해도 된다고 이해할 것이 아니라 자유롭게 놀이하는 방식을 어떻게 지원할 것인가, 계획안을 짜는 데 보냈던 많은 시간을 유아들의 놀이에 더 귀기울이고 지원하는 방식을 즐겁게 같이 고민하는 책임으로 이해할 필요가 있다. 즉, 유아교사는 교육과정의 새로운 주체가 되고 자율권과 책무성을 함께 이해할 것을 제안한다. 교사와 유아가 자율권을 가지고 즐겁게 만들어 가는 교육과정을 국가가 지원하고자 하는 틀이 이번 개정누리과정의 지향점인 것이다.

2. 교사의 역할

개정 누리과정의 변화에 맞도록 놀이를 잘 운영하기 위해 교사가 수행해야 하는 역할은 다음의 네 가지로 요약할 수 있다(교육부, 2019).

첫째, '유아·놀이 중심 교육과정을 이해하고 실천하는 역할'
둘째, '놀이를 통한 유아의 배움을 지원하는 역할'
셋째, '놀이와 배움을 기록하고 평가하는 역할'
넷째, '함께 배우며 성장하는 역할'

1) 유아·놀이 중심 교육과정을 이해하고 실천하기

개정 누리과정에서 일과는 놀이, 일상생활, 활동으로 구성되는데 특별히 '놀이'를 중심으로 일과를 편성할 것을 권장한다.

- 누리과정 개정의 중점 중 하나는 놀이 중심 교육과정 운영이다. 따라서 누리과정을 잘 이해하고 실행한다는 것은 일과에서 놀이 시간을 충분히 제공하고 유아들의 흥미와 무관한 활동을 교사가 계획해서 실시하지 않는다는 것을 의미한다.
- 유아 및 놀이 중심이 강조된다고 하더라도 교사가 계획한 활동이나 법적으로 요구되는 활동(예: 안전교육)을 실시하되 유아가 주도적으로 즐겁게 참여하는 활동으로 진행하는 것이 중요하다. 이를 위해서는 유아의 놀이나 일상생활을 잘 관찰하고 이와 연계할 수 있는 활동을 실시하는 것이 필요하다.

2) 놀이를 통한 유아의 배움을 지원하기

유아 중심 교육과정을 성공적으로 실행하기 위해서 교사는 유아를 교육과정 운영의 주체로서 교사와 함께 교육과정을 구성해 가는 공동 구성자로 인정해야 한다. 어떤 유아라도 자유롭게 놀이하고 그 안에서 배움을 구성할 수 있는 역량을 지닌 존재임을 신뢰하고 유아의 놀이를 잘 관찰해야 한다.

- 유아의 놀이를 잘 관찰하고 지원하기 위해서 교사는 교육과정 구성의 파트너로서 유아의 놀이를 주의 깊게 바라보고 유아가 경험하는 기쁨과 슬픔, 좌절과 감동을 함께 느끼고 공유할 수 있어야 한다.
- 유아의 놀이를 잘 관찰하기 위해서 교사는 유아를 이해하려는 민감성을 갖추려고 노력하는 동시에 유아가 놀이를 통해 경험하는 것, 스스로 배우는 것이 무엇인지 이해하려고 노력할 필요가 있다. 이때 유아들이 구성하고 만들어 내는 총체적 의미를 충분히 읽어 내기 위해 노력해야 한다.

- 유아의 놀이를 지원하기 위해 교사는 놀이에 직접 참여하지 않고도 격려, 미소, 공감의 표정을 보이거나 칭찬과 격려의 말을 건네는 정서적 지원을 제공할 수 있다. 또한, 놀이를 관찰하다가 배움이 일어나도록 질문이나 제안을 건네 보는 등의 상호 작용에 기반한 언어적 지원, 공간 구성을 바꾸어 주거나 새로운 자료를 제공하는 등의 환경적 지원을 할 수 있다.
- 환경적 지원을 할 때는 심미적·창의적 감수성을 키워 줄 수 있도록 공간과 자료를 제공해 주는 것이 중요하다.

3) 놀이와 배움을 기록하고 평가하기

개정 누리과정은 교사가 선계획하여 '계획–실행–평가–계획'으로 이어지던 기존의 '선형적' 과정을 지양한다. 교사는 유아의 놀이, 일상생활, 활동을 잘 관찰하고 기록하다가 유아의 배움을 지원하기 위한 계획을 수립하는 것이 좋다. 특히, 개정 누리과정은 다섯 가지 추구하는 인간상을 제시하고 있으므로 누리과정 목적과 목표 및 5개 영역별 목표와 내용을 유아의 성장 변화 및 교육과정 운영에 대한 판단의 근거로 삼을 수 있다.

- 유아의 배움을 잘 기록하고 평가하기 위해서 교사는 결과가 아닌 과정에 주목해야 한다.
- 개정 누리과정은 과도한 부담이 되는 평가의 형식을 탈피하고자 하였으므로 기록 및 평가에 있어서 틀에 맞춘 과도한 문서화를 요구하지 않으며 형식과 분량에 있어 기관별·학급별로 자율성을 부여한다.
- 진행된 주제 및 놀이나 활동에 따라 누리과정 5개 영역 중 일부 영역이나 인간상이 두드러질 수 있으므로 평가를 함에 있어서 단편적인 놀이 에피소드나 활동보다는 전개된 놀이와 일상생활, 활동에 대한 누적된 기록을 총체적으로 고려해야 한다.

4) 함께 배우며 성장하기

기존 교육과정에서도 유아의 주도성과 놀이를 강조해 왔기 때문에, 유아·놀이 중심을 강조하는 개정 누리과정에 대해 교사들은 무엇이 달라진 것인지 혼란을 느낄 수 있다. 개정 누리과정이 강조하는 유아 주도적 놀이 중심 교육과정의 운영을 위해 다음과 같은 교사의 지속적인 성찰이 필요하다.

- 유아·놀이 중심 교육과정을 실행하기 위해 교사는 자신과 유아의 역량을 신뢰하고, 유아의 자율성을 보장하는 학급의 문화를 만들어야 한다. 이를 위해서 교사는 주기적으로 자신의 교육 철학과 개정 누리과정에 대한 이해를 점검하고 배움을 이어 가야 한다.
- 놀이를 지원하는 과정에서 교사는 각 유아와 놀이의 특성을 고려하여 놀이를 언제, 어떻게 지원해야 할지에 대한 끊임없는 고민에 직면하게 된다. 적절한 상호 작용의 순간을 놓치기도 하고 도움을 주려다 오히려 교사 주도가 되는 경험을 하기도 한다. 이렇게 정답이 없는 자율적인 교육과정을 운영하면서 교사는 한편으로 자신의 전문성을 인정받는 것 같아 보람도 느끼지만, 다른 한편으로 자신이 잘하고 있는지에 대한 불안감을 느낄 수도 있다. 그러나 이러한 고민과 불안감은 교사가 지속적으로 배움을 추구하게 만드는 원동력이 될 수도 있다.
- 개정 누리과정에서 강조하는 교육과정 운영의 자율성은 교사 개개인이 알아서 모든 것을 하라는 의미가 아니다. 오히려 교사들이 서로의 전문성을 인정하고 고민과 의견을 나누며 함께 배우고 성장하는 학습 공동체를 자율적으로 구성하여 정서적이고 실천적인 지원이 이루어질 것을 기대한다. 교사의 계속적 성장과 배움이 일어나기 위해서는 유치원과 어린이집 기관 차원에서, 그리고 나아가 시·도 및 국가 차원의 전폭적인 지원이 필요하다.

3. 놀이 속에서 학습으로의 전환을 도모하는 교수전략

〈표 8-1〉 구성주의 관점에서 본 놀이와 학습의 특성

놀이의 특성	학습의 특성
• 흥미 있음 • 자발적임 • 자기 주도적임 • 상상의 세계가 펼쳐지기도 함 • 자기 선택적임 • 내부에서 부여된 규칙에 의함 • 자기 목적이 있음	• 항상 흥미를 느끼는 것은 아니지만 학습을 하는 사람에게는 흥미로움 • 자신이 하는 학습의 의미에 대해 반성적 사고를 요함 • 자신의 목적을 의식하게 함 • 실패하기도 하면서 목적 달성을 실현하기 위한 방법을 추구하도록 함 • 그 안에서 사고를 구성함(동화-조절-평형) • 집중적인 노력을 요함

출처: 곽향림(2015). 구성주의 유아교육 교수학습법. 경기: 공동체.

1) 새로운 자료로 자발적 놀이를 시작하도록 유아의 반응 기다리기 : 생각할 시간 주기

유아에게 새로운 자료를 제공할 때는 교사의 방법을 제시하기보다는 그 자료를 가지고 유아들이 자발적으로 무엇을 하는지 기다려 주는 것이 필요하다. 이는 교사의 작업을 유아가 흥미 있는 놀이로 시작하게 하며 흥미 있는 놀이 속에서 유아가 자신의 목적을 찾을 수 있도록 하는 방법이 된다. 흔히 유아는 교사의 의도와는 달리 자신이 그 자료를 가지고 이전에 했던 놀이에 동화하여 뜻밖의 방법으로 놀이를 시작하기도 한다. 새로운 자료를 가지고 유아가 주도적으로 흥미 있는 놀이를 시작하도록 할 때 처음에는 교사의 의도와는 다른 것 같지만 결국 놀이 속에서 과제를 만나며 교사의 의도로 돌아오기도 하고 때로는 교사의 의도와 전혀 다른 과제를 만나 교사의 계획에 없던 학습이 이루어지는 기회를 갖기도 한다. 또한 이렇게 자발적 놀이로 시작했을 때 유아는 문제에 직면해도 힘든 과제로 여기지 않고 해결책을 모색하며 이를 극복하고자 노력한다. 유아가 경험하는 활동을 놀이로 지각하는지 아닌지는 놀이 속에서 학습이 일어나도록 하는 데 중요하게 작용한다.

2) 놀이에서 인지적 갈등 요소 첨가하기: 유아의 반응 확장하기

- 유아가 놀이하며 만들어 낸 것의 용도를 더 명료화하기 위해 질문하기
  - "너는 ~으로 무엇을 하려고 하니?"
- 다음 단계의 행동에 대해 알아보기 위해 질문하기
  - "이것을 표현하기 위해 무엇을 더 그려 넣을 생각이니?"
- 제안하기
  - "만약 ~한다면 어떤 일이 일어날지 궁금해."

놀이에 인지적 갈등 요소를 첨가해 주는 것은 지능과 지식 구성이 일어나도록 하는 불평형을 유발함으로써 유아에게는 학습이 일어나도록 해 준다. 일반적으로 놀이는 동화가 우세하여 조절을 필요로 하지 않으면서 학습이 일어나지 않는다. 그래서 조절이 필요한 인지적 갈등 요소를 제공해야 하는데 이런 상황은 유아가 뜻밖의 반응으로 스스로 만들어 가기도 하지만 교사가 유아의 반응을 확장시키는 인지적 갈등을 대화를 통해 유도할 필요가 있다. 이를 위해 교사는 활동 주제 속에서 일어날 수 있는 인지적 갈등이 무엇인지 미리 찾고 유아의 이러한 반응에 대해 어떻게 개입할 것인지를 미리 준비해야 할 것이다. 물론 이러한 계획이 늘 적중하는 것은 아니지만 순간을 놓치는 것보다는 매 순간을 위한 준비가 필요하다. 이러한 갈등 요소는 처음부터 주는 것보다 놀이를 즐기다가 맞이하게 되는 것이 바람직하다. 예를 들어, 물에 뜨는 것과 가라앉는 것에 대한 활동에서 처음에는 유아가 예측하는 대로 현상이 일어나는 자료들을 먼저 경험하도록 하는 것이 좋다. 구멍이 있는 컵에 물 담기에서도 처음에는 옆 구멍보다 바닥 구멍을 먼저 주고 그 다음에 옆 구멍을 주는 것이 좋다. 비눗방울놀이도 처음부터 바람 부는 날보다는 처음에는 맑고 바람 잔잔한 날 갈등 없이 즐길 수 있도록 하다가 바람 부는 날을 이용하면 유아가 놀이 속에서 인지적 갈등을 경험하며 동화-조절-평형이 자연스럽게 일어나는 학습으로 전환될 수 있다.

3) 시간 들이기: 유아의 반응을 관찰하고 해석하기

놀이 속에서 학습으로의 전환이 일어나기 위해서는 시간을 들여야 한다. 가르칠 게 많고 시간이 없다고 생각하는 성급한 교사는 자신이 계획한 목표를 빨리 달성해야 한다고 생각하므로 유아에게 계획했던 질문을 일방적으로 던져 주고 유아의 즉각적인 답을 기다린다. 심지어 답이 없으면 교사가 답을 하기도 한다. 그리고 활동을 제시하고 교사의 방법에 따라 실행하도록 요구한다. 이런 교실의 유아는 자기 주도적으로 놀이를 만들고 이를 변형시키는 과정에서 놀이가 학습으로 전환하지 못하며, 자발적인 놀이를 통한 배움이 일어나지 않는다.

"무엇을 만들고 있니?" 또는 "그걸 어떻게 알았어?"와 같은 질문에 유아는 침묵하거나 "몰라요." 또는 "그냥요."와 같이 한 단어로 대답하는 반응을 보인다. 이렇게 한정된 답변을 하는 것은 부분적으로는 유아의 인식과 생각이 언어적으로 표현할 만큼 충분히 확고해지지 않았기 때문이다. 유아가 직관적인 생각을 언어로 변환하는 능력이 아직 습득되지 않았다면, 교사는 어떻게 하면 명확하게 이해하도록 도와줄 수 있고 대화를 지속시키는 언어를 제공할 수 있는지 고민해 보아야 하며 유아의 언어적·비언어적 반응을 관찰하고 해석하기 위해 시간을 들이는 것이 필요하다.

시간을 들인다는 것은 단지 기다리는 것을 의미하는 것이 아니다. 이는 유아의 반응에 따라 유아의 흥미와 생각을 반성적으로 추후 활동에 반영하여 유아의 사고가 발전적으로 변화하도록 순환적인 계획–실행–평가에 시간을 들이는 것을 의미한다. 이는 일회적인 활동이 아니라 유아의 반응을 관찰하고 해석하면서 일련의 활동을 개발해 가고 며칠 혹은 몇 주에 걸쳐 유아가 놀이 속에서 과제에 직면하도록 지원하는 것이다.

4) 관찰과 반성적 사고를 통한 교사의 적절한 질문이나 개입하기

놀이에서 인지적 갈등의 요소를 첨가해 주는 것의 중요성만큼 인지적 갈등이 어느 순간 일어나도록 개입할 것인가에 대한 문제도 매우 중요하다. 때로는 충분히 노는 경험도 필요하다. 특히 만 3세의 경우는 자기 흥미에 몰입해서 충분히 놀도록 기다려 주어야 하는데 만 3세들은 자기들이 스스로 만들어 내어 맞이한 인지적 갈등에도 적응하지 못하고 놀이를 떠나는 경우가 있다. 이럴 때 굳이 유아에게 놀이를 계속하도록 권고할 필요는 없다. 이럴 때는 그들에게 적절한 놀이 경험으로 다시 그 인지적 갈등에 직면할 수 있는 가능성을 남겨 두는 것이 필요하다. 질문이나 개입에 적절한 시기와 순간을 알기 위해서는 교사의 예민한 관찰과 반성적 사고가 필요하다. 유아는 스스로 새로운 자료를 보면서 놀이에 대한 아이디어를 발견하는 능력이 있고 또 이 안에서 스스로 갈등도 자초해 가지만, 여전히 교사는 어느 순간 어떻게 개입해서 유아의 사고에 변화를 가져오게 도울 것인지늘 고민하고 반성적 사고에 의해 적절한 순간과 질문을 찾아야 할 것이다. 그래서 교사는 연구자로서의 위치에서 많은 활동 사례를 통해 유아의 추론을 접해 보고, 매일의 일과를 반성적으로 평가하면서 활동 속에서 어떻게 개입하고자 노력했는지 점검해 볼 필요가 있다. 즉, 유아가 새로운 자료에 보이는 흥미와 반응을 통해 어떤 놀이에 집중하며 지속하고 있는지, 놀이를 통해 발현되는 오개념은 무엇이며, 어느 순간에 적절한 개입이 필요했다고 생각하는지 등에 대해 반성적 평가를 기록해 가야 한다. 이 결과가 교사의 순환적 계획에 반영되면서 다음날보다 진전된 교사의 개입에 의한 실행이 이루어질 때 놀이 속에서 학습으로의 전환을 위한 교사의 실천적 지식은 증진된다.

4. 교수-학습의 실행

1) 놀이 공간을 융통성 있게 배치해 본다

교사는 기관의 교육 철학이나 교실의 물리적 구조, 유아의 연령, 흥미 등에 따라 자율성을 가지고 교실 공간을 구성할 수 있다. 교실 내에 반드시 배치되어야 하는 흥미 영역이 정해져 있는 것이 아니므로 유아의 놀이를 지원할 수 있도록 공간을 융통성 있게 구성한다. 교실에 있는 각각의 놀이 공간은 독립성을 보장하면서 서로 연계될 수 있도록 배치하여야 한다. 유아는 한 종류의 놀잇감을 이용하여 놀이를 하다가 필요에 따라 다른 놀잇감을 추가하여 놀이를 확장해 가기도 한다. 즉, 유아의 놀이에 따라 넓은 공간이 필요하기도 하고 분리된 작은 공간이 필요하기도 하므로 영역의 크기는 무조건 넓게 하는 것이 아니라 유아의 흥미와 놀이흐름에 따라 조정하도록 한다. 교실 중앙 공간은 넓게 제공하여 친구들과 함께 놀이하거나 보다 큰 구성물을 만드는 놀이의 장으로 활용할 수 있다. 교실 상황에 따라 안전하고 편안하게 놀이할 수 있도록 융통성 있게 구성해 주도록 한다. 또한 놀이 공간은 분기나 학기별로 재구성하여 유아가 다양한 변화를 느끼며 놀이를 할 수 있도록 한다.

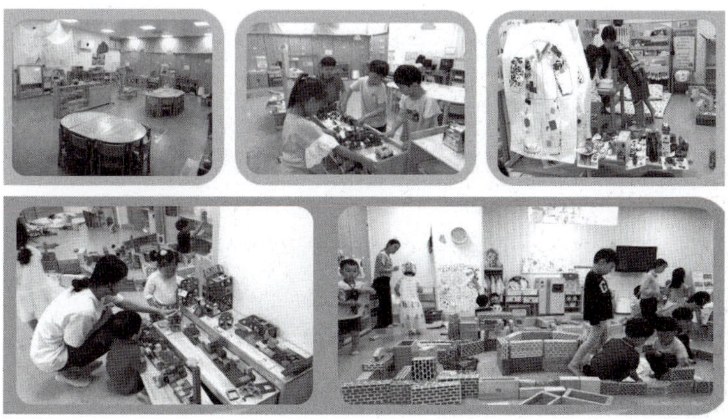

출처: 아이누리(https://i-nuri.go.kr/main/module/dataManage/view.do?data_idx=1555&menu_idx=110)

[그림 8-4] 공간의 경계 허물기(실내)

2) 놀이하는 공간을 넓혀 본다

지나치게 많은 놀잇감, 교구장, 책상과 의자로 가득 찬 교실은 정작 유아가 놀이할 수 있는 공간이 충분하지 않은 경우가 많다. 모든 흥미 영역을 배치하고 놀이 인원수를 제한하거나 공간이 좁아 놀이 결과물을 즉시 치워야 한다면 놀이의 흐름이 중단될 수 있다. 유아의 놀이를 관찰한 결과 좁은 공간이 놀이를 방해하는 요소라고 판단되었거나, 유아가 놀이 공간을 넓히고 싶다고 스스로 요구하였을 때, 교사는 놀이를 방해하는 가구와 설비를 치우거나, 유아에게 관심이 적은 놀잇감을 제거함으로써 놀이할 수 있는 충분한 공간을 만들어 줄 수 있다. 이때 교실에서 꺼낸 자료를 보관할 수 있는 기관 내 여유 공간을 확보하고 동료 교원들과 의논하여 안전이 보장되는 범위에서 놀이 공간을 확장한다. 놀이하는 공간은 실내 공간뿐만 아니라 바깥놀이를 하고 싶은 공간도 유아가 스스로 정해 보고, 날씨와 상관없이 유아들의 의견을 반영하여 바깥놀이를 진행한다. 또한 구조화된 놀잇감뿐만 아니라 재활용품을 활용해 유아들이 필요한 실외 놀잇감을 스스로 만들어 사용해 볼 수 있도록 격려한다.

출처: 아이누리(https://i-nuri.go.kr/main/module/dataManage/view.do?data_idx=1555&menu_idx=110)

[그림 8-5] 공간의 경계 허물기(실외)

3) 유아에게 공간 배치의 주도권을 준다

놀이 공간은 모든 구성원의 삶이 반영되는 곳이다. 대부분의 유아들은 교실의 소유권이 교사에게 있다고 생각한다. 그러나 교사가 유아의 놀이를 따라가면서 자연스럽게 유아 스스로 놀이 공간을 배치하거나 변경하도록 지원하다 보면 유아도 교실이 자신의 공간이라고 생각하게 된다. 다만 어떤 유아는 조용한 혼자만의 놀이 공간이 필요하거나 공간 구성이 지나치게 자주 바뀌는 것을 싫어할 수도 있으므로 다수와 개인의 놀이가 고루 존중되는 교실의 문화를 만드는 것이 좋다.

〈놀이가 일어나는 교실 모습〉

#1. 놀이 시간에 유아는 레고, 나무 블록 등이 있는 블록 공간에서 구성물을 만들며 자유롭게 놀이한다. 몇몇 유아는 책을 보고, 또 다른 유아는 재활용품을 이용하여 만들고 싶은 놀잇감을 만든다. 그리고 유아들은 다양한 크기의 종이와 가위, 풀 등이 있는 공간에서 그림을 그리거나 혹은 종이를 접거나 오리면서 여러 모양을 만들고 있다. 교사는 유아가 재활용품 만들기를 하며 붙여 달라는 요청을 들어주거나 블록 공간에서 놀이하는 유아를 옆에서 지켜보다가 유아가 놀이 참여를 원할 때 개입한다.

출처: 교육부, 보건복지부(2019). 2019 개정 누리과정 놀이이해자료.

4) 다른 놀이 공간을 찾아본다

유아는 스스로 찾아낸 공간, 놀이를 하다가 우연히 발견한 공간을 더 좋아하고 애착을 갖는다. 교사는 교실이나 실외 놀이터 외에 복도, 현관 입구, 교실과 교실 사이의 공유 공간, 계단 밑 등도 안전하다면 유아의 놀이 공간으로 허용할 수 있다. 단, 교사는 각 공간의 위험 요소를 사전에 점검하고, 위험 요소를 치우거나 안전하게 처리한 후 유아와 함께 안전에 유의할 수 있는 방법 및 공간을 활용할 수 있는 방법에 대해 함께 의논한다. 비상구나 비상 계단 등 비상 시 대피 경로에 놀잇감이나 자료장을 배치하지 않도록 주의한다.

> #2. 4월이 되자 유아는 교실에서도 구슬치기놀이를 시작한다. 바깥의 구슬치기 놀이에서의 복잡한 선 그리기는 교실에서도 매우 중요한 규칙이 된다. 유아들은 뾰족한 돌멩이로 땅에 그림을 그리는 대신, 선을 대신할 사물을 찾는다. 바깥 선을 블록으로 세우고 안의 선은 색종이에 그림을 그려 넣어 이중의 복선을 만든다. 그리고는 구슬을 갖고 흙과는 다른 교실의 공간적 특성을 실험해 가며 규칙을 만들면서 논다.

출처: 교육부, 보건복지부(2019). 2019 개정 누리과정 놀이이해자료.

5) 유아와 유아, 유아와 환경의 상호 작용을 지원한다

> "몇몇 놀이에서 유아들 간에 분쟁이 자주 생깁니다. 유아들이 자기의 생각을 각자 주장하여 놀이의 흐름이 이어지지 않습니다. 유아들이 재미있게 놀이하도록 돕고 싶은데, 이럴 때 교사가 어떻게 상호 작용을 해야 할지 고민이 됩니다."

교사는 유아가 누구와 놀이하는지, 어떻게 놀이하는지, 어떤 관계를 맺는지 관찰함으로써 유아의 성향, 사회적 능력, 대인 관계 등을 파악하여 지원할 수 있다. 주로 혼자만 노는 유아, 같은 친구와만 노는 유아, 놀이 상대가 계속 바뀌는 유아도 있다. 유아가 놀이하면서 또래와 맺는 관계는 연령에 따라 다르지만 빈번한 갈등을 경험하는 유아가 있다면 좀 더 적극적으로 지원해 줄 수 있다. 그러나 교사의 직접적인 개입이 유아 간의 상호 작용을 방해할 수 있으므로 스스로 놀이를 전개하고 문제를 해결해 보도록 기다려 주면서 개입 시기를 신중하게 결정하여야 한다. 교사는 유아의 놀이를 주로 관찰하면서 필요한 순간에 질문하기, 제안하기, 놀이 참여하기, 정서적 지원하기 등의 다양한 상호 작용으로 놀이를 지원한다.

6) 놀이 지원을 위해 관찰한다

상호 작용에 대해 교사들이 가지고 있는 오해 중 하나는 무조건 유아의 놀이에 개입을 하고 언어적인 상호 작용을 해야 한다는 것이다. 유아의 놀이를 지원하기 위해서는 즉각적인 개입보다는 유아가 놀이에서 보이는 감정의 상태, 궁금해하는 것, 흥미를 보이고 탐색을 하는 것 등을 관찰하면서 기다리는 것이 우선되어야 한다. 교사는 유아의 놀이가 진행되는 과정에서 배움이 일어나도록 상호 작용하기에 적절한 순간과 방법을 잘 결정하여야 한다. 놀이는 실내외 곳곳에서 산발적 혹은 동시적으로 일어나며, 동일한 놀이 주제나 자료에 대한 흥미와 몰입도 유아마다 다르다. 그러다 보니 놀이가 진행되면서 놀이가 벌어지는 공간의 위치나 크기도 계속적으로 변화하는데 이를 관찰하면 유아가 어떤 놀이를 좋아하는지, 다양한 놀이를 즐기는지 혹은 한 가지 놀이를 주로 하는지 등을 파악할 수 있으며, 이를 바탕으로 적절한 공간을 스스로 찾아볼 수 있도록 지원한다.

7) 유아의 놀이에 참여하며 지원한다

교사는 유아와 함께 놀이하는 즐거움을 느낄 수 있어야 한다. 유아와 교사가 놀이의 즐거움을 공유할 수 있는 기회가 많을수록 둘 사이에 진정한 공감과 소통이 발생한다. 그러므로 교사는 유아의 주도적인 놀이를 일과의 가장 중요한 부분으로 인식하고 필요한 경우 공동 놀이자로 참여할 수 있다. 이러한 과정에서 교사는 놀이의 속성을 더 잘 이해하게 되고 보다 효과적으로 지원할 수 있게 된다. 유아의 놀이는 때로는 아이디어의 결핍이나 유아 간 상이한 요구와 의견 충돌, 공간이나 자료를 점유하기 위한 갈등 등에 의해 단절되거나 교착 상태에 빠지기도 한다. 이와 같이 유아의 놀이가 문제 상황에 부딪혔을 때에도 교사의 놀이 참여는 유아들이 문제를 명확하게 이해하고 문제 해결을 도울 방법을 찾는 데 도움이 되며, 놀이 중 배움을 위한 적절한 순간에 즉각적으로 지원을 제공하는 데도 도움이 된다.

출처: 아이누리(https://i-nuri.go.kr/main/module/dataManage/view.do?data_idx=1555&menu_idx=110)

[그림 8-6] 자료의 다양성

8) 놀이에 대하여 다양한 방식의 기록을 남긴다

놀이 중심 교육과정이 잘 운영되기 위해서는 유아의 놀이를 중심으로 일과를 관찰하고 기록할 필요가 있다. 일과 중 관찰한 내용을 메모지에 핵심 단어 위주로 짧게 기록을 남기고 일과 후 상세한 내용을 보완할 수 있다. 이때 포스트잇을 사용한 짧은 메모를 그대로 활용할 수도 있고, 유아명, 시간, 장소, 상황, 관련 누리과정 내용 등을 수기로 간단히 작성할 수 있다. 혹은 일일 계획안의 평가란이나 일지 양식을 변형하여 관찰 및 평가 내용을 기록할 수도 있다. 원격 수업이 시작되며 원격 수업 역시 수업의 일환으로 놀이 사진 및 결과물을 유아 평가에 반영할 수 있다. 원격 수업에서도 동일하게 가정에서 보내 주는 유아들의 사진을 매일 모으고, 부모님이 남긴 댓글을 기록하여 놀이 기록을 작성할 수 있다. 유아가 등원을 하면 이 기록을 바탕으로 유치원에서 확장하여 놀이할 수 있도록 한다.

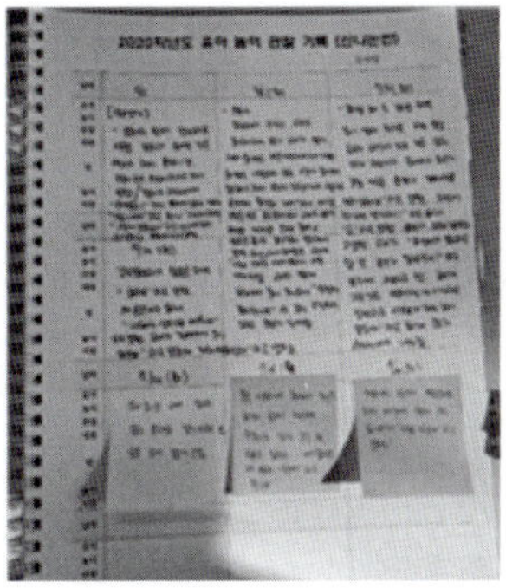

놀이의 기록 – 등원 수업

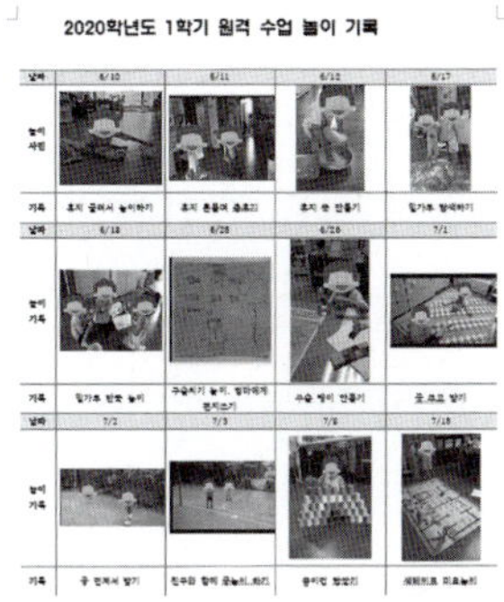

놀이의 기록 – 원격 수업

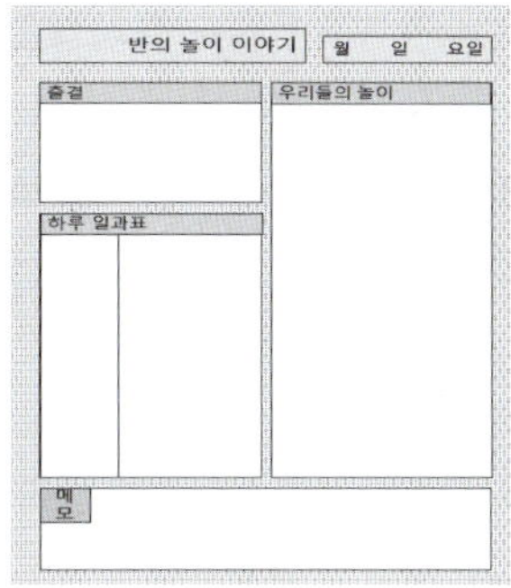

놀이기록지 예시

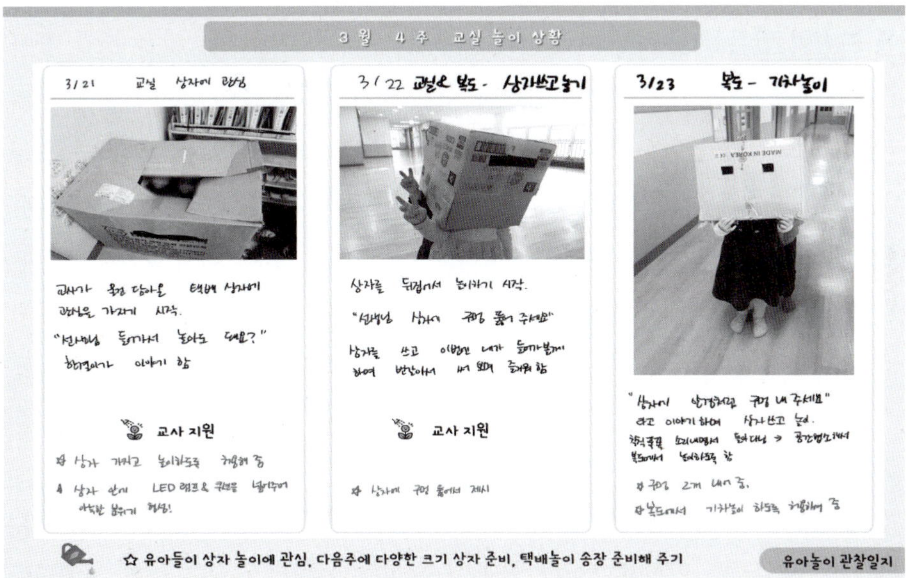

유아 놀이 관찰일지 예시

출처: 아이누리(https://i-nuri.go.kr/main/module/dataManage/view.do?data_idx=1555&menu_idx=110)

[그림 8-7] 놀이의 기록

9) 놀이의 확장 및 지원을 위하여 평가를 실시한다

평가는 유아 평가와 누리과정 운영 평가로 나누어 볼 수 있다. 유아 평가는 유아의 고유한 특성과 시간의 흐름에 따른 변화를 이해하고자 하는 것이다. 누리과정 운영 평가는 놀이, 일상생활, 활동이 잘 연계되어 유아에게 의미 있는 통합적 경험의 내용으로 운영되었는지를 알아보는 것이다. 유아 평가와 누리과정 운영 평가는 유치원과 어린이집의 상황이나 필요에 따라 가장 적합한 방법을 선택하여 자율적으로 실시한다.

유아 평가는 일상생활 및 놀이 과정에서 이루어질 수 있다. 유아 평가를 위해 유아에게 놀이에 대한 느낌 또는 감정을 공유하도록 한다. 특히 유아들은 이 시간에 자신이 만든 작품이나 구조물을 친구들 앞에서 소개하는 것을 정말 좋아한다. 작은 작품은 정리를 마치고 소개할 수 있지만, 큰 작품이나 구조물은 정리하지 않고 별도의 공간이나 해당 영역에 그대로 두고 소개한 후 정리할 수 있도록 한다. 또한 유아의 놀이에 대한 기록(예: 계획안 또는 일지에 기록한 유아들의 실제 놀이 모습, 유아의 놀이 결과물, 작품, 사진이나 동영상 등)을 통해 유아의 흥미와 관심, 놀이 선호, 또래와의 상호 작용 등 유아의 특성과 변화 정도를 평가할 수 있다. 이때 누리과정 5개 영역의 내용이 놀이에서 어떻게 경험되고 어떤 배움이 일어났는지 살펴본 후 이를 추후 놀이 지원에 반영할 수 있도록 한다.

교사는 누리과정 운영의 질을 개선하기 위하여 기관과 학급의 특성을 반영하여 자율적으로 누리과정 운영을 평가하여야 한다. 누리과정 운영 평가는 일과 구성이 적절하였는지, 일상생활이나 활동이 놀이를 지원하는 방식으로 진행되었는지, 놀이를 통해 어떤 경험이 어떻게 일어났는지 등에 대해 반성적으로 들여다보는 과정이다. 교사는 학급 내 놀이의 내용, 놀이를 통해 학급에서 일어나고 있는 유아들의 배움과 참여 등에 대한 기록을 바탕으로 교육과정을 평가하고 교육과정 개선 계획에 이를 반영할 수 있다.

이에 평가 시간은 놀이를 통해 유아가 새롭게 알게 된 것들이 있는지, 계획대로 놀이했는지, 그렇지 못했다면 이유가 무엇인지, 어떤 친구와 놀이를 했는지,

놀이가 어떤 과정으로 변했는지, 놀이를 하고 난 후 기분이 어떠한지 등을 평가한다. 혹 놀이 과정 중에 발생한 문제가 있었다면, 유아와 함께 해결 방법을 찾을 수 있다.

〈표 8-2〉 유아 놀이 관찰 내용과 누리과정 운영 평가를 함께 기록한 예

시기	7월 1일 ~ 7월 21일 (3주간)
유아 놀이 관찰 내용	 주현이가 봄나물로 가방을 만들었다. 서진: 이거 가방! 가방이야. 가방! 서진이 거야. 주현: 서진아, 너도 만들래? 주현이가 서진이에게 지퍼백을 준다. 서진이가 가방 만들기를 어려워하자 주현이와 교사가 도움을 주어 완성한다. 가방이 완성되자 서진이는 주현이에게 가방을 보여 준다. 교사: 이거 가방이야. 서진: 이거 가방이야. 교사는 서진이가 주현이에게 언어로 표현할 수 있도록 지원한다.
누리과정 운영 평가	• 친구의 놀이를 관심 있게 지켜보는 장애 유아를 관찰하던 중, 일반 유아가 장애 유아의 놀이 참여를 유도하는 상호 작용이 일어났고, 긍정적인 통합 놀이의 모습을 관찰할 수 있었음 • 장애 유아가 어려워하는 부분에 대해서는 교사가 신체적 촉진, 언어적 모델링 등을 통해 지속적인 놀이 지원을 하였음 • 놀이 전반에서 장애 유아와 일반 유아의 놀이가 즐겁게 이루어졌으며 친구의 이야기에 집중하고 모방하여 표현하는 장애 유아를 관찰할 수 있었음 • 바깥놀이에서 할 수 있는 통합 활동을 계획해 보고자 함

출처: 교육부, 보건복지부(2019). 2019 개정 누리과정 놀이실행자료.

10) 평가를 통해 놀이에서 누리과정 5개 영역을 경험하였는지 돌아본다

누리과정의 5개 영역은 유아가 놀이를 통하여 경험해야 할 내용이므로 교사는 놀이 상황에서 5개 영역과 관련한 경험이 어떻게 이루어졌는지 연계할 수 있다. 이는 5개 영역의 내용을 유아가 달성해야 할 성취의 기준으로 삼는다는 것은 아니다. 매일 일과를 5개 영역에 따라 연계할 필요는 없다. 일과(놀이, 일상생활, 활동) 후 혹은 하나의 놀이 흐름이 마무리 되었을 때 5개 영역의 경험이 어떻게 나타났는지 검토하고 지원을 계획해 볼 수 있다.

신체운동·건강
- 신체를 움직이며 힘을 조절하고, 도구를 이용하면서 안전하게 놀이하는 방법을 경험함

의사소통
- 자신의 생각을 말하고 다른 사람의 의견을 듣는 기회가 많아 바르게 말하고 듣는 태도 형성에 도움이 됨
- 교사의 도움으로 탐구 결과를 기록하는 방법에 관심을 가지고 이름과 숫자를 글자로 표현하는 경험을 함

사회관계
- 게임으로 함께 놀이하는 상황이 많아 친구들의 서로 다른 감정과 행동을 존중하고 소통하면서 문제를 해결해 봄

예술경험
- 지렛대 관련하여 그림으로 표상하는 유아도 일부 있었으나, 예술경험과 관련한 경험이 다소 부족하게 이루어짐 다른 놀이에서 음률 및 조형 관련 경험을 충분히 할 수 있도록 지원해야겠음

자연탐구
- 물체의 길이와 무게, 받침대와 받침점의 위치 및 방향, 거리에 대한 탐구 과정에 즐겁게 참여하고 풍부하게 경험함

출처: 교육부, 보건복지부(2019). 2019 개정 누리과정 놀이실행자료.

[그림 8-8] 유아의 경험을 누리과정 5개 영역의 내용과 연계하여 이해한 예

4부

우리나라 유아교육과정

9장

유치원교육과정의 변천 과정

1. 1차~2007년 개정 유치원교육과정

1) 제1차 유치원교육과정

유치원교육과정은 문서화된 교육과정이 제정, 고시 또는 공포된 시기를 기준으로 명칭을 부여하여 왔다. '제1차 유치원교육과정'은 우리나라에 유치원이 소개된 지 70여 년이 지나고 1949년 「교육법」이 제정되고서도 20년이 지난 1969년에야 문교부령으로 제정·공포되었다. 제1차 유치원교육과정에서는 유치원교육과정의 의미를 '유치원교육을 통하여 경험하는 모든 학습 활동의 총화'로 규정하고, 적합한 학습 경험 선정의 중요성을 강조하여 경험 중심 교육과정 또는 활동 중심 교육과정을 지향하였다.

2) 제2차 유치원교육과정

1979년 문교부 고시를 통해 개정된 '제2차 유치원교육과정'은 국민교육헌장 이념의 구현을 위해 국민적 자질의 함양, 인간교육의 강화, 지식·기능 교육의 쇄신을 기본 방침으로 하여 지식 구조의 이해, 기본 개념의 파악, 탐구 방법을 강조하는 학문 중심 교육과정의 성격을 띠었다.

3) 제3차 유치원교육과정

1981년 고시된 '제3차 유치원교육과정'은 처음으로 초·중등교육과정(제4차)과 함께 발표되었는데 이 시기부터는 어떠한 단일 교육 사조나 이론의 지배를 탈피하여 개인적, 사회적, 학문적인 조화와 복합적인 이론의 접근을 시도하였다. 교육과정의 궁극적인 목적은 민주·복지·정의 사회의 건설에 적극적으로 이바지할 수 있는 자주적이고 창의적인 국민을 길러 내는 것이었고, 유치원교육의 목적으로는 유아에게 알맞은 교육 환경을 마련해 주어 전인적으로 성장하도록 돕는 것이었다.

4) 제4차 유치원교육과정

1987년 고시된 '제4차 유치원교육과정'은 현장 실태 조사와 요구 조사 등 기초 연구를 통해 교육과정 개정의 기본 방향을 설정한 후 제3차 유치원교육과정의 개선을 위하여 운영상에 나타나는 문제점 개선을 위하여 문교부의 위촉으로 한국교육개발원이 주축이 되어 개정하였다. 이는 제3차 유치원교육과정을 개정했다기보다는 수정·보완하는 입장에서 유치원 개정안의 연구 개발이 이루어졌다. 제4차 유치원교육과정에서는 국제 관계의 다양화와 정보화 사회로의 변화 속에서 바람직한 미래 사회를 구현하기 위해 적절한 인간상을 분석하고 반영하고자 하였다. 교육과정의 영역은 제3차와 마찬가지로 신체·언어·인지·정서·사회성의 5개 발달 영역이었으며, 전인 발달을 위한 교육을 더욱 강조하기 위하여 각 발달 영역별 내용은 제시하지 않고 교육 목표 수준만을 제시하여 교사들이 교육 내용을 자율적으로 선정할 수 있도록 하였다. 이는 각 발달 영역을 교과로 잘못 인식할 수 있는 가능성을 배제하기 위한 것이었다.

5) 제5차 유치원교육과정

1992년 개정, 고시된 '제5차 유치원교육과정'은 처음으로 한국유아교육학회가 개정 연구를 위탁받아 개발하였는데, 우리나라 교육과정 최초로 중앙 집권형 교육과정을 지방 분권형 교육과정으로 전환하였다. 이는 전문 연구진을 구성하고 제4차 유치원교육과정의 문제점과 개정 방향을 연구하여 새롭게 개정, 고시하였다는 데에서도 그 의의를 찾아볼 수 있다. 제5차 교육과정이 지닌 두드러진 특징을 구체적으로 살펴보면, 우선 1991년에 「교육법」이 개정되어 유치원 취원 연령이 기존의 만 4, 5세에서 만 3, 4, 5세로 조정됨으로써 1992년 3월부터 만 3세의 유치원 입학이 합법화됨에 따라 교육과정의 내용이 Ⅰ수준과 Ⅱ수준으로 구분되어 제시된 것이었다. 그 밖에 취업모의 증가에 따른 유치원 종일반 운영을 강조함으로써 사회적 요구를 교육과정에 반영하고, 유아의 발달 특징에 알맞은 읽기·쓰기 교육에 관한 지침을 구체적으로 제시하여 학부모의 요구도 교육과정에 반영하고자 노력하였다.

6) 제6차 유치원교육과정

1998년 발표된 '제6차 유치원교육과정'은 1995년 교육개혁위원회 내의 교육과정특별위원회에서 제시한 개정 지침을 바탕으로 수준별 교육 내용의 연속성을 체계화하고 교육 내용을 적정화하는 데 중점을 두고 개정되었으며 교육과정 편성·운영의 자율성, 융통성, 창의성을 강조하였다. 또한 교육개혁위원회에서는 교육 개혁의 하나로서 유아교육의 공교육 체제 확립 방안을 제시하였다. 이에 따라 초·중등교육과 맥을 같이하는 보편화된 교육 체제로 발전시키고자 유치원교육과정의 개정이 요구되었다. 제6차 유치원교육과정의 특징을 살펴보면 제5차 유치원교육과정의 5개 영역별 교육 내용을 전반적으로 감축하면서 필수 학습 요소를 추출하여 선정하였고 특히 Ⅰ수준과 Ⅱ수준 간의 모호성을 탈피하고 위계성을 가지도록 수준별 적절성을 도모하였다. 일과 운영의 다양화 요구에 부응하여 유치원교육 시간의 다양화를 추구하였고 기본 생활 습관과 협동적인 생활 태도를 길러 줄 수 있는 구체적 교육 내용을 마련하여 인성교육의 방향 제시에 중점을 두었다.

7) 2007 개정 유치원교육과정

1998년 제6차 유치원교육과정이 개정된 지 약 9년이 경과한 2007년에 유치원의 다양한 일과 운영에 대한 사회적 요구, 제6차 교육과정의 수정·보완에 대한 유치원 현장의 요구, 21세기의 시대적 요구인 사람과 자연을 존중하는 세계관과 저출산 문제 해결을 위한 가치관이 반영된 교육과정에 대한 요구, 초등학교와의 연계성 강화 등의 이유로 유치원교육과정의 개정이 이루어졌다(이기숙, 2013). '2007 개정 유치원교육과정'은 21세기 지식 정보화 시대에서 인류 사회의 변화 에 능동적으로 대처할 수 있는 교육과정의 필요성과 2004년 제정된 「유아교육법」에 근거하여 만 3~5세까지 초등학교 이전의 발달을 돕는 총체적 환경으로서의 교육이라는 인식을 토대로 유아교육을 체계화하는 방향에서 개발되었으며, 초·중등학교 교육과정과의 연계성을 강화하고 단위 유치원의 자율성을 강화하였다.

한편 2009년 미래기획위원회가 초등학교 취학 연령을 1년 앞당기는 학제 개편 방안을 발표하였는데 2010년 교육과학기술부는 이에 대한 대안으로 만 5세 무상교육 체계 강화를 주요 내용으로 하는 방안을 대통령에게 보고하였고 이후 2011년에는 교육과학기술부와 보건복지부가 공동으로 각각 유치원과 어린이집을 대상으로 하여 '만 5세 누리과정' 공통 과정으로 변경하였고, 2012년에는 '만 3~5세 연령별 누리과정'을 통해 기존 유치원교육과정과 어린이집 표준보육과정이 완전히 통합되었다.

2. 5세 누리과정(2011) 및 3~5세 연령별 누리과정(2012)

1) 「5세 누리과정」 제정

2011년 5월, 유아교육·보육에 대한 국가의 책임을 강화하기 위해 5세의 유아교육과 보육 내용을 통합하여 일원화한 공통과정이 고시되었다. 이후 유치원과 어린이집에 다니는 5세 유아의 학비·보육료 지원을 전 계층으로 확대하고, 지원 단가를 연차적으로 현실화하기 위한 정책을 마련하여 관련 법령을 정비하였다. 교육과학기술부와 보건복지부는 2011년 9월 「5세 누리과정」을 '공통과정'으로 제정하여 고시하고 2012년 3월부터 유치원과 어린이집에 다니는 5세 모든 유아에게 공통으로 시행하였다.

2) 「3~5세 연령별 누리과정」 제정

정부는 2012년 제3차 위기관리대책회의(2012. 1. 18.)에서 유아교육·보육에 대한 국가의 책임을 강화하기로 결정하고, 2012년 3월에 도입한 '만 5세 누리과정'에 이어 2013년에는 만 3~4세까지 누리과정을 확대한다는 '만 3, 4세 누리과정 도입 계획'을 발표하였다. '누리과정(제도)'은 현재 유치원과 어린이집으로 이원화되어 있는 교육·보육과정을 통합하여 유아기 단계에서 교육의 질을 제고하고, 생애 초기 출발점 평등을 보장하는 데 그 의의가 있으며, 특히 유아기부터 타인을 배려하고 존중하며 공감하는 역량을 기르기 위한 인성교육을 대폭 강화하고자 하였다.

'만 5세 누리과정'에 이어 2013년부터 만 3, 4세까지 누리과정이 확대 도입됨에 따라, 우리나라 모든 만 3~5세 유아들에게 유아교육·보육과정이 통합된 '3~5세 연령별 누리과정'을 제공함으로써 취학 전 교육의 질을 제고하고, 생애 초기 출발점 평등을 보장할 수 있게 되었다.

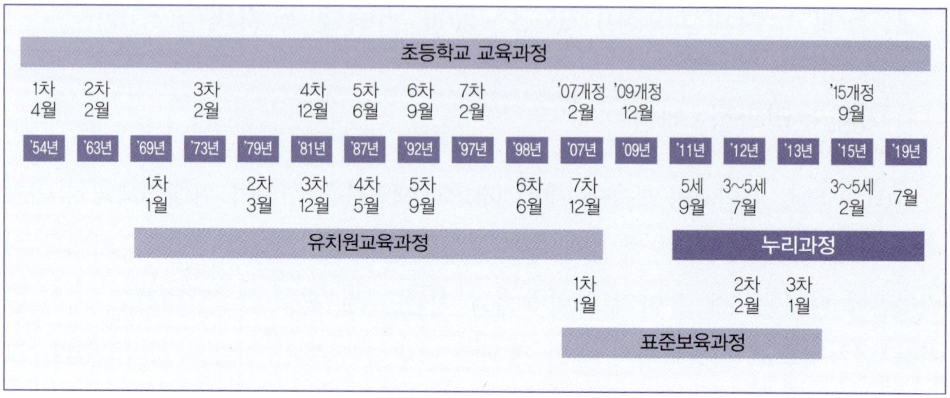

[그림 9-1] 표준보육과정, 유치원교육과정, 누리과정, 초등학교 교육과정 고시 연혁

3. 2019 개정 누리과정

교육부는 국정 과제 구현과 출발선 평등 실현을 위해 2017년 12월 '유아교육 혁신 방안'을 발표하였다. '유아교육 혁신 방안'의 주요 내용으로 '유아가 중심이 되는 놀이 위주의 교육과정 개편'이 명시되었다. 누리과정 혁신 방향에는 개별 유아의 다양한 특성을 고려하며, 유아의 자유 놀이 권장, 현장의 자율성 확대 등이 포함되어 있으며, 누리과정 관련 선행 연구는 '만 3~5세 연령별 누리과정'이 제정·개정되는 과정에서 누락된 누리과정의 성격과 인간상 등의 내용을 보완하여 국가 수준 교육과정으로서 보다 완성된 체계를 갖출 것을 제안하였다. 이러한 맥락에서 육아정책연구소는 교육부의 위탁으로 2018년 6월부터 누리과정 개정 정책 연구를 수행하였다. 개정 연구는 유아교육 전문가, 보육 전문가, 교육과정 전문가 등으로 구성된 연구진 11명과 교육부 및 보건복지부의 연구협력관을 포함하여 총 14명으로 구성하여 진행하였다. 연구진 전체가 개정 방향을 공유하고 연구의 효율을 높이고자 총론과 영역별 목표 및 내용을 전체 연구진이 공동으로 연구하여 논의하는 방법으로 연구를 진행하였으며, 10회의 전체 연구진 회의, 연구진 집중

워크숍 4회, 현장 교사 간담회 3회, 초등교육 전문가와 특수교육 전문가, 현장 교사를 포함한 전문가 자문회의 4회, 현장 포럼 5회, 전국 토론회 및 설명회 3회 등을 포함하여 총 29회에 걸친 공동 작업을 통하여 「2019 개정 누리과정」 1차 시안을 개발하였다. 이후 국어학자 2인의 윤문과 법학자의 의견 수렴을 거쳐 2019년 7월 24일 「2019 개정 누리과정(안)」을 확정·고시하였다(육아정책 연구소, 2019).

1) 「2019 개정 누리과정」의 주요 특성

(1) 유아 중심·놀이 중심을 추구

「2019 개정 누리과정」은 유아교육의 기본 정신인 '놀이'를 중심으로 유아들의 배움을 지원하는 유아 중심·놀이 중심 교육과정을 재정립하고자 '자유 놀이'를 강조하고, '놀이 시간을 충분히 편성'하는 등의 문장을 명시하였다. 이를 통해 정부의 교육 혁신 방향에서 강조하는 놀이와 쉼, 학습자를 중심으로 하는 교육의 방향을 통일감 있게 추진하고자 하였다. 유아·놀이 중심 교육과정은 유아의 놀이가 가지는 배움의 의미를 새롭게 이해하는 데서 출발한다. 그동안 유아교육에서는 유아의 놀이를 교육의 기본 정신으로 강조하였다. 그러나 한편으로는 유아가 스스로 놀이하며 배우고 있는지에 대한 걱정과 불안이 있었다. 또한 교사가 놀이보다는 활동을 통해 지식을 가르치는 것에 집중한다는 반성이 이루어지기도 하였다. 개정 누리과정에서는 이러한 점을 고려하여 교사가 놀이의 의미와 가치를 재이해하는 것이 필요함을 강조하였다. 교사가 가르치지 않아도 유아가 놀이하며 스스로 배울 수 있음을 이해하는 것은 놀이 중심 교육과정을 실천하는 데 중요한 출발점이 된다. 따라서 개정 누리과정의 교수·학습에서 유아가 놀이를 통해 배우도록 함을 명시하였다. 또한 5개 영역의 내용이 교사가 가르쳐야 할 내용이 아니라 유아가 경험하며 스스로 배우는 내용이라는 것을 구체적으로 설명하여 교사가 유아의 놀이와 배움을 재이해할 수 있도록 안내되어 있다.

(2) 누리과정 성격을 공통의 교육과정으로 명시

「2019 개정 누리과정」의 가장 큰 노력 중의 하나는 누리과정의 성격을 '국가 수준에서 고시한 공통의 교육과정'으로 명시한 부분이다. 누리과정을 공통의 교육과정으로 명시함으로써 그동안 유치원의 교육과정과 어린이집의 보육과정이라는 차원에서 가져온 현장의 혼란을 최소화하고자 하였다. 누리과정을 교육과정으로 명시한 점은 유아, 교사와 기관, 국가 차원에서 중요한 의미를 가진다. 유아 차원에서는 유치원과 어린이집에 다니는 3~5세 모든 유아가 편견이나 차별 없이 양질의 교육적 경험을 할 수 있음을 말한다. 교사와 기관 차원에서는 누리과정 운영의 자율성을 가지면서도 국가 수준의 교육과정을 우선적으로 존중하여 운영해야 하는 책임감도 강화된다. 그리고 국가 차원에서는 누리과정이 현장에서 지속적으로 운영될 수 있도록 행정적·재정적 지원을 해야 하는 의무가 있다. 또한 어린이집과 유치원에 다니는 만 3~5세 유아들에게 양질의 교육과정을 제공하고, 경험의 격차를 해소하고자 하는 노력이 보다 명시적으로 이루어질 수 있게 되었다.

(3) 추구하는 인간상을 명시하며 총론의 구성 체계 확립

「2019 개정 누리과정」에서는 '만 3~5세 연령별 누리과정'에서 누락되었던 인간상을 초·중등학교 교육과정의 인간상과 연계성을 고려하여 명시하였다. 개정 누리과정이 제시한 인간상은 건강한 사람, 자주적인 사람, 창의적인 사람, 감성이 풍부한 사람, 더불어 사는 사람이다. 추구하는 인간상의 제시는 유아가 누리과정 5개 영역의 내용을 경험하면서 어떠한 모습으로 성장해 가는지에 대한 교육적 비전을 명료히 제시하였다는 점에서 의의가 있다. 또한 이는 누리과정이 교육과정으로서 전체 구성 체계를 확립하고자 한 것이며, 동시에 21세기 미래 지향적 인간을 길러 내기 위한 핵심 역량을 반영하여 인간상을 제시한 '2015 초·중등학교 교육과정'과의 연계성 측면이 적극 반영된 것이다.

(4) 기존 누리과정 구성 체계 유지 및 5개 영역 내용 간략화

유아 중심 및 놀이 중심을 강조한 「2019 개정 누리과정」이 현장에서 안정적으로 실행될 수 있도록 '만 3~5세 연령별 누리과정'의 기본 구성 방향과 구성 체계를 가능한 유지하고자 하였으며, 이에 따라 신체운동·건강, 의사소통, 사회관계, 예술경험, 자연탐구의 5개 영역의 명칭을 그대로 유지하였다. 그러나 5개 영역의 내용 구성에 있어서 기존의 '만 3~5세 연령별 누리과정'이 유아의 연령별로 내용을 구성하였다면, 「2019 개정 누리과정」에서는 만 3~5세 '유아가 경험해야 할 최소한의 내용'으로 구성하였으며, 내용 범주를 영역별로 3개 정도로 조정하고 특히 연령별로 제시한 세부 내용의 핵심 요소를 내용과 통합 조정하여 59개의 내용으로 간략화하였다. 교사는 59개 내용을 유아가 자신에게 가장 적합한 방식으로 놀이하며 배우는 경험으로 이해함으로써, 유아 중심 교육과정을 실천할 수 있다. 연령 구분 없이 유아가 경험해야 할 내용으로 구성된 교육 내용은 유아가 놀이하는 실제 내용을 중심으로 누리과정을 운영해 갈 수 있는 토대가 된다는 점에서 의의가 있다.

(5) 누리과정 실행력과 현장의 자율성 강조

「2019 개정 누리과정」 총론에서 놀이 중심의 누리과정을 실행하는 데 어려움을 주는 용어 등을 조정하여 현장에서 유아가 중심이 되고 놀이가 살아나는 누리과정이 실행될 수 있도록 최대한 교사의 자율권을 지원하고자 하였다. 또한 5개 영역의 내용을 간략히 하고 경험과 놀이를 강조하여 현장 교사가 교사용 지도서가 아닌 고시문을 통해 보다 수월하게 교육과정을 실행할 수 있도록 누리과정 실행력 고취에 중점을 두었다. 이처럼 개정 누리과정에서 교사의 자율성을 강조하는 이유는 학습자 중심의 배움을 실현하는 데 교사의 교육적 판단이 중요한 역할을 하기 때문이다. 유아의 놀이는 예측하기 어렵고, 상황에 따라 다양하게 일어나므로, 교사가 유아의 놀이를 통한 배움을 최대한 지원하기 위해서는 자율성을 기반으로 상황에 적합한 판단을 해야 한다. 개정 누리과정에서는 그동안 놀이 중심 교육과정의 실행을 어렵게 했던 고시문의 세부 지침 등을 간략화함으로써 교사가 좀 더 자율성을 가지고 유아·놀이 중심 교육과정을 실천할 수 있도록 돕고자 하였다. 또한 개정 누리과정에서는 생활 주제 외에도 교사가 자율성을 가지고 다양한 통합 방식을 운영할 수 있도록 하였다. 유아는 놀이하면서 자연스럽게 5개 영역을 통합하여 경험하므로, 교사는 유아의 놀이를 존중함으로써 5개 영역의 통합을 실천할 수 있다. 또한 미리 정해진 생활 주제가 아니더라도, 유아의 놀이에서 나타나는 주제, 그림책, 사물 등을 활용하여 유아의 관심과 흥미를 중심으로 누리과정을 통합적으로 실천할 수 있다.

(6) 평가의 간략화

「2019 개정 누리과정」에서 누리과정의 평가는 평가의 목적, 평가의 대상, 평가의 방법, 그리고 평가의 활용을 기본 원리로 하는 간략한 문구로 기술하고자 하였으며, 이를 통해 유아에 대한 이해와 누리과정 운영 개선을 위한 현장 중심의 자율적 평가가 실행될 수 있도록 지원하고자 하였다. 즉 개정 누리과정에서는 기관과 학급(반) 수준에서 평가의 자율적 시행을 강조하였다. 교사가 놀이하며 배우는 유아의 실제 경험을 평가와 연계하여 이해하도록 평가의 자율성을 보장하였다. 또한 자율성이 강조되는 평가에서 고려해야 할 핵심 사항을 평가의 목적, 대상, 방법, 결과 활용으로 나누어 간략히 제시하였다. 무엇보다 누리과정을 운영하는 일상 속에서 유아가 실제 놀이하는 내용과 교사의 지원 내용을 기록한 계획안 등을 유아 평가 및 누리과정 운영 평가와 연계하여 활용할 수 있도록 하였다.

2) 「2019 개정 누리과정」 개정의 취지

(1) 미래 사회에 부응하는 새로운 교육과정

최근 국내외 교육과정은 역량을 중심으로 미래 사회에 부응하는 방향으로 나아가고 있다. 미래 사회는 지식이 많은 사람보다는 지식을 잘 활용할 수 있는 사람을 필요로 한다. 또한 자연과 생명을 존중하며 다른 사람과 함께 살아가는 바른 인성을 갖추고, 창조적 사고로 지속 가능한 사회를 만들어 갈 수 있는 역량을 갖춘 사람이 필요하다. 이러한 역량을 반영하여 개정된 「2015 개정 초·중등학교 교육과정」은 학습자의 경험을 강조하며, 학습 경험의 질 개선을 위하여 '배움을 즐기는 행복 교육'을 추구하고 있다. 「2019 개정 누리과정」에서는 새로운 시대의 요구에 따라, 교육 내용을 간략화하고 유아가 주도하는 놀이를 통해 배움이 구현될 수 있도록 유아·놀이 중심 교육과정으로 나아가고자 하였다.

「3~5세 연령별 누리과정」은 유치원교육과정과 3~5세 보육과정을 통합한 공통 과정으로서 유치원과 어린이집 유아들이 공통의 교육 내용을 경험할 수 있도록 하는 성과를 이루었다. 그러나 「3~5세 연령별 누리과정」은 연령별 교육 내용이 과다하다는 문제가 있었다. 이에 「2019 개정 누리과정」에서는 새로운 시대의 요구에 따라, 교육 내용을 간략화하고 유아가 주도하는 놀이를 통해 배움이 구현될 수 있도록 유아·놀이 중심 교육과정으로 나아가고자 하였다.

(2) 유아의 놀이가 중심이 되는 교육과정

놀이는 유아의 일상에서 자연스럽게 나타나며, 유아가 세상을 경험하고 배워 가는 방식이다. 유아는 온몸의 감각과 기억으로 자연과 세상을 만난다. 유아가 놀이하며 보여 주는 독특한 움직임, 표정, 재미있는 말과 이야기, 그림이나 노래 등은 모두 놀이의 과정이자 배움의 결과물이다. 유아는 놀이하며 다른 사람과 관계를 맺고 세상의 중요한 구성원으로 성장해 간다. 그러나 그동안 일부 현장에서는 교사용 지도서에 의존하여 누리과정을 획일적으로 운영하거나 교사가 계획한 자유선택 활동을 중심으로 놀이를 운영하여 유아가 자유롭게 주도하는 놀이를 실천하는 데 한계가 있었다. 개정 누리과정에서는 유아가 각자 자신에게 가장 적합한 방식으로 스스로 놀이하며 배운다는 점에 주목하여 유아가 주도하는 놀이를 강조하였다. 이는 유아의 놀이에 귀를 기울여 유아가 중심이 되고 놀이가 살아나는 교육과정을 만들고자 한 것이다. 이처럼 개정 누리과정은 교사가 유아 놀이의 가치와 의미를 이해하고, 유아의 놀이를 통한 배움을 지원하도록 하는 데 중점을 두었다.

(3) 유아의 놀이를 지원하기 위한 교사의 자율성

교사는 유아와 가장 가까이 있는 사람으로, 그 누구보다 유아의 놀이를 잘 아는 전문가이다. 교사는 유아의 놀이에 대한 의미를 이해하고 지원하며 유아와 함께 성장하고 배워 나간다. 교사는 활동을 계획하고 준비하는 데 많은 시간을 보내기보다는 유아의 놀이를 이해하고 지원하는 데 더 많은 시간을 보낼 필요가 있다. 유아의 놀이는 예측하여 계획하기 어렵기 때문에 교사는 유아의 놀이 흐름에 따라 가장 적합한 교육적 지원이 무엇인지를 상황에 따라 판단하고 실천해야 한다. 개정 누리과정에서는 국가 수준의 공통 기준을 최소화하여 교사의 자율성과 다양성을 존중하였다. 개정누리과정은 교사가 자율성을 기반으로 유아가 놀이하며 배운다는 가치를 믿고 유아가 중심이 되고 놀이가 살아나는 교육과정을 유아와 함께 실천해 갈 수 있도록 하였다.

10장

2019 개정 누리과정

참고 영상

1 아이들이 행복하고 놀이를 통해 성장하는 누리과정
https://www.youtube.com/watch?v=ZepnCPtENVY

2 [교육부] 놀이 아이성장의 무한공간
https://www.youtube.com/watch?v=S2cza01fV8g

3 놀이는 밥이다
https://www.youtube.com/watch?v=vriI6bXW6Yk

2019 개정 누리과정은 개별 유아의 다양한 특성 고려, 유아의 주도적인 놀이, 교육 현장의 자율성 확대를 기본 방향으로 '유아가 중심이 되고 놀이가 살아나는 교육과정'을 추구하고 있다. 2019 개정 누리과정에서는 특히 '유아가 주도하는 놀

이'를 더욱 강조하고 있다. 유아가 주도하는 놀이는 놀이의 자유로움, 유아의 자발적인 참여, 즐거움을 의미한다. 개정 누리과정에서 강조하고 있는 놀이는 유아가 흥미와 관심을 가지고 자발적으로 놀이에 즐겁게 참여하며 배우는 과정이다. 따라서 유아가 놀이에서 보이는 자발성과 주도성, 즐거움은 배움의 잠재적인 힘이 된다. 본 장에서는 2019 개정 누리과정 고시문 및 해설서(교육부, 보건복지부, 2019)를 살펴보는 것을 통해 누리과정의 구성 체계, 성격, 구성 방향, 목적과 목표, 구성의 중점, 편성·운영, 교수·학습 방법, 평가, 5개 영역별 내용에 대해 알아보고자 한다.

1. 누리과정의 구성 체계

「3~5세 연령별 누리과정」과 「2019 개정 누리과정」 구성 체계를 비교해 보면, 총론에 앞서 '누리과정의 성격'과 총론 누리과정의 구성 방향에 '추구하는 인간상'이 신설되었다. 또한 목적과 목표, 편성과 운영을 별도의 절로 기술하던 것에서 개정 누리과정에서는 함께 기술하고 있다. 각론의 경우, 기존의 누리과정은 연령별 누리과정으로 명시하며 목표와 내용을 분리하여 기술하고, 영역별 내용에서는 연령별로 5개 영역의 내용을 기술함으로써 연령 간 연계성을 한눈에 보기 어려웠으나, 「2019 개정 누리과정」에서는 영역별로 목표와 내용을 함께 제시함으로써 목표와 내용의 연계를 추구하였다.

〈표 10-1〉 누리과정의 구성 체계 비교

3~5세 연령별 누리과정 구성 체계(2015)	2019 개정 누리과정 구성 체계
제1장 누리과정의 총론 Ⅰ. 구성 방향 Ⅱ. 목적과 목표 1. 목적 2. 목표 Ⅲ. 편성과 운영 1. 편성 2. 운영 3. 교수·학습 4. 평가	누리과정의 성격 (신설) **제1장 총론** Ⅰ. 누리과정의 구성 방향 1. 추구하는 인간상 (신설) 2. 목적과 목표 3. 구성의 중점 Ⅱ. 누리과정의 운영 1. 편성·운영 2. 교수·학습 3. 평가
제2장 연령별 누리과정 제1절 3~5세 연령별 누리과정의 영역별 목표 Ⅰ. 신체운동·건강 Ⅱ. 의사소통 Ⅲ. 사회관계 Ⅳ. 예술경험 Ⅴ. 자연탐구 제2절 3~5세 연령별 누리과정의 영역별 내용 Ⅰ. 3세 누리과정 1. 신체운동·건강 2. 의사소통 3. 사회관계 4. 예술경험 5. 자연탐구 Ⅱ. 4세 누리과정 (위 1~5 동일) Ⅲ. 5세 누리과정 (위 1~5 동일)	**제2장 영역별 목표 및 내용** Ⅰ. 신체운동·건강 1. 목표 2. 내용 Ⅱ. 의사소통 1. 목표 2. 내용 Ⅲ. 사회관계 1. 목표 2. 내용 Ⅳ. 예술경험 1. 목표 2. 내용 Ⅴ. 자연탐구 1. 목표 2. 내용

2. 누리과정의 성격

교육과정에서 제시되는 성격은 국가 수준 교육과정의 구성 체계를 확립하는 출발점이다. 개정 누리과정에서도 '성격' 항목을 신설하여 누리과정을 '3~5세 유아를 위한 국가 수준의 공통 교육과정'으로 정의하였다. 개정 누리과정의 성격은 「2015 개정 초·중등학교 교육과정」 성격의 구성 체계와 연계하고, 유아기의 고유한 특징을 반영하여 '유아 중심 및 놀이 중심'을 강조하고 있다.

누리과정은 3~5세 유아를 위한 국가 수준의 공통 교육과정이다.

'국가 수준 교육과정'이란 국가에서 교육과정을 개발하고 평가하는 것으로 그 사회가 지향하는 교육적 인간상을 바탕으로 교육의 목적, 내용과 방법, 교육과정 운영 기준 및 기본 지침을 담고 있는 법적 문서를 의미한다. 국가 수준 교육과정은 교육 목표 및 교육 내용에 대한 공통적이고 기본적인 기준을 제시함으로써 단위 학교에서 운영하는 교육과정의 방향을 제시하고 교육 질의 형평성을 담보할 수 있다. 다음으로 '공통'이라는 용어는 유치원과 어린이집 두 기관 모두를 지칭한다. 국가 수준의 공통 교육과정으로서 누리과정은 3~5세 유아가 다니는 유치원과 어린이집에서 누리과정을 운영할 때 우선적으로 고려해야 할 공통적이고 일반적인 기준을 국가가 고시한 것이다. 따라서 유치원과 어린이집의 교육과정 실행은 국가 수준 교육과정의 틀을 가지고 지역이나 단위 기관, 학급의 특성을 반영하여 교사가 자율적으로 전개할 수 있다. 또한 유치원과 어린이집에 다니는 3~5세 유아는 국가 수준의 교육과정에서 제시하는 기준에 따라 차별 없이 양질의 교육적 경험을 할 수 있게 된다는 의미이다.

이어서 '누리과정의 성격'에서는 다섯 가지의 특성을 기술하고 있는데, 특히 이번 누리과정 개정의 핵심인 유아 중심과 놀이 중심을 명시하고 있다. 그 밖에 개정 누리과정은 공통성과 다양성, 전인적 발달과 행복, 자율성과 창의성 신장, 함께 실현해 가는 것을 추구한다고 밝히고 있다.

가. 국가 수준의 공통성과 지역, 기관 및 개인 수준의 다양성을 동시에 추구한다.

나. 유아의 전인적 발달과 행복을 추구한다.

다. 유아 중심과 놀이 중심을 추구한다.

라. 유아의 자율성과 창의성 신장을 추구한다.

마. 유아, 교사, 원장(감), 학부모 및 지역사회가 함께 실현해 가는 것을 추구한다.

3. 누리과정의 구성 방향

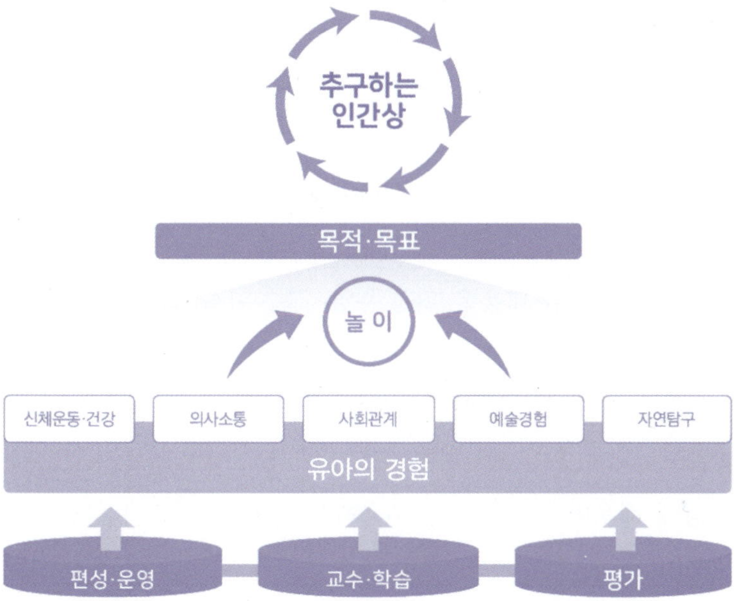

[그림 10-1] 누리과정의 구성 방향

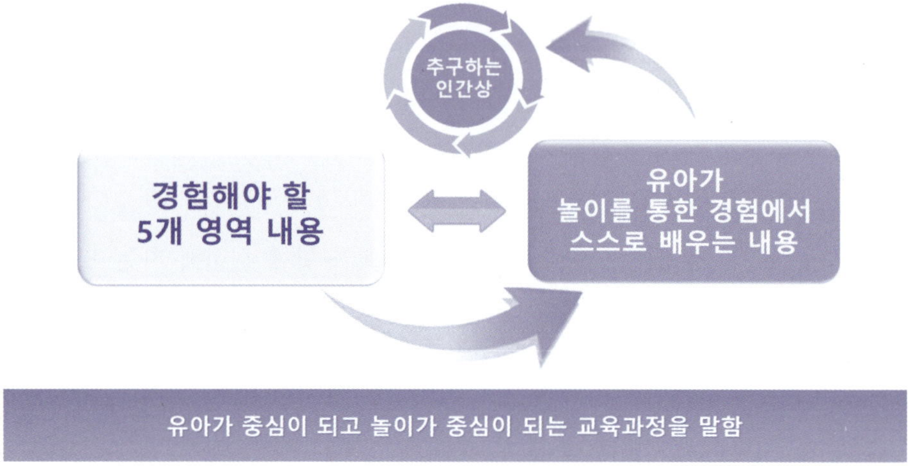

[그림 10-2] 유아·놀이 중심 교육과정

누리과정은 성격, 총론과 영역별 목표 및 내용으로 구성되어 있다. 성격은 개정 누리과정이 국가 수준 공통 교육과정임을 명시한 것이다. 총론은 누리과정의 구성 방향과 누리과정의 운영으로 구성되어 있으며, [그림 10-1]에서와 같이 누리과정의 구성 방향에서는 추구하는 인간상, 목적과 목표, 구성의 중점을 제시하였다. 누리과정 운영에 관한 내용은 편성·운영, 교수·학습, 그리고 평가로 나누어 기술하였다. 영역별 목표 및 내용에서는 신체운동·건강, 의사소통, 사회관계, 예술경험, 자연탐구 등 5개 영역의 목표와 59개의 내용을 기술하고 있다. 총론은 현장에서 누리과정을 어떻게 운영해야 하는지를 안내하고, 영역별 목표 및 내용은 유아가 놀이를 통해 배우며 궁극적으로 추구하는 인간상을 향해 성장해 갈 수 있도록 돕는 내용이다.

1) 추구하는 인간상

누리과정의 추구하는 인간상은 초등학교 교육과정의 추구하는 인간상과 연계된다. 초등학교 교육과정의 추구하는 인간상은 ① 자주적인 사람 ② 창의적인 사람 ③ 교양 있는 사람 ④ 더불어 사는 사람이다. 여기서 '교양 있는 사람'에 대해 유아 수준에서의 기술에 대한 전문가들의 많은 논의와 협의 과정을 거쳐 '감성이 풍부한 사람'으로 확정되었다. 또한 초등학교 교육과정에는 없지만, 누리과정에서만 있는 인간상은 '건강한 사람'이다. 평생 건강의 기초가 되는 유아기에는 몸과 마음이 건강한 것이 제일 중요하다는 합의가 있어 추구하는 인간상의 가장 처음 부분인 '가' 부분에 제시하였다.

교육과정으로서의 비전 제시

가. 건강한 사람	몸과 마음이 고루 발달하고 스스로 건강함을 유지하며 안정적이고 안전한 생활을 하는 사람
나. 자주적인 사람	자신에 대해 잘 알고 존중하며 자신감을 가지고 스스로 할 수 있는 일을 주도적으로 해 나가는 사람
다. 창의적인 사람	주변 세계에 열려 있고 호기심이 많으며 자기만의 방식으로 상상하고 느끼고 표현하고 탐구하는 가운데 새롭고 독창적인 생각을 하는 사람
라. 감성이 풍부한 사람	예술과 문화를 사랑하고 존중하며 자신을 둘러싼 주변 세계에 경이감과 아름다움을 느끼고 즐길 수 있는 풍부한 문화적 감수성을 지닌 사람
마. 더불어 사는 사람	내가 속해 있는 사회에 소속감을 느끼며 다른 생명과 사람을 존중하고 배려하며 보다 나은 사회를 만들기 위해 사회 문제에 관심을 갖고 협력하며 나눔을 실천해 가는 민주 시민

[그림 10-3] 추구하는 인간상

2) 목적과 목표

누리과정의 목적은 '유아가 놀이를 통해 심신의 건강과 조화로운 발달을 이루고 바른 인성과 민주 시민의 기초를 형성'하는 데에 있다. 이를 실현하기 위한 목표는 다음과 같다.

가. 자신의 소중함을 알고, 건강하고 안전한 생활 습관을 기른다.
나. 자신의 일을 스스로 해결하는 기초 능력을 기른다.
다. 호기심과 탐구심을 가지고 상상력과 창의력을 기른다.
라. 일상에서 아름다움을 느끼고 문화적 감수성을 기른다.
마. 사람과 자연을 존중하고 배려하며 소통하는 태도를 기른다.

추구하는 인간상				
건강한 사람	자주적인 사람	창의적인 사람	감성이 풍부한 사람	더불어 사는 사람

목표				
자신의 소중함을 알고 건강하고 안전한 생활 습관을 기른다.	자신의 일을 스스로 해결하는 기초 능력을 기른다.	호기심과 탐구심을 가지고 상상력과 창의력을 기른다.	일상에서 아름다움을 느끼고 문화적 감수성을 기른다.	사람과 자연을 존중하고 배려하며 소통하는 태도를 기른다.

5개 영역에 대한 목표는 아니며, 추구하는 인간상과 연계됨

5개 영역				
신체운동·건강	의사소통	사회관계	예술경험	자연탐구

추구하는 인간상은 5개 영역에 골고루 스며들어 있음

[그림 10-4] 추구하는 인간상과 목표 및 5개 영역 관계 이해

3) 구성의 중점

가. 3~5세 모든 유아에게 적용할 수 있도록 구성한다.

나. 추구하는 인간상 구현을 위한 지식, 기능, 태도 및 가치를 반영하여 구성한다.

다. 신체운동·건강, 의사소통, 사회관계, 예술경험, 자연탐구의 5개 영역을 중심으로 구성한다.

라. 3~5세 유아가 경험해야 할 내용으로 구성한다.

마. 0~2세 보육과정 및 초등학교 교육과정과의 연계성을 고려하여 구성한다.

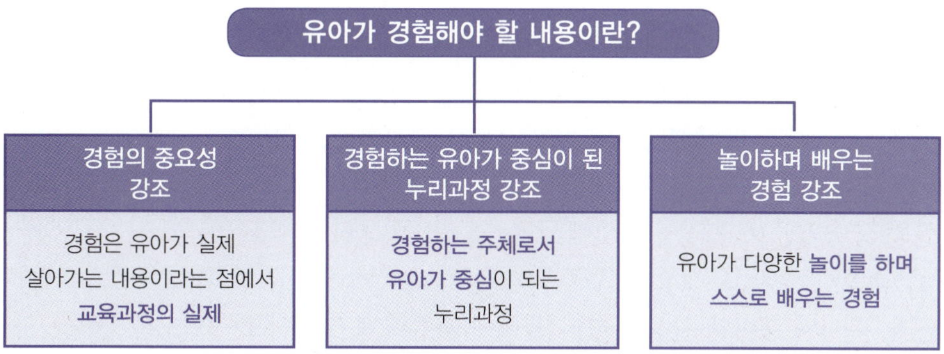

[그림 10-5] 유아가 교육과정을 통해 경험해야 할 내용

4. 누리과정의 운영

1) 편성·운영

가. 1일 4~5시간을 기준으로 편성한다.

나. 일과 운영에 따라 확장하여 편성할 수 있다.

다. 누리과정을 바탕으로 각 기관의 실정에 적합한 계획을 수립하여 운영한다.

라. 하루 일과에서 바깥 놀이를 포함하여 유아의 놀이가 충분히 이루어지도록 편성하여 운영한다.

마. 성, 신체적 특성, 장애, 종교, 가족 및 문화적 배경 등으로 인한 차별이 없도록 편성하여 운영한다.

바. 유아의 발달과 장애 정도에 따라 조정하여 운영한다.

사. 가정과 지역사회와의 협력과 참여에 기반하여 운영한다.

아. 교사 연수를 통해 누리과정의 운영이 개선되도록 한다.

2) 교수·학습

가. 유아가 흥미와 관심에 따라 놀이에 자유롭게 참여하고 즐기도록 한다.

나. 유아가 놀이를 통해 배우도록 한다.

다. 유아가 다양한 놀이와 활동을 경험할 수 있도록 실내외 환경을 구성한다.

라. 유아와 유아, 유아와 교사, 유아와 환경 간에 능동적인 상호 작용이 이루어지도록 한다.

마. 5개 영역의 내용이 통합적으로 유아의 경험과 연계되도록 한다.

바. 개별 유아의 요구에 따라 휴식과 일상생활이 원활히 이루어지도록 한다.

사. 유아의 연령, 발달, 장애, 배경 등을 고려하여 개별 특성에 적합한 방식으로 배우도록 한다.

교사가 주도하는 활동 → **유아가 주도하는 놀이**

놀이와 활동의 차이 이해

유아의 흥미와 무관하게
교사가 정해진 주제 중심으로
이끌어 가는
수업 중심 활동 지양

유아가 주도하는 놀이를 통한 배움

사전 계획을 최소화하고
놀이가 먼저 실행되는
교육과정으로 개선

활동은 유아의 놀이를
지원하기 위하여 할 수 있음

[그림 10-6] 교사 주도 활동–유아 주도 놀이

3) 평가

가. 누리과정 운영의 질을 진단하고 개선하기 위해 평가를 계획하고 실시한다.

평가의 목적

- 유아가 중심이 되고, 놀이가 살아나는 누리과정 운영을 자체적으로 평가하여 보다 나은 방향으로 개선
- 누리과정 운영에서 개선이 필요한 사항에 대해 평가 계획 수립

평가 계획

- 지역 특성, 각 기관 및 학급의 상황과 요구 고려
- 평가의 내용, 평가 주기 및 시기, 평가 방법 등에 대한 계획

〈자율적·민주적 협의〉

[그림 10-7] 평가의 목적 및 평가 계획

나. 유아의 특성 및 변화 정도와 누리과정의 운영을 평가한다.

유아의 특성 및 변화 정도 이해

- 놀이, 일상생활, 활동 속에서 나타나는 유아의 자연스러운 모습과 놀이의 의미와 특성을 발견하고 이를 유아의 변화 과정으로 이해

누리과정 운영 평가

- 유치원과 어린이집에서 유아 놀이 중심의 누리과정이 잘 실행되었는지를 점검하는 것

[그림 10-8] 평가의 내용

다. 평가의 목적에 따라 적합한 방법을 사용하여 평가한다.

라. 평가의 결과는 유아에 대한 이해와 누리과정 운영 개선을 위한 자료로 활용할 수 있다.

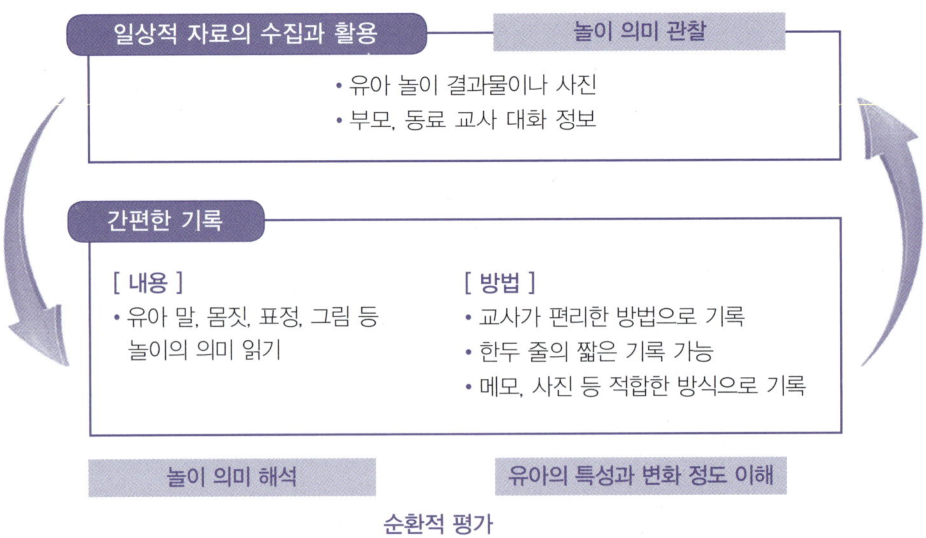

[그림 10-9] 평가 결과의 활용

5. 영역별 목표 및 내용

신체운동·건강	의사소통	사회관계	예술경험	자연탐구
실내외에서 신체 활동을 즐기고 건강하고 안전한 생활을 한다.	일상생활에 필요한 의사소통 능력과 상상력을 기른다.	자신을 존중하고 더불어 생활하는 태도를 가진다.	아름다움과 예술에 관심을 가지고 창의적 표현을 즐긴다.	탐구하는 과정을 즐기고, 자연과 더불어 살아가는 태도를 가진다.

[그림 10-10] 누리과정 5개 영역별 목표

3~5세 연령별 누리과정

영역	내용 범주
신체 운동·건강	신체 인식하기
	신체 조절과 기본 운동하기
	신체 활동에 참여하기
	건강하게 생활하기
	안전하게 생활하기
의사 소통	듣기
	말하기
	읽기
	쓰기
사회 관계	나를 알고 존중하기
	나와 다른 사람의 감정 알고 조절하기
	가족을 소중히 여기기
	다른 사람과 더불어 생활하기
	사회에 관심 가지기
예술 경험	아름다움 찾아보기
	예술적 표현하기
	예술 감상하기
자연 탐구	탐구하는 태도 기르기
	수학적 탐구하기
	과학적 탐구하기

유아의 경험 실제 강조

2019 개정 누리과정

영역	내용 범주
신체 운동· 건강	신체 활동 **즐기기**
	건강하게 생활하기
	안전하게 생활하기
의사 소통	**듣기와 말하기**
	읽기와 쓰기에 관심 가지기
	책과 이야기 즐기기
사회 관계	나를 알고 존중하기
	더불어 생활하기
	사회에 관심 가지기
예술 경험	아름다움 찾아보기
	창의적으로 표현하기
	예술 감상하기
자연 탐구	탐구 과정 **즐기기**
	생활 속에서 탐구하기
	자연과 더불어 살기

[그림 10-11] 3~5세 연령별 누리과정과 2019 개정 누리과정

1) 신체운동 · 건강

(1) 목표

실내외에서 신체 활동을 즐기고, 건강하고 안전한 생활을 한다.

① 신체 활동에 즐겁게 참여한다.

② 건강한 생활 습관을 기른다.

③ 안전한 생활 습관을 기른다.

(2) 내용 범주 및 내용

내용 범주	내용
신체 활동 즐기기	신체를 인식하고 움직인다.
	신체 움직임을 조절한다.
	기초적인 이동 운동, 제자리 운동, 도구를 이용한 운동을 한다.
	실내외 신체 활동에 자발적으로 참여한다.
건강하게 생활하기	자신의 몸과 주변을 깨끗이 한다.
	몸에 좋은 음식에 관심을 가지고 바른 태도로 즐겁게 먹는다.
	하루 일과에서 적당한 휴식을 취한다.
	질병을 예방하는 방법을 알고 실천한다.
안전하게 생활하기	일상에서 안전하게 놀이하고 생활한다.
	TV, 컴퓨터, 스마트폰 등을 바르게 사용한다.
	교통안전 규칙을 지킨다.
	안전사고, 화재, 재난, 학대, 유괴 등에 대처하는 방법을 경험한다.

(3) 개정 중점 내용

- '신체 활동 즐기기'의 내용 강조
- '건강하게 생활하기'에 '즐겁게 먹기' 내용 새롭게 포함
- 안전교육 강조

2) 의사소통

(1) 목표

일상생활에 필요한 의사소통 능력과 상상력을 기른다.

① 일상생활에서 듣고 말하기를 즐긴다.

② 읽기와 쓰기에 관심을 가진다.

③ 책이나 이야기를 통해 상상하기를 즐긴다.

(2) 내용 범주 및 내용

내용 범주	내용
듣기와 말하기	말이나 이야기를 관심 있게 듣는다.
	자신의 경험, 느낌, 생각을 말한다.
	상황에 적절한 단어를 사용하여 말한다.
	상대방이 하는 이야기를 듣고 관련해서 말한다.
	바른 태도로 듣고 말한다.
	고운 말을 사용한다.
읽기와 쓰기에 관심 가지기	말과 글의 관계에 관심을 가진다.
	주변의 상징, 글자 등의 읽기에 관심을 가진다.
	자신의 생각을 글자와 비슷한 형태로 표현한다.
책과 이야기 즐기기	책에 관심을 가지고 상상하기를 즐긴다.
	동화, 동시에서 말의 재미를 느낀다.
	말놀이와 이야기 짓기를 즐긴다.

(3) 개정 중점 내용

- '듣기'와 '말하기'를 '듣기와 말하기'로 통합하여 듣고 말하는 경험이 분리되지 않는 실제를 반영

- '읽기'와 '쓰기'를 통합하여 '읽기와 쓰기에 관심 가지기' 제시
- '책과 이야기 즐기기' 내용 범주 새롭게 제시
- 전반적으로 자연스러운 일상과 즐거운 경험 강조

3) 사회관계

(1) 목표

자신을 존중하고 더불어 생활하는 태도를 가진다.

① 자신을 이해하고 존중한다.

② 다른 사람과 사이좋게 지낸다.

③ 우리가 사는 사회와 다양한 문화에 관심을 가진다.

(2) 내용 범주 및 내용

내용 범주	내용
나를 알고 존중하기	나를 알고 소중히 여긴다.
	나의 감정을 알고 상황에 맞게 표현한다.
	내가 할 수 있는 것을 스스로 한다.
더불어 생활하기	가족의 의미를 알고 화목하게 지낸다.
	친구와 서로 도우며 사이좋게 지낸다.
	친구와의 갈등을 긍정적인 방법으로 해결한다.
	서로 다른 감정, 생각, 행동을 존중한다.
	친구와 어른께 예의 바르게 행동한다.
	약속과 규칙의 필요성을 알고 지킨다.
사회에 관심 가지기	내가 살고 있는 곳에 대해 궁금한 것을 알아본다.
	우리나라에 대해 자부심을 가진다.
	다양한 문화에 관심을 가진다.

(3) 개정 중점 내용

- ‘나’와 관련된 세부 내용은 ‘나를 알고 존중하기’로 통합하여 제시
- 자연을 소중히 여기는 내용을 자연탐구 영역으로 편성
- 인성교육 내용 강화
- 문화의 다양성 강조

4) 예술경험

(1) 목표

아름다움과 예술에 관심을 가지고 창의적 표현을 즐긴다.

① 자연과 생활 및 예술에서 아름다움을 느낀다.

② 예술을 통해 창의적으로 표현하는 과정을 즐긴다.

③ 다양한 예술 표현을 존중한다.

(2) 내용 범주 및 내용

내용 범주	내용
아름다움 찾아보기	자연과 생활에서 아름다움을 느끼고 즐긴다.
	예술적 요소에 관심을 갖고 찾아본다.
창의적으로 표현하기	노래를 즐겨 부른다.
	신체, 사물, 악기로 간단한 소리와 리듬을 만들어 본다.
	신체나 도구를 활용하여 움직임과 춤으로 자유롭게 표현한다.
	다양한 미술 재료와 도구로 자신의 생각과 느낌을 표현한다.
	극놀이 경험이나 이야기를 표현한다.
예술 감상하기	다양한 예술을 감상하며 상상하기를 즐긴다.
	서로 다른 예술 표현을 존중한다.
	우리나라 전통 예술에 관심을 갖고 친숙해진다.

(3) 개정 중점 내용

- '아름다움 찾아보기'를 자연과 생활에서 아름다움을 느끼고 즐기는 내용으로 새롭게 제시
- '통합적으로 표현하기'를 '창의적으로 표현하기'로 명칭 변경
- '예술 감상하기'에서 상상하기와 전통 예술에 친숙해지기 등을 강조

5) 자연탐구

(1) 목표

탐구하는 과정을 즐기고, 자연과 더불어 살아가는 태도를 가진다.

① 일상에서 호기심을 가지고 탐구하는 과정을 즐긴다.

② 생활 속의 문제를 수학적, 과학적으로 탐구한다.

③ 생명과 자연을 존중한다.

(2) 내용 범주 및 내용

내용 범주	내용
탐구 과정 즐기기	주변 세계와 자연에 대해 지속적으로 호기심을 가진다.
	궁금한 것을 탐구하는 과정에 즐겁게 참여한다.
	탐구 과정에서 서로 다른 생각에 관심을 가진다.
생활 속에서 탐구하기	물체의 특성과 변화를 여러 가지 방법으로 탐색한다.
	물체를 세어 수량을 알아본다.
	물체의 위치와 방향, 모양을 알고 구별한다.
	일상에서 길이, 무게 등의 속성을 비교한다.
	주변에서 반복되는 규칙을 찾는다.
	일상에서 모은 자료를 기준에 따라 분류한다.
	도구와 기계에 대해 관심을 가진다.

내용 범주	내용
자연과 더불어 살기	주변의 동식물에 관심을 가진다.
	생명과 자연환경을 소중히 여긴다.
	날씨와 계절의 변화를 생활과 관련짓는다.

(3) 개정 중점 내용

- '탐구 과정 즐기기' 강조
- '수학적 탐구하기'와 '과학적 탐구하기'로 구분되었던 내용을 '생활 속에서 탐구하기'로 통합하여 제시
- '자연과 더불어 살기'는 생명과 저연환경의 소중함을 경험하는 내용으로 새롭게 편성

5부

유아교육 프로그램

11장

다양한 유아교육 프로그램

1. 몬테소리 프로그램

1) 몬테소리 프로그램 성립 배경

몬테소리 프로그램은 1900년대 초기에 미국에 전파되어 유아교육에 상당한 영향을 미치며 확대되기 시작하였으나 1920년 이후에는 거의 찾아볼 수 없게 되었다. 그 중요한 원인으로는 진보주의 교육 운동의 영향으로 유아의 놀이, 창조성, 상상력 등이 강조되고 무엇보다 집단 활동과 사회화가 강조되므로 인해 몬테소리 교육의 개인주의 개념과는 갈등을 불러일으켰기 때문이다. 그러나 1960년대에 이르러 유아의 지적 발달과 교육이 강조되고 불우 아동에 대한 관심이 증대되므로 인해 몬테소리 교육법은 다시 활기를 되찾게 되었다.

몬테소리(Montessori)는 유아교육의 목적은 유아가 가진 잠재력을 충분히 발휘할 수 있도록 돕는 데 있다고 보았다. 그러므로 교사는 소극적 자세로 도와주고 유아는 적극적인 자세이어야 한다. 즉 간섭과 지시보다는 유아가 스스로 탐구하고 자율적으로 창의력을 발휘할 수 있도록 준비된 환경을 만들어 주고 도와주라는 것이다. 특히 유아를 끊임없이 자신을 창조해 가는 무한한 잠재 능력을 지닌 자유로운 존재라고 하였다. 이에 따라 몬테소리 프로그램은 자연주의에 입각하였다고 볼 수 있다.

몬테소리의 교육 철학은 최상의 교육은 아동에게 일방적으로 가르치는 것이 아니라 구체적 목적이 있는 활동을 하면서 아동 스스로 배우도록 하는 것이라고 하였다. 즉 영유아를 자유로운 환경에서 스스로 발달해 나갈 수 있는 잠재적인 능력을 가진 존재로 보았다. 또 몬테소리는 면밀한 관찰을 토대로 영유아는 자신의 성숙 기제에 따라서 스스로 학습한다고 자율교육 개념을 설명하였다. 이와 같이 몬테소리는 전통적인 교육의 기계적이고 억압적인 분위기를 비판하고 '어린이로부터의 교육'을 주장한 20세기 초반 교육 개혁의 흐름과 맥을 같이하게 되었다.

2) 몬테소리 프로그램 기본 개념

(1) 민감기

유아가 특정 기능을 배우고자 하는 욕구가 강하며 쉽게 배울 수 있도록 유전적으로 계획되어 있는 시기를 말하며 이 시기를 놓친 유아는 대상에 대한 민감성을 잃어버리고, 이후에 다시 기회가 오지 않아 발달과 성숙에 지장을 초래하게 된다. 민감기는 일시적인 것이지만 그 일정 기간을 제대로 극복한 결과로서 얻을 수 있는 혜택은 평생에 이른다. 대상에 대한 어떤 특성이 획득되었을 때 그 특성에 대한 민감기는 약화되어 사라지고 또 다른 성격의 민감기가 찾아온다. 유아의 민감기는 어른들은 상상할 수 없을 정도로 폭넓게 아이의 흥미나 실력이 되어 나타나므로 어른들은 아이의 민감한 특징을 이해하고 생활 속에서 그것을 잘 관찰해야 한다.

(2) 흡수 정신

흡수 정신은 민감기를 보내는 유아의 주위 환경이나 정보, 사건에 대해 별다른 노력 없이 지식을 획득하는 능력이다. 0~6세의 흡수 정신은 정신 건설의 시기로서 환경에 있는 모든 것을 흡수함과 동시에 유아 스스로 교육하는 힘을 갖고 능동적으로 환경과 상호 작용한다. 흡수 정신은 무의식적으로 흡수하는 과정을 통해서 환경에 대한 지식을 자신의 정신세계로 통합하는 0세에서 3세까지의 '무의식적인 흡수 단계'와 환경과의 상호 작용을 통해 직접적으로 경험하고자 하는 의지가 나타나는 3세에서 6세까지의 '의식적인 흡수 단계'로 나뉠 수 있다. 이 시기의 영유아들은 판단, 검증, 학습되지 않은 모든 것을 조건 없이 받아들이는 단점이 있기 때문에 교사는 말로 가르치는 것이 아니라 준비된 환경에서 아이에게 문화적 활동을 할 수 있도록 일련의 동기를 만들어 정리해야 한다.

(3) 정상화

정상화란 유아의 천성이 왜곡 없이 발달하여 타인에게 의지하지 않고 독립적이게 되는 것을 말한다. 몬테소리는 지적이며 창조적이고 활동적인 유아 본래의 천성이 일탈되지 않고 그대로 성장할 수 있도록 돕는 것에 교육의 일차적인 목표를 두었는데 이것은 유아 본래 정신인 정상성을 찾고 보존하는 것을 의미한다. 유아가 정상화되면 모든 교육은 질서를 가지고 실행될 수 있다. 교사는 유아에게 적합한 구체적인 작업과 교구를 제공하고 유아의 정상화를 위한 목적과 방향에 적합한 교육과정을 제공해야 할 것이다.

(4) 준비된 환경

몬테소리는 준비된 환경에서 유아가 가장 잘 학습한다고 보았다. 준비된 환경이란, 각 단계에 있는 유아의 발달을 촉진하기 위하여 주의 깊게 관찰해 의도적으로 계획하고 준비한 것을 말한다. 유아의 교육 환경은 개별 유아의 특성에 적합한 교재·교구를 갖추어야 한다.

(5) 자동교육

유아의 학습이 자기 스스로에 의해 주도될 수 있도록, 유아 스스로 시행착오를 거치면서 자연스럽게 학습할 수 있게 하는 것이다. 과학적인 관찰을 통하여 유아 스스로 만족할 때까지 활동적이며 적극적이고 창조적인 활동을 하게 한다. 다양한 교재와 교구들을 유아에게 제공하여 유아 스스로 문제를 해결할 때까지 실험할 수 있는 기회를 제공하여야 한다. 이때 교사는 유아의 학습에 개입을 하지 않아야 한다.

3) 몬테소리 프로그램의 영역별 특징과 내용

몬테소리는 어린이집에서 영유아를 관찰한 결과, 각 민감기에 해당되는 영유아들의 요구에 적절한 교재와 교구를 갖춘 환경을 제공한다면, 영유아들은 놀라운 집중력과 끈기로 각 교구가 의미하는 원리와 기능을 스스로 알아내고 숙달되도록 연습한다는 사실을 알게 되었다. 또한 이런 과정을 거친 영유아들은 즐거움을 느끼며 편안한 상태에 이르게 되는데, 몬테소리는 영유아들이 자신이 지니고 태어난 천성을 벗어나지 않고 자연스럽게 성장해 나가는 과정을 정상화라고 보았다. 따라서 몬테소리 프로그램이 지향하는 목표도 영유아의 정상화에 있다고 할 수 있다(황해익 외, 2012).

(1) 일상 영역

독립심, 자기 조절, 집중력, 만족감을 길러 주는 도구, 감각·수·언어의 기초적인 준비 단계이다.

- 훈련이 잘 되어갈 때(물건의 성질을 알고 신체 부분이 자유롭게 잘 움직여졌을 때) 그 감각을 잘 발달시킬 수 있다.
- 일상 영역에서는 감각을 일깨우기 위한 준비 단계로 걷기, 주전자 옮기기, 의자에 앉고 서기, 책상 앞에 앉고 서기, 매트 옮기기, 매트 말고 펴기, 매트 솔질하기, 교구 나르기, 물 떠오고 버리기 등의 활동을 하며, 옮기기, 짜기, 두드리기, 자르기, 접기, 푸기, 분류하기, 맞추기, 붙이기 등의 소근육 활동도 병행한다.

① 일상 영역의 목적

- 어린이의 신체적 발달을 촉진한다. 어린이는 일상생활 연습에 대한 기쁨과 즐거움 때문에 타인과의 바람직한 사회적 인간관계를 형성하고 긍정적인 태도를 갖게 된다.
- 어린이를 정서적으로 풍요롭게 한다.
- 일상생활 연습을 통해 작업 내용을 독립적이고 객관적으로 판단하고 평가할 수 있다.
- 근육 조절, 독립심, 집중력, 사회성을 키우게 되며 올바른 인격 형성에 도움을 준다.

② 일상 영역의 특징

- 어린이 신체 크기로 되어 있다.
- 아름답고 매력적으로 되어 있다.
- 단순한 것에서 복잡한 것, 구체적인 것에서 추상적인 것으로 전개된다.
- 전체를 알고 부분적으로 인식하도록 계통화되어 있다.
- 직접 목적, 간접 목적이 따로 있다.
- 일상성이 있고 실물로 되어 있다.

- 자연과의 연관이 있다.
- 실패 요소가 많지 않고 난이도가 적당하다.

(2) 감각 영역

① 감각 교구의 목적

- 구조화된 순서의 경험을 제공함으로써 유아들이 감각의 질서와 순서를 창조하는 과업을 성취하는 것을 도와주는 데 있다. 유아의 작업을 통한 감각은 구체적인 것에서부터 추상적인 것으로 전이되면서 발달된다. 몬테소리 교구는 대개 어린이의 감각 발달을 위해 개발되었다.
- 유아기의 감각 경험 교육은 대소근육 발달, 질서감, 감각 근육 기억력과 지각력, 보다 높은 추상적인 사고력 발달로 이어져 앞으로의 학습 준비에 도움을 준다.

② 감각 교구의 특징

- 어린이 체격에 맞게 아름답고 과학적으로 만들어진 감각 교구를 쓴다.
- 어린이 스스로 지적인 관찰 과정과 감각 기관을 통해 얻어진 지식에 바탕을 둔 선택을 통해 자동교육이 이루어지도록 고안되었다.
- 아름다운 색채와 적절한 크기로 어린이의 흥미를 끄는 매력을 지니고 있다.
- 몬테소리 교구는 교구 수에 제한을 가지며, 이러한 교구의 제한성으로 어린이들은 기다림, 질서, 양보 등을 학습하게 된다.
- 많은 교구는 어린이들을 혼란스럽게 하고, 어린이의 자발성을 저해하며, 집중력을 저하시킨다. 또한 내적, 외적 질서를 방해한다.
- 물 따르기, 글씨 쓰기, 연필 잡기 등을 통해 시각, 촉각, 청각, 미각, 후각을 발달시킬 수 있으며, 이 과정에서 사물들이 갖고 있는 특성, 즉 동일성, 유사성, 대조성 등에 대한 식별 능력이 발달한다.

③ 감각 교구의 원리

- 어린이 스스로가 분리된 조작, 동작의 분석에 의해 발견하고 이해하도록 되어 있다.
- 교구의 분리는 어린이가 과제를 간단히 해 볼 수 있게 하고 거기에서 생기는 문제를 인식할 수 있게 준비시키며, 유아가 정해진 순서에 따라 하나씩 작업을 해 나가면서 문제를 해결할 수 있다.
- 교구는 단순한 것에서 복잡한 것으로 진전되도록 고안되어 있다.
- 교구를 통해 유아가 할 수 있는 모든 감각적 활동들은 그 자체로 끝나는 것이 아니라 유아가 간접적으로 다음에 올 학습들을 위한 준비를 하도록 고안되어 있다.
- 교구는 생각을 구체적으로 표현하기 시작하여 점차적으로 추상적으로 표현하게 한다.

(3) 수 영역

수 영역에는 사물 분류, 사물의 순서 짓기, 수의 기초 개념 이해하기, 일상생활에서 수 활용하기, 전체와 부분 경험하기, 기본 수와 양, 기본 셈, 분수, 시간 읽기, 화폐 등이 있다.

① 수 교구의 목적

- 직접 목적: 유아가 생활 경험 속에서 막연하게 친숙해진 수 교구를 통해 논리적인 수량 개념으로 이해하게 하는 것으로, 즉 수학적 두뇌를 육성시키는 것이다.
- 간접 목적: 유아가 문화 전체를 흡수하게 하고 원만한 인격 형성을 돕는 것이다.

② 수 교구의 활동 과정

- 십진법을 먼저 소개한다. 일반수 교육은 연속 수부터 소개하나, 몬테소리 프로그램에서는 십진법을 먼저 소개한다. 이는 연속 수보다 십진법이 차이가 두드러져 쉽게 이해할 수 있기 때문이다.
- 양이 먼저 나오고 상징이 나중에 나오며, 그 후 양과 상징을 일치시킨다.
- 가감승제를 반복시켜 개념에서 암산으로, 암산에서 추상으로 연결시킨다.

③ 수학 교구를 위한 기초 능력

수학의 기본 개념과 계산을 이해하고 성취하기 위해서 어린이가 필요로 하는 많은 기초적 능력이 있는데, 내용은 다음과 같다.

- 구별(분류화)
- 유사점과 차이점 인식(짝짓기)
- 계열과 구성과 비교(서열화)
- 관계의 인식(구체성-추상성)
- 전문 용어의 이해(명칭 연습)

④ 수 교구의 특징

- 수에 대한 기본 개념 형성으로 점점 구체물 없이도 문제 해결 능력과 수학적 발달은 물론 논리적 사고력을 기른다.
- 일상생활 감각이 기초가 되어 수교육이 이루어진다.
- 양이 먼저 소개되고, 상징이 나중에 소개된다.
- 양, 숫자의 관계를 중요시한다.
- 3단계 교수법을 사용하고 있다.

- 숫자는 아라비아 숫자를 사용하고 정해진 글자체로 통일되어 있다.
- '0'의 개념과 십진법, 연속 수의 개념을 중요시하고 있다.
- 일반적으로 합병, 분할, 조직하는 기준 수를 5가 아닌 10으로 하고 있다.

(4) 언어 영역

인지, 논리력, 음소, 음가, 단어 확장, 문법 등 언어교육의 목적은 읽는 것만이 아니라 타인과의 대화에서 자기표현을 제대로 하게 하는 데 있다.

말은 시간 제약과 공간 제약을 초월하여 그 시대의 감정이나 사상 등을 전달할 수 있는 힘이 있다. 또 언어에 의해 미래의 세계 등 현재 어떤 생활을 했는가를 알려 줄 수 있다. 그렇기 때문에 언어의 중요성을 인식해야 한다.

몬테소리 언어는 종래의 직접 교육이 아닌 간접 교육이며, 구체물을 가지고 감각적으로 체험을 시켜 강한 인상을 준 뒤 추상적으로 남게 유도한다.

① 언어교육의 목적

- 말을 몸에 익히고 커뮤니케이션을 할 수 있는 능력을 기르며, 모국어를 정확하게 이해하고 표현하는 기초 능력을 기르며 인품, 품격 등을 나타내는 언어 감각을 키울 수 있다.
- 생각과 인식을 보다 정확하게 하여 논리적, 과학적 사고가 성립하도록 도와주며, 문화를 전승시키고 상상하는 능력을 발달시켜 인격 형성에 필요한 집중력, 자기 억제, 의지력, 이해력, 독립심, 정서들이 풍부하게 발달된다.

② 언어교육의 특징

- 말을 배우는 과정에서 적합한 체계적인 언어 활동을 준비해 줌으로써 듣기, 말하기, 쓰기, 읽기의 총체적 언어 학습이 조화롭게 이루어진다.

- 감각을 중요시하여 일찍부터 준비하고 시작한다. 쓰기를 먼저 가르치고 읽기를 가르친다. 이는 씀으로써 먼저 자신의 생각을 표현하고 후에 타인의 생각을 이해하는 단계인 읽기의 순으로, 쓰는 것은 단순하고 모방이 가능한 활동이므로 그리 어렵지 않지만 읽는 것은 이해가 되어야 하기 때문에 보다 복잡하고 어려운 과정이다. 몬테소리교육은 쓰고 읽고 더 나아가 타인과의 대화를 통해 서로의 생활에 대한 이해가 가능하며 문장 분석, 부호, 시제까지 전체적인 이해가 된 상태인 총체적 언어로서의 이행을 돕는다.

(5) 문화 영역

문화 영역에는 생물학(동물, 식물), 지리, 태양계, 과학, 역사 등의 내용이 포함된다.

① 문화교육의 목적

- 유아들이 자기 자신을 시간과 공간 속에 존재하고 있는 하나의 개체로서 이해하도록 하는 것이다. 사실적 지식의 전수가 아니라 선조 시대나 다른 나라 사람들과의 관계 등 우리가 살아가는 데 도움을 주고 수고하는 사람들과 그들이 수고하는 과정을 생각하게 한다.
- 문화교육을 통해 인류가 서로를 이해하고 서로에 대한 적대감과 배타성을 버리고 세계 평화를 도모하는 데 도움이 되기를 희망한다.
- 우주 공간에 살고 있는 인류가 생명의 존귀함과 자연의 소중함, 자연과 인간과의 관계를 이해함으로써 창조주에 대한 겸허한 자세를 가질 수 있도록 돕고자 한다.

② 문화 영역의 특징

- 주변 환경과 자연환경에 관심과 호기심을 가지고 탐구하게 하여 기초적 사고 능력과 창의적 문제 해결 능력을 기른다.
- 몬테소리 문화교육에서 인간과 자연의 이해는 상호 관계에 기초하는데 자연에서의 균형 상태를 중요시한다. 상호 관계와 균형을 중시하는 생태적 사고에 따라 자연에는 항상 새로워지고 변형되는 균형 및 조화가 존재하며 부분 요소가 전체에 대해 기여하지 않을 경우 그 어떤 부분 요소도 유효하지 않게 된다고 본다.
- 생태학적 사고는 몬테소리 문화교육을 이루는 기초 신념으로서 문화교육 전반에 걸쳐 강조되고 있다.
- 방법적, 기술적 측면보다 철학적 측면에서의 접근이 우선되어야 한다고 본다.

4) 몬테소리 프로그램에서 교사의 역할

① 관찰자로서의 역할
② 준비된 환경 제공자로서의 역할
③ 자유를 보장하는 역할
④ 가치 세계로의 안내자로서의 역할
⑤ 집중 현상으로 이끌어 가는 역할

5) 몬테소리 프로그램이 현대 교육에 미치는 시사점

몬테소리교육의 사상과 방법은 세계적으로 커다란 반향을 불러일으켰으며 많은 찬사와 비판을 동시에 받았다. 찬사를 받은 몬테소리교육이 현 교육에 미치는 공헌은 다음과 같다.

① 과학적 교육학의 수립과 어린이에 대한 새로운 발견에 있다. 몬테소리는 과학자의 눈으로 '어린이집'의 유아들을 직접 관찰하고 실험하여 어린이의 존재를 해명하였고 과학적 교육학의 수립을 강조하였다.
② 아동기를 인간 생활의 또 다른 차원으로 강조하고 있다. 즉 어린이는 창조적 정신을 소유한 독립된 인격체라는 사실을 발견하고 유아를 자율성과 주체성을 가진 존재로서 인정한 점이다.
③ 활동은 아동에게 자연스러운 것이며 아동의 발달에 가장 중대한 영향을 주는 것이라고 인식해 작업을 통한 활동 중심의 교육을 제시하여 활동 중심의 유아교육에 크게 기여하였다. 그리고 교구를 통한 자기 활동과 자기 교육은 유아 중심의 자발적 교육에 공헌하고 유아의 독립성을 강조하였다.
④ 지시적, 명령적이고 권위적–지식 주입적인 교사의 태도에서 아동의 보조자나 조력자로서의 역할 전환에 중요한 시사점을 제공하고 있다. 유아들의 자유를 강조하여 교사의 지시를 받는 것이 아니고 자유로운 선택으로 자립을 배울 수 있게 하였다. 미국의 교육학자 킬패트릭(Kilpatrick)은 몬테소리교육에서 실천적 자유의 보장을 높이 평가하였다.
⑤ 현대 사회는 가정생활에 소홀해지기 쉬운 경향이 있는데 몬테소리교육은 가정의 중요성을 강조하였다.

이러한 몬테소리교육이 비판을 받은 점은 다음과 같다.

① 규정된 방법에 따른 규정된 교구 세트의 사용은 보다 다양한 교재·교구를 활용하여 폭넓은 학습 활동의 기회를 제공하지 못한다.
② 사회성을 길러 주기 위한 활동이 부족하다.
③ 연극, 내용 활동 놀이, 가상놀이를 하지 않고 있다.
④ 몬테소리 학교는 중상류층의 학교 체계이다.

⑤ 교육 방법이 너무 상세하게 정해져 있어 다른 자유로운 놀이를 하는 환경에 비해 엄격하다.

⑥ 형식적인 감각 훈련이 강조된 점과 자율적인 교육에 대한 개념의 모호, 교사의 역할 축소, 어린이들 간의 상호 작용이 부족하다.

⑦ 최근 몬테소리 부활 현상에 대한 중요한 사항은 될 수 있는 한 일찍부터 유아에게 지적인 교육을 실시해야 한다는 조기교육의 입장에서 몬테소리 유아교육법이 도입되고 있다는 점이다. 그러나 몬테소리는 유아의 자기 발전 능력에 기초하여 정밀하게 고안된 몬테소리 교구로 감각을 충분하게 발달시킨 뒤에 비로소 지적인 교육을 실시하고 있다는 점을 간과해서는 안 된다.

2. 레지오 에밀리아 접근법

레지오 에밀리아 접근법은 교사, 부모, 지역사회가 서로 상호 관계가 연관되어 유아를 위한 총체적 교육을 이루어 온 것이며, 장·단기 프로젝트 실시, 다상징적 접근법, 발현적 교육과정 운영 및 기록 작업 등으로 유아교육계에서 관심을 받고 있다. 이는 철학적·심리학적 기초 위에 이론과 실제를 연결함으로써 유아교육 실제의 질을 향상시켰으며 아동 중심적인 방법을 지향하여 유아들로 하여금 다양한 시각으로 환경을 관찰하도록 하였다.

레지오 에밀리아 접근법은 프로젝트 접근법을 실천하고 있는 프로그램으로서 유아들의 경험을 다양한 상징적 방법을 통해 도식화하여 유아들의 능력을 일깨워 주고 또한 유아 교수–학습 방법의 새로운 방법을 모색한 것으로 평가되고 있으며, 아동들은 사회 속에서 능력이 있는 존재로 발달해 나가고자 능동적인 존재로 배워 가고 있다는 것을 전제한다.

1) 레지오 에밀리아 접근법 성립 배경

레지오 에밀리아 접근법이란 이탈리아 북부 산업 도시인 에밀리아 로마냐(Emilia Romagna) 지방의 레지오 에밀리아(Reggio Emilia) 시에서 현재 22개의 유아학교(Preschool)와 13개의 영유아센터로 구성된 시립 유아교육 체제가 운영하는 교육과 사회적 서비스의 개념을 연합한 높은 질의 통합 프로그램이다. 이 체제는 부모 공동조합 형태로 출발하여 지난 30여 년간 프로젝트 중심의 학습, 발현적 교육과정의 운영, 다상징적 교수법, 협동적 상호 작용을 통한 학습, 기록화(Documation)의 교육적 활용, 프로젝트에 부모의 공동 참여, 지역사회 중심의 운영, 학습을 자극하는 물리적 환경, 전문적 교사 교육 등 새로운 교육 방법을 계속적으로 개발하고 현장에 실제로 적용해 왔다.

레지오 에밀리아 접근법의 창시자 말라구치(Malaguzzi)는 제2차 세계 대전이 끝난 6일 후, 즉 1945년 봄에 레지오 에밀리아 근교의 빌라 첼라(Villa cella)라는 마을에서 유치원을 세우려 한다는 소식을 듣고 교사로 자원하였다. 일명 '탱크 유치원'이라는 빌라 첼라의 유치원은 모두가 열정과 헌신을 가지고 참여하였다. 7년 후 레지오 에밀리아로 다시 돌아온 말라구치는 어린이들을 위한 정신건강센터를 운영하면서 많은 어려움을 극복하고 어린이에 대한 것과 어린이를 위한 것과 어린이들로부터 배워야 한다는 기본 사상을 확립하게 되었다. 이후 1963년 천주교와의 갈등을 극복하고 최초의 비종교적인 유치원을 설립하고 피아제(Piaget)의 사상을 비롯한 여러 아이디어들을 적용시키면서 독창적인 유치원을 확립해 나갔다. 1954년 출산율의 급증과 여성의 사회 진출로 인한 유치원의 목적과 역할의 새로운 변화가 요구되었고, 1967년 마침내 많은 우여곡절을 경험한 이후에 레지오 에밀리아에 있는 모든 유치원이 시 당국의 관리 아래에 들어갔고, 1976년 천주교회와의 투쟁 이후에 종교적인 교육 독점에서 벗어나 지역 공동체와의 공동체적인 관계망 속에서 오늘날의 레지오 에밀리아 유치원의 원형이 확립되었다.

2) 레지오 에밀리아 접근법 기본 개념

레지오 에밀리아 접근법의 기본 원리는 강하고 능동적인 유아의 이미지, 상호 협력의 가치, 프로젝트 중심의 발현적 교육과정, 제3의 교사로서의 환경, 관계에 기초한 교육, 다양한 매체, 표상, 의사소통, 기록과 전시 작업의 가치 등을 들 수 있다.

공동체 정신과 상호 관계의 작용에 기초한 아동 중심-교사 지원 활동, 교육적인 대화자로서의 환경 중요성 강조, 아틀리에(atelier) 설치, 활발한 가족과 지역 구성원들의 공동 참여, 지역사회와의 상승적 상호 의존 관계 등을 중요시하고 있다.

(1) 목적

레지오 에밀리아 접근법은 표현적, 의사소통적, 인지적 언어를 통합하여 사고할 수 있는 다각적 인간관계의 화합에 대한 추구를 교육 목적으로 한다. 유아의 자발적 호기심을 높은 수준에서 유지시키고 열정과 지적 능력을 발전시켜 성공을 준비할 수 있는 기회를 제공함으로써 유아들의 감각과 정신은 질서와 변화를 감지하고 새로운 관계의 의미를 알게 된다는 것이다.

(2) 아동관

레지오 에밀리아 접근법은 이미지에 따라 '행복한 유아', '유능한 유아', '사회적 의사소통의 권리와 능력을 가진 유아'를 강조한다. 유아들은 사회적이고 능동적이며 경험을 이해하고 다른 사람을 배려할 수 있으며 물리적·문화적 환경에 적응할 수 있다. 적절한 환경이 주어진다면 태어날 때부터의 이러한 성향이 유지되고 강화될 수 있다.

유아들을 단순히 욕구를 가진 존재보다는 권리를 가진 독특한 개체로 보아 유아는 강하고 풍부한 잠재력을 가지고 있으며 탐구심과 호기심이 많고 학습을 능동적으로 주도할 능력이 있다고 본다. 유아의 지능은 유연하고 직관적이고 호기심에 가득 차 있으면서 자신을 탈중심화할 수 있고 새로운 상호 작용 규칙을 받아들이고 행동을 조절하고 타인과 의사소통하고 생산적인 제안과 해결 방법을 찾을 수 있다.

또한 유아들은 흥미로운 것에 몰두하고 아동의 흥미와 의문에 함께 참여하고 같이 탐색해 나갈 때, 끊임없이 구성하고 새로이 바꾸어 나가 훨씬 더 다양하게 잘 표현할 수 있다. 유아는 다양한 상징 언어를 통해 자신을 표현하며 학습과 발달의 능동적인 주체이며 지식의 소비자가 아닌 생산자이다.

유아들은 타인들과 관계를 수립하고자 하는 욕구, 성향, 능력을 지닌 채, 자신의 경험을 토대로 지식을 능동적으로 구성한다는 구성주의적 원리와 주관적인 해석과 이해를 갖고 있는데, 이는 존재를 인정하고 서로 다름을 존중한다는 것을 의미한다.

그러므로 레지오 에밀리아 접근법은 유아들이 단순히 문자 언어만이 아니라 다양한 언어로 자신의 감정과 생각을 탐색하고 표현하도록 허용하는 것을 중요하게 여긴다. 따라서 유아들을 위계적이고 직선적인 발달 단계로 묶어 두거나 유아들의 사고방식을 자기중심성, 물활론, 가치가 격하된 마술의 특성을 갖고 있다고 주장하는 것은 잘못이라고 본다.

(3) 교육관

레지오 에밀리아 접근법의 교육관은 유아를 학습하는 풍부한 잠재력과 권리를 가진 주체로 보고, 학습은 또래나 성인, 사회·문화적 환경과의 관계로부터 동기가 유발되며, 학습을 경험의 끊임없는 재구성으로 보았다. 교육을 계속적인 재조직, 재구성, 변형의 과정으로 본 듀이(Dewey)의 사상을 바탕으로 하여, 교육은 능동적이고 구성적인 과정으로 이루어진다고 본다.

학습은 가르치는 것이 아니라, 전문적인 자질을 가진 문화 구성원과 유아의 학습 동기와의 호혜적 상호 관계의 결과로써 유아가 적극적으로 구축하는 것이라 믿는다.

지역사회가 유아교육에 대한 공동의 책임 의식을 갖는 사회·문화적 맥락 속에서 교육의 3요소인 유아, 교사, 부모 간의 협동, 사회적 관계 형성, 의사소통을 강조하는 상호 관계를 통한 교육의 철학을 갖고 있다.

3) 레지오 에밀리아 접근법의 특징과 내용

(1) 발현적 교육과정

프로젝트 중심의 발현적 교육과정은 교사가 유아의 과거 경험을 기초로 하여 일반적인 교육 목표를 융통성 있게 세워 두지만, 각 프로젝트나 활동의 세부 목표는 미리 세우지 않고 활동을 진행해 가면서 유아가 표현하는 흥미와 욕구, 교사가 유추해 내거나 유발시킨 흥미와 욕구를 반영하는 교육과정이다. 교사의 경험 및 관찰에 따른 판단과 유아의 학습 상태와의 연속적인 협상 및 조정에 의해 교육과정이 발현하게 된다.

이는 유아들의 학습을 자극하기 위해 교사가 행하는 계획에 대한 책임을 포기하는 것이 아니라, 오히려 경직된 프로그램과 과도하게 계획된 목표들을 버리는 것을 의미하는 것으로 수업 계획은 수업에 대한 나침반으로만 활용하라는 것을 말한다.

말라구치는 발현적 교육과정을 중요한 요소로 삼았는데, 이는 유아들이 학습하는 과정에서 발달의 단계적이고 직선적인 학습 과정이 나타나지 않도록 하기 위함으로, 유아의 흥미를 유도하여 상호 협동을 중요하게 여기고 다양한 학습자들을 위하여 복합적인 기회를 주는 학습 활동에 가치를 두었다. 이 같은 과정을 강조하는 프로젝트 활동과 관계의 원리를 통해 더욱 확장된 학습의 기회를 강조하였으며 지역사회와 가족 상황을 연결하여 발전시켰다. 그리고 또래 간의 의사소통에서 유아는 사회적인 존재로서 다양한 의견을 서로 접하고 새로운 시각과 더불어 사회 인지적 갈등을 경험할 기회를 마련하였다.

프로젝트의 주제 선정은 교사와 유아의 상호 협상에 의해서 이루어지며 세 가지 형태가 있다. 유아가 환경을 접하는 자연스러운 과정에서 흥미가 있어 제안하는 주제, 유아와 성인이 함께 흥미를 가진 주제와 교사가 제안하는 경우도 있다. 유아가 주제를 제시하는 경우에는 교사가 교사회의에서 검토하여 프로젝트의 주제로 적합한지 여부를 판단하여 결정한다. 반대로 교사의 경험이나 유아의 관찰에 근거하여 주제를 선정할 경우, 유아들에게 잠정적 주제를 제시하여 유아의 흥미 유발 정도를 보고 결정한다.

주제의 선정은 유아에게 중요한 논리, 개념 등에 관한 학습 기회가 내포되어 있는 잠재력 있는 주제이면서, 유아들이 관심을 갖는 사회, 자연 현상을 그대로 제시하여 탐색하고 그 현상에 대한 지식에 관해 토론하며 사고를 발달시킬 수 있는 것이어야 한다.

주제의 내용 또한 유아의 창의적 사고와 문제 해결력을 불러일으키도록 충분한 흥미를 유발시켜야 한다.

(2) 상징화 주기의 활용

유아의 창의적인 사고를 돕는 방법 중 하나는 다양한 매체를 활용해 상징적 표상을 하도록 하는 것이다.

표상 활동은 한 가지 주제나 개념의 이해를 위해 여러 매체를 사용하여 다양하게 표상·재표상하여 각 매체의 서로 다른 인지 조직적 특성이 통합·축적되어서 주제에 대한 학습이 심화될 수 있으며, 유아는 다양한 표상 방법을 통해 자신을 창조하고 표현할 수 있다. 따라서 다양한 상징 체계를 사용함으로써 지식을 심화시킬 수 있으며 가장 잘 학습할 수 있게 된다.

상징화는 유아들이 경험한 것을 좀 더 깊이 탐색하고 확장하고, 학습 과정 속에서 지식을 재구성하는 데 사용하는 것으로, 학습과 발달 과정을 기술하거나 프로젝트를 계획하여 사고하는 유아들의 발달적 특징을 반영하는 방법이다.

유아들은 그림을 그리고 또다시 그리는 과정에서 생각하는 능력을 더욱 향상시켜 의문을 제기하고, 상징화를 사용하여 관찰하고 재관찰하여 고찰하며 표상하고 재표상하는 일련의 활동을 깊이 있게 탐색·확장시켜 나가는 '상징화 주기'를 활용한다.

(3) 표상을 통한 학습

표상이란 유아들이 자신들의 생각과 느낌을 외부로 드러 내는 표현 행위로 언어적, 도식적, 신체적, 극화적 표상 등이 있으며 학습의 수단으로 활용한다.

이에 포만(Forman)은 '학습하기 위해 그리기'를 강조한다. 즉 그림을 통해 사고를 가시화함으로써 자신의 사고를 고찰·재고찰하고 반영적 사고를 하도록 격려한다. 표상 형식은 유아들이 다른 어느 매체보다 특정한 예술적 언어, 색채, 음조, 단어의 질적인 것을 더 친숙하고 심도 있게 다루는 능력을 의미한다.

포만은 다양한 상징적 표상 활동을 위하여 매체를 사용한 학습 원리에 대해 "서로 다른 매체의 사용은 유아들이 서로 다른 질문을 하도록 하는 역할을 함으로써 유아들이 더 깊이 배우도록 한다."고 하였다. 하나의 개념을 이해하기 위해 다양한 매체를 사용하여 표상하게 함으로써 학습을 심화시킬 수 있으며 유아의 사고를 순환적으로 표상·재표상하게 한다. 그리고 매체의 속성에 따라 다양하게 문제를 해결할 수 있으며 매체의 제시 순서는 학습에 영향을 주므로 주제에 대하여 지식을 언어로 말하게 한 후 그림으로 의사소통을 하고 그 뒤 3차원적인 매체를 이용하여 모형을 제작하도록 하였다. 다양한 매체를 활용하여 이전에 표상한 것을 수정하거나 재표상 활동을 하도록 격려한다. 적절한 시기에 적절한 매체를 활용하여 유아의 기억을 돕고 사고의 재고찰을 촉진하도록 격려해 주는 것이 중요하다.

교사들은 일반적인 목적을 표명하고 활동과 프로젝트가 진행될 방향에 대해 가설을 세우는 등 준비를 하고, 동료 교사와 유아에 대한 토론을 통해 교육과정을 융통성 있게 전개하여 프로젝트의 모든 가능성, 가설, 아이디어, 발전 방향 등을 토의하며, 다양한 매체를 사용하여 거듭 탐색, 재탐색, 재방문하여 경험하는 순환적인 전개를 통해 유아의 이해 수준을 깊게 하는 역할을 한다.

(4) 의사소통을 통한 상호 협력

의사소통을 통한 상호 협력은 성인과 유아 간의 협력, 교사 간의 협력, 장학사 간의 협력, 학교와 부모 간의 협력, 학교자문위원회 위원들과 부모들 간의 협력, 그리고 프로젝트 활동을 통해 유아, 교사, 재료, 환경 간의 다양한 협력 등으로 나타난다.

상호 협력이란 유아와 교육자의 힘과 자원을 공유하며 모든 참여자들이 함께 공동의 계획과 실천 과정에 참여하는 것이다. 작업의 분담을 통한 단순 협동이 아니라 아이디어와 책임을 공유하는 협력, 의견의 일방적 제시 및 보고가 아니라 상호 교류적 대화를 통한 지식의 공동 구성, 지식을 전달하고 질문하는 교사로서의 역할이 아니라 지식의 공동 탐구자로서의 교사의 역할 등을 중요시한다.

(5) 기록화(Documentation)의 활용

유아들의 활동 과정을 체계적으로 기록화하고, 기록화를 연구하는 시간을 갖는 것은 성공적인 프로젝트를 위한 필수 요건이며 레지오 에밀리아 접근법의 첫 번째 장점이다. 좋은 기록화는 교사와 유아의 개인적 평가, 교육과정 계획, 교육적 평가 모두를 달성 할 수 있다(김은희, 2002).

기록과 전시 작업을 통해 외부와의 교류와 공감대를 얻어 내고 대화를 도모하는 내용들은 레지오의 독특한 특징인 기록 작업에 의해 이루어진 것이다.

기록 작업 안의 내용은 유아들 말의 전사 내용, 유아들의 작업물 활동 과정의 사진과 비디오, 활동에 대한 교사나 성인들의 해석과 주석 등이 포함된다. 기록된 것은 교육적인 중요성이 있으므로 유아들에게 자신들이 말하고 행하였던 것에 대한 구체적이고 가시적인 기억을 제공함으로써 자신과 다른 사람의 느낌, 지각, 관찰, 반성을 재방문하고 돌이켜 보며 해석해 보고 무엇보다 자신들의 정신적 과정에 대해서 생각해 보는 소중한 기회를 갖게 한다. 이는 자기 평가와 자신의 생각을 확인하고 수정하며 무엇보다도 자기의 아이디어를 타인의 것과 비교하여 상호 대화하여 지식의 공동 구성이 일어나도록 한다.

교육자들에게 기록은 연구를 위한 도구로서 기록 작업을 토대로 유아들의 기초 지식을 이해할 수 있고 동료 교사, 장학사, 아틀리에리스타(atelierista) 등 다른 교사들과 함께 프로젝트의 방향을 확장·설정하기 위한 방안을 분석·논의한다. 또한 유아들의 경험을 새로운 시간에 다시 해석해 봄으로써 다양한 시각을 갖게 하고 다음 활동을 마련하는 근거로 활용할 수 있게 한다.

그리고 부모들은 자녀들의 사고 과정에서의 경험 내용들을 관찰할 수 있는 정보를 접하게 됨으로써 유아들이 갖는 경험을 공유하며 프로젝트 활동뿐만 아니라 교육과정 형성에 참여할 수 있는 기회를 갖게 된다.

지역사회 차원에서는 학교의 교육 내용을 알리고 연계하는 효율적 연계 방안이 될 뿐 아니라 작업 내용이 가시화되고 공개되면서 공적으로 정당성을 얻게 된다. 또한 외부의 학자 및 교육자들에게 레지오 에밀리아 접근법을 알리고 피드백을 받을 수 있는 의견 교환의 방법이 되기도 한다.

기록과 전시의 가치와 중요성은 영유아의 성장과 발달을 파악하고 평가하여 교육 방법의 계획과 적용의 기초 자료를 제공하고, 개별 영유아의 진보를 깊이 있게 인식하여 새로운 아이디어 구상의 근원이 되며, 교사가 효과적인 의사 결정을 하도록 도와주며 다양한 도구로 활용되고, 교육적인 활동뿐만 아니라 심미적 요소로도 작용한다.

따라서 기록화 작업은 활동이 진행되는 과정 및 경험에 대한 반영물인 동시에 그것에 대한 해석적 성찰이 이루어지는 근거이자 차기 활동의 준비 방향을 알려주는 나침반 역할을 하는 중요한 요소이다.

4) 레지오 에밀리아 접근법에서 교사의 역할

페다고지스타(pedagogista, 교육 조정자)는 교육에 대한 전문적인 상담·조정가로서 센터의 교직원과 함께 모여서 유치원과 영유아센터 전반에 관련된 정책이나 문제를 토론한다. 교사의 자율성과 전문적 향상을 지원하는 등의 역할로 교사를 위해 문제를 해결하기보다 교사의 자율성을 촉진함으로써 문제를 해결할 수 있도록 지원한다.

그리고 훈련 담당자로서 교사들이 현장 경험과 현직 교육을 통해 더 높은 수준으로 교육할 수 있다고 보고 교육 이론, 교수전략, 건전한 사회적 관계와 의사소통 등의 내용과 유아 관찰, 프로젝트를 기록하는 기술 등에 관한 교육을 하며 유아의 활동을 참관하고 활동 과정에 대한 소개를 받으며 유아의 프로젝트 진행에 대해 깊이 있는 조언을 해 주기도 한다.

또한 부모, 교사, 시민 등 모든 성인을 대상으로 워크숍이나 공개 토론회, 공청회 개최자로서의 역할을 한다. 교사와 부모와의 의미 있는 상호 작용, 교사와 협력하여 각 유아와 가족의 권리와 요구 분석 그레지오를 외부에 알리고 외부와 상호 교환하는 일, 시 전체를 위하여 유아교육 기본 방침을 세우기 위한 지원망을 창조하는 등의 기능을 담당한다.

아틀리에리스타(atelierista, 예술 담당 교사)는 유아들의 학습과 창의적인 활동 과정을 관찰하고 지원하며 기록 및 전시 작업도 한다. 이는 교사와 유아를 돕고 조언자로서의 역할을 하여 유아가 참여하는 프로젝트 활동에 대해 방향을 의논하기도 한다.

또한 기록 및 전시 작업과 분석자의 역할로 유아들의 상징적 표상을 기록하고 프로젝트 과정을 기록하며 전시 참여를 한다. 교사와 아이들에게 시각적인 가능성과 아이디어를 제공하여 예술적 표현이 가능하도록 하고 미적 표현을 지도하며 다양한 언어를 통한 표현 및 탐색을 지원한다. 이는 유아들이 실험 정신을 갖도록 고무하고 정형화된 사고를 벗어나 주변 세계를 민감하게 지각하도록 지원한다.

레지오 에밀리아 접근법에서 교사의 역할은 교사와 유아들 사이에 상호 신뢰와 협동의 관계를 이루고, 다른 교사나 가족들 또는 전문가들과의 토론을 통해 아이디어를 확장시키고 현직 교육에 참여하는 것이다.

교사는 학습 과정에서 어린이와의 파트너로 구축주의적 교육과정의 촉진자, 어린이들에게 문제를 해결하도록 도전해 주는 자극자, 어린이들의 토의와 활동의 기록자, 어린이들의 목적의식과 소속감의 양육자이며 실천자, 어린이들의 논쟁을 스스로 해결하도록 격려하는 중계자, 관찰하고 공유하는 학습자와 연구자의 역할을 한다.

말라구치는 교사의 직업적·문화적 고립으로 잠재력과 자원이 고갈되어 양질의 교육이 불가능한 교사 담임제의 단점을 벗어나고자 협력 교사제를 채택하였다.

교사는 유아의 의견을 경청하면서 스스로 논쟁을 해결해 나갈 수 있도록 기회를 제공할 수 있어야 하며, 끊임없이 연구하고 변화할 수 있도록 노력하여 유아들과 대화하고 공동 활동과 지식의 공동 구출을 위해 노력해야 한다. 또한 바람직한 방향으로 점진적으로 재구조화하고 유아들의 다양한 언어를 탐색하고, 독립된 정신활동이 아니라 사고하고 이해하고 선택하는 독특한 방법으로 교육이 이뤄져야 한다. 말라구치는 잠재적인 창의성 발달이 전체적인 교육 계획과 분리될 수 없다고 하였다. 창의성은 아틀리에리스타의 역할과 관련 있는 것으로 유아가 다양한 상징 언어를 개발하도록 환경을 제공해 주어야 한다.

레지오 에밀리아 접근법에서의 교사는 발현적 교육과정을 통해 유아들의 잠재 가능성과 창의성을 증진시키며, 유아들을 독특한 개체로 인식하고, 유아 스스로 학습할 수 있는 공간과 생각과 상황을 준비하고 계획해야 하며, 어린이와 성인 간의 상호 작용과 의사소통이 이루어질 수 있도록 하고, 유아의 언어, 그림 등 표상 활동을 통해 나타나는 아이디어를 연구해야 한다. 또한 유아들과 대화하면서 적절하게 비계설정을 해야 하고 프로젝트에서 가능한 경험을 가정하는 것 등에 대해서도 알아야 한다.

유아의 사고, 이론, 문제, 의견을 탐색하는 과정을 존중해 주어야 하며 협력해야 한다. 교사와 유아의 협력, 교사와 다른 교사나 가족들과의 협력이 중요하며 같이 토론하고 비판하면서 공유하고 반성하는 과정 또한 중요하다. 따라서 독립성과 상호 존중에 근거한 관계 형성이 중요하며 가족의 참여를 증진시키고 개방성과 양방향의 커뮤니케이션을 확립해야 한다. 교사는 주의 깊게 듣고 관찰하며 기록하고, 다른 사람과 교류하면서 자원의 근거로서 역할을 하며, 유아를 지도해 협동하고 다양한 매체와 상징 체제를 통해 표현하도록 한다. 따라서 교사는 지식 전달자가 아니라 능동적인 학습 진단을 탐구하고 연구해 나가는 과정을 지원하는 지식 구성원이다.

5) 레지오 에밀리아 접근법이 현대 교육에 미치는 시사점

레지오 에밀리아 접근법에서의 교육 환경은 사회적 상호 작용과 탐구·건설적 학습, 창의적 활동을 자극하는 교육적 메시지를 담고 있어, 이러한 학습을 자극하는 중요한 교육적 가치를 지닌다. 영유아를 둘러싼 환경이 영유아의 성장 발달과 행동에 영향을 주기 때문에 영유아의 욕구를 배려하여 환경을 구성하여야 한다.

또한 레지오 에밀리아 접근법이 강조하는 지역사회 중심의 교육 운영은 부모, 교사, 시민, 지역사회로 하여금 교육 기관의 운영에 필수적인 요소로 참여, 민주주의, 집단 책임감, 문제 해결, 의사 결정의 과정을 강조함으로써 교육 기관을 혁신하고 과도한 관료주의에서 벗어나게 해 준다. 유아들이 지역사회와 학교 문화에 참여함으로써 학습할 수 있도록 도와주어야 하며 지역사회에서 살아가기 위해 기술, 성향, 지식을 획득하도록 도와주는 것이 학교의 교육과정 내용에 필요하다.

3. 프로젝트 접근법

프로젝트 접근법은 하나의 완전한 교육 방법이나 모델로 설명되기보다는 다른 교육과정을 보완해 주는 역할을 한다. 프로젝트란 유아의 관심, 시간, 에너지가 투자될 가치가 있는 한 주제에 대하여 한 학급 전체나 학급 내 소집단, 개별 유아에 의해 장기간 동안 심도 있게 탐구하는 것이다. 이에 한 학급 전체가 프로젝트를 진행한다 하더라도, 개별 유아는 자신이 관심을 갖고 있는 작은 소주제에 참여하면서 자신의 지식과 기술을 적용하여 문제를 해결해 나가는 것이 중시된다. 유아는 자발적인 존재로 프로젝트에 반복하여 참여하면서 자신의 성향을 형성하고 여러 가지 감정을 경험할 수 있다.

1) 프로젝트 접근법 성립 배경

프로젝트에 의한 학습의 첫 배경으로는 1830년대 코벳(Cobbet)에 의한 교육 방법을 들 수 있다. 그는 당시 학생들이 학교에서 실생활과 무관한 주입식 교육을 받는 데 불만을 품고 자신의 가정에서 실생활에 필요한 활동을 통한 교육 방법을 시도하였는데, 그것이 바로 오늘날의 프로젝트(Project) 학습법과 유사하였다고 한다.

프로젝트법(Project Method)이 수업에 변혁을 가져오기 시작한 것은 19세기 말에 과학과의 실험 수업 방법 및 농업과의 실험 연구 방법으로 활용되면서부터이다. 그러나 'Project'라는 용어가 교육에 처음 등장한 것은 1900년 컬럼비아 대학교에서 학생들의 공작 학습에 'Project'를 사용한 데서 비롯된다. 그 후 1908년 메사추세츠(Massachusetts)에 있는 농업학교에서 가정 학습 과제로 'Home Project'라는 용어를 사용하면서부터 프로젝트라는 용어가 일반화되기 시작했다(김경식 외, 1993). 프로젝트법에 의한 학습을 교수 중심 활동으로 삼고자 시도했던 대표적인 인물은 파커(Parker)와 듀이(Dewey)를 들 수 있다. 파커는 교사 중심의 수업 방법은 비판하고 페스탈로치(Pestalozzi)와 프뢰벨(Fröbel)이 제안한 바 있는 '자연에 따른 학습 방법'을 주장하여 '퀸시 시스템(Quincy System)'이라는 새로운 교육 방법을 시도하였다. 이 방법은 말하기와 쓰기 교육은 아동들이 직접적 활동이나 경험 및 느낌을 중심으로 이루어질 수 있도록 하고, 지리 교과의 경우에는 주변을 견학하면서 주변 지형을 스케치하거나 직접 지형 모양을 만들어 보도록 하는 것이다. 듀이는 1886년에 세운 자신의 실험학교에서 활동을 통한 학습을 실현하고자 하였는데 이것이 바로 Project 형식을 취하는 워크숍과 유사한 것이었다. 파커와 듀이의 이러한 교육 방법은 읽고, 쓰고, 문장을 구성하고, 사고하는 방법을 동시에 통합 학습하도록 한 새로운 시도로서 당시 교육과정 구성 및 학습 방법에 대한 새로운 이정표 역할을 하였다. 이러한 배경 아래 킬패트릭(Kilpatrick)은 1919년 컬럼비아 대학교 논문집인 〈교사용 대학 자료(Teachers College Record)〉(1925)에 '프로젝트법(The Project Method: The Use of the Purposeful act in the Educative Process)'이라는 제목으로 프로젝트에 의한 학습 활동을 구체적으로 체계화하여 발표하였다. 킬패트릭의 발표 후에 그것을 실제로 적용하고 효과를 검증하고자 하는 많은 연구가 진행되었다. 연구 결과 아동과 부모, 학교에 대한 긍정적 태도 형성에 더욱 효과적이었다고 보고되었다. 그러나 1920년대와 1930년대 급성장을 보였던 미국의 진보주의 교육 운동은 1950년대 후반 구 소련의 인공위성 스푸트닉 발사를 계기로 학문 중심 교육과정이 대두되면서 쇠퇴하여 프로젝트법 또한 관심 밖으로 밀려나기 시작하였다. 이후 1960년대 말 미국에서 부모, 학생, 교육자들이 지나치게 정형화된 교육과정에 대한 비판과 함께 교육의 비인간화 현상을 우려하면서 새로운 대안으로 자유학교 운동(Free School Movement)이 등장하였고, 1970년대에 들어와서는 인간 중심 교육이 대두되어 인성 계발, 지적 교육과 정의적 교육이 균형을 이루는 교육에 대한 관심과 함께 프로젝트법에 대한 관심이 다시 대두되었다.

카츠와 차드(Katz & Chard, 1989)는 지난 20년간 이루어진 프로젝트 활동과 관련된 많은 연구를 검토한 후 프로젝트에 의한 학습 활동이 유아의 학문적, 인지적, 정서적 발달을 저해한다는 어떤 증거도 찾을 수 없으며 오히려 매우 바람직한 영향을 미친다는 점을 확인할 수 있었다고 주장하면서 종전의 프로젝트에 의한 학습 방법을 '프로젝트 접근법(Project Approach)'이라는 용어로 재조직하여 발표하였다.

따라서 프로젝트 접근법은 듀이의 이론적 바탕 위에 킬패트릭이 체계화한 프로젝트법을 카츠와 차드가 오늘날 교육의 현실에 맞게 재조직한 교육 방법이라고 할 수 있다.

2) 프로젝트 접근법 기본 개념

프로젝트 접근법은 '유아들의 정신에 활기를 불어넣는 것'을 목적으로 한다. 여기에서 정신은 지식 및 기술과 감정적, 도덕적, 미적 감각 등을 포함하고 있다. 이러한 프로젝트 접근법의 구체적인 목표는 다음과 같다.

- 지식의 습득 : 생각, 개념, 도식, 사실, 정보, 이야기, 신화, 전설, 노래
- 기술의 습득 : 사회적 능력, 의사소통 능력, 학문적 기술(자르기, 그리기, 물건 세기, 또래들과의 협력 활동, 대소근육 기술 등)
- 성향의 발달 : 자발적 흥미, 노력, 숙련, 도전, 탐구의 성향, 사회적 성향
- 감정의 발달 : 소속감, 자긍심, 자신감, 적응, 능력감, 불안감

이러한 목표 달성을 위해 프로젝트 접근법에서는 주제(topic)를 잘 잡는 것이 매우 중요하다. 주제의 범위는 유아, 지역 환경, 장소, 시간, 자연환경, 지리 및 역사와 관련된 지식과 기술이다. 주제 선정 시에는 다음과 같은 점을 고려해야 한다.

- 유아 자신의 환경에서 직접적으로 관찰, 체험 조사가 가능한가?
- 유아의 경험과 연관되어 있는가?
- 표상할 수 있는 방법이 다양한가?
- 부모 참여와 공헌이 쉬우면서도 지역적 자원이 많고 접근이 용이한가?
- 문화적으로 적절할 뿐만 아니라 지역 문화에도 민감한가?
- 많은 유아들에게 흥미롭거나 유아의 발달에 가치 있는 것으로 성인들에게도 흥미로운가?
- 학교와 시 당국의 교육과정 목적과도 연관되는가?
- 연령에 적합하면서 기본적 기술을 적용할 충분한 기회를 제공하는가?
- 주제의 범위가 너무 좁거나 너무 넓지 않게 적절한가?

3) 프로젝트 접근법의 특징과 내용

프로젝트 접근법을 운영하기 위하여 교사는 프로젝트 준비 단계를 계획하여야 한다. 준비 단계에서 가장 중요한 내용은 적절한 주제를 선정하는 것이다. 주제는 유아의 일상생활과 밀접하게 연관된 것으로 교사는 '유아에게 친숙한 주제는 무엇인가?'를 최우선적으로 고려해야 한다. 적합한 주제가 결정되었을 때 프로젝트의 성공 확률은 높아지기 때문이다. 또한 교사는 유아들이 '직접 경험할 수 있는 친숙한 주제인가?', '실생활에 가까운 주제인가?', '다양한 표현 활동을 할 수 있는 주제인가?', '여러 교과 영역이나 학문 영역을 통합적으로 다룰 수 있는 주제인가?'와 같은 준거들을 점검해야 한다. 주제가 선정되면 교사는 예비 주제망과 예상되는 활동을 구상하고, 필요한 자원 목록을 작성해야 한다. 또한 프로젝트에 대해 부모에게 알려 협력을 구하는 것이 필요하다.

준비 단계를 거친 후 프로젝트는 시작, 전개, 마무리의 운영 과정을 거친다. 시작 단계는 생각 모으기, 공동 주제망 구성하기와 같은 다양한 표상 활동을 진행하는 과정을 포함하며, 이전 경험을 공유하고 표현하면서 시작한다. 교사는 이

과정을 거치면서 유아가 프로젝트 주제 전체에 대해 이해하고 있는 정도를 확인한다. 프로젝트가 진행되면서 언제나 새로운 질문은 추가되지만 시작 단계의 마지막 작업은 질문 목록 작성으로 끝난다. 또한 교사는 궁금이 상자(비밀 상자), 주제망 옆의 질문 봉투, 주제와 관련 있는 모양의 질문 종이 등을 이용하여 다양한 질문을 확인하고 활동을 진행하며, 수업 과정에서 지속적으로 문제를 해결하고 새로운 질문을 추가할 수 있도록 돕는 역할을 한다.

다음으로 전개 단계는 프로젝트의 반 이상을 차지하는데, 유아들의 질문에 대한 문제를 해결하고 새로운 호기심을 갖고 주제에 대해 다각적 접근을 시도해 보는 시기이다. 문제를 해결하기 위하여 현장 견학하기, 전문가 면담하기 등의 직접 경험이나, 책이나 인터넷 정보를 활용하는 간접적인 조사 활동이 이루어진다. 문제를 해결하기 위한 경험은 다양한 표현 활동으로 이루어지며, 이 과정에서 자연스럽게 새로운 질문이 추가될 수도 있다.

마무리 단계는 유아들이 주제에 관심을 잃고 더 이상 프로젝트의 주요 활동에 관심을 보이지 않을 경우, 더 이상 새로운 질문을 하지 않을 시점에 이루어진다. 프로젝트 접근법이 마무리될 때마다 새로운 것을 만들어 내야 하는 것은 아니지만, 프로젝트 결과를 정리하여 알리는 행사가 진행되기도 한다. 마무리 행사에서는 무엇을 알아냈는지 정리해 보고, 프로젝트 전 과정의 내용을 담은 소식지를 만들거나 전시 및 발표로 구성되며, 상황에 맞게 부모나 친구, 동생들을 초대하여 유아들이 알아낸 내용을 공유하는 시간을 갖는다.

프로젝트 접근법의 특성을 살펴보면 다음과 같다.

- 프로젝트 접근법은 아동 중심 교육과정에 기초한 유아 주도 학습이다.
  - 유아는 자신의 관심과 흥미에 맞는 주제를 접하고, 환경이 준비된다면 스스로 자신이 선택한 주제를 깊이 있게 탐구할 수 있다.
  - 교사는 항상 유아의 관심과 흥미를 확인하는 노력을 해야 한다.
- 프로젝트 접근법은 주제를 중심으로 다양한 활동이 통합되어 운영된다.

- 주제를 중심으로 한 다양한 통합 활동이 유아에게 제공될 때, 유아는 스스로 활동에 참여하며 지식, 기술, 성향, 감정의 균형 잡힌 발달을 이룬다.

- 프로젝트 접근법은 유아의 흥미와 욕구에 따른 교육 방법이다.
  - 교사가 미리 주제를 선정하고 활동안을 계획하지만 유아와 함께 운영하면서 다양한 방식으로 탐구와 표현 활동이 새로 계획될 수 있는 융통성을 열어 두어야 한다.
- 프로젝트 접근법의 마무리는 유아의 호기심과 흥미로 결정된다.
  - 교사는 시간과 공간의 제약에서 벗어나 유아의 호기심과 흥미에 따라 자유롭게 활동을 계획하여 운영한다.
- 프로젝트 접근법은 유아와 교사뿐만 아니라 부모 그리고 지역사회가 서로 협력하여야 한다.

〈표 11-1〉 프로젝트 접근법과 레지오 에밀리아 접근법 비교

구분	프로젝트 접근법	레지오 에밀리아 접근법
체제의 종합성	프로젝트를 통한 교수·학습 방법은 오늘날의 시각에서 재정립한 일종의 교수법	30여 년간 부모와 지역사회를 근간으로 발달시켜 온 행정 체계, 환경 조직, 철학, 교수·학습 이론, 교육과정을 총칭하는 총체적 유아교육 체제로, 프로젝트 중심의 학습 방식은 레지오 에밀리아 접근법에서 활용하는 여러 가지 교수법의 하나에 해당
학습 원리	진보주의 교육 이론에 기초한 통합적 교육 강조	유아들 간 사회적 갈등을 통한 문제 해결에 초점을 두는 사회적 구축주의 학습 원리
학습 내용의 구조적 차원	주제에 대한 이해의 폭을 넓힐 수 있도록 다양한 관찰, 조사, 탐색 활동에 초점	지식의 구조를 강조하여 탐색, 재탐색, 구축, 재구축, 반성, 재반성해 가는 나선형적 재순환 방법을 통해 프로젝트 주제의 하위 내용 간 이해의 깊이를 심화시키는 학습 방식에 초점
표상의 활용	유아들이 주제에 대해 관찰하고 이해하고 조사한 것을 시각적, 언어적, 극화놀이 등을 통해 표현하고 표상한 내용을 전시하여 공유하는 데 의미를 둠	표상을 학습의 수단으로 활용하는데, 즉 '학습을 위한 그리기' 그림을 통해 사고를 가시화함으로써 자신의 사고를 고찰, 재고찰, 반성하는 도구로 활용함

4) 프로젝트 접근법에서 교사의 역할

- 프로젝트 작업에서 자문을 해 주는 역할을 한다.
- 유아의 발전을 지원하고 모니터링함으로써 프로젝트의 발전을 촉진한다.
- 프로젝트가 잘 진행될 수 있도록 시간을 배열한다.
- 프로젝트가 시작되면 교사는 유아가 초기 토론에서 제기된 질문에 대한 답을 찾는 일에 관심을 가지도록 격려와 조언을 해 준다.
- 유아가 찾은 발견에 대해 어떻게 표상할 것인가 제안한다.
- 평가를 하기 위해 유아를 관찰하여 개별 유아의 특성과 그룹의 준비도를 파악한다.
- 진행 과정에서 유아의 변화를 기록한다.

5) 프로젝트 접근법이 현대 교육에 미치는 시사점

프로젝트 접근법은 유아가 스스로 학습을 제안, 계획, 고안하며, 자신의 다양한 아이디어를 활용하여 문제를 해결하게 하는 도전적, 능동적, 적극적인 학습 활동 방법이다. 따라서 프로젝트 실행에서 핵심은 유아를 '지식 구성의 동료자'로서 대하느냐의 여부에 달려 있다. 그런데 교사가 유아의 능력에 대한 확신이 없는 경우, 프로젝트 실행은 불가능하다. 즉, 프로젝트 접근법에서는 '유능한 어린이' 신념을 강조한다. 이는 유아교육과정 개정의 방향에도 부합하는 신념으로 유아교육 프로그램에 대한 재조명에 기여하였다.

프로젝트 활동의 성공을 위해서는 항상 깨어 있는 교사가 되어야 한다. 왜냐하면 교사는 항상 깨어 있는 상태에서 영감을 받아 경청하고 유아들의 대화, 행동, 공동의 지식 구성이 일어나도록 자극해 주어 발견이 일어나게 도와주어야 하기 때문이다. 특히 유아의 즉시적 질문이 활동 속에서 자연스럽게 이루어지고 탐색되도록 하기 위해서는 유아의 행동과 말에 숨겨진 의도를 읽어 이를 펼칠 수 있도록 하는 교사의 능력이 필수적임을 강조한다.

4. 발도르프 프로그램

1) 발도르프 프로그램 성립 배경

발도르프학교의 창시자인 슈타이너(Steiner)는 괴테(Goethe)로부터 정신적인 것과 신체의 관계를 설명하고자 하는 자신의 인지학(Anthroposophy)을 정립해 나가게 되었으며, 교육에서도 인간의 정신과 신체의 관련성과 영혼을 일깨우는 전인교육을 해야 함을 주장하였다.

슈타이너는 1912년 인지학협회가 창설되고 인지학에 관한 각종 저술과 강연 활동을 활발히 펼쳐 나갔으며, 중반기 이후부터는 '괴테아눔(Goetheanum)'이라는 건물을 통해 예술적 활동에 활발히 참여하였다. 괴테아눔을 통해 발도르프 프로그램의 중요한 활동인 오이리트미(eurythmy)를 창조해 냈으며, 이후 인지학 활동의 중심지가 되었다. 1919년에는 독일의 발도르프-아스토리아(Waldorf-Astoria) 담배 공장의 사장인 에밀 몰트(Emil Molt)의 부탁으로 발도르프학교를 설립하게 되었다. 슈타이너는 인간 정신에 대한 깊은 이해를 강조하며, 담배 공장 노동자 자녀들을 위해 자연과 조화로운 삶을 경험할 것을 강조하는 프로그램을 발도르프학교에서 펼쳐 나갔다.

2) 발도르프 프로그램 기본 개념

(1) 인지학적 인간관

① 인지학

슈타이너는 참된 교육은 참된 인간에 대한 이해를 토대로 이루어져야 한다는 생각에서 인간 탐구에 많은 노력을 기울였고 그것을 인지학(Anthroposophy)이라고 명명하였다. 이는 그리스어로 인간을 의미하는 'Anthropos'와 지혜를 뜻하는 'sophia'의 합성어로 '삶의 근원을 하늘에서 찾는 사람이 가지고 있는 지혜와 지식'

을 뜻한다(홍지연, 2002). 즉 인지학은 인간이 스스로의 본성을 인식하고, 삶의 근원과 본직에 대해 눈을 뜰 수 있도록 교육을 통해 지혜를 얻고 탐구해 나가는 학문이라 할 수 있다.

② 인간의 본질

슈타이너는 아동을 인간이 되어가는 존재로 보았으며, 인간의 발달은 외적으로 보이는 신체와 내적인 정신적인 부분이 통합되어 가는 과정이라고 하였다. 이러한 상호 유기적인 인식에 따라 인간이 지니고 있는 본질을 다음의 네 가지 구성체로 설명하였다.

첫째, '물리적 신체'이다. 인간은 자연 세계에 존재하는 광물질과 관련이 깊은 물리적 신체를 지니고 있다고 보았다. 즉 인간에게서 정신적인 부분을 제외한 나머지 신체를 의미한다.

둘째, '생명체' 또는 '에테르체'이다. 신체 안에 존재하는 광물적인 존재와 힘으로 일정한 형태와 모습을 부여하고 있는 것을 의미한다. 슈타이너는 신체와 육체의 물질적인 힘, 성장과 생식, 호르몬 등의 내적 동작의 현상을 만들어 주며 신체의 설계자이며 조각가라고 말한다. 즉 인간의 생명력, 기질, 양심 등이 영향을 받아 성장, 생식, 체액의 활동을 담당한다.

셋째, '감정체' 또는 '에스트랄체'이다. 이것은 신체가 생명을 지닌 존재로 작용하게 하는 생명력을 의미한다. 즉 감정이나 욕망을 표출시키는 요소로 인간과 동물의 공통점이며, 외부로부터 받은 인상을 내면세계로 받아들이는 작용을 한다. 이 구성체는 고통과 기쁨, 충동과 탐욕, 열정 등을 포함하는 감정이다.

넷째, '자아체'이다. 자아체는 동물과 구별되어 인간에게만 존재하는 특유의 구성체이다. 자아체는 생명체와 감정체를 다스리는 역할을 하며, 인간의 자아는 '나'

라는 의식을 통해 다른 것들로부터 자신을 구별하는 안목을 지니게 하고 고유한 존재로서의 경험을 갖게 해 주는 역할을 한다. 자아체의 또 하나 중요한 특징은 기억 작용으로, 인간이 경험한 것을 의식을 통해 기억하게 해 준다(황해익 외, 2012).

3) 발도르프 프로그램의 특징과 내용

슈타이너는 교육의 목적을 인간의 본질에 대한 인식을 통해 신체(body)와 정신(spirit)과 영혼(soul)이 조화를 이룰 수 있도록 돕는 것으로 보고, 인간 본성에 대한 통찰을 통해 전인적 발달을 조장하는 데 있다고 하였다. 따라서 슈타이너의 교육관을 토대로 한 발도르프교육 역시 단지 인간의 지식이나 인지적 성장을 위한 교육이 아니라 인간의 신체와 정신, 영혼을 연결하고 이를 건강하게 하는 교육을 강조하였다. 따라서 인간 발달 단계 중 초기에 해당되는 영유아를 위한 발도르프 프로그램에서도 역시 영유아의 머리, 마음, 손의 교육을 통해 전인적인 인간교육을 목표로 하며, 인지 중심 교육에 반대하여 사랑, 경이로움, 감사, 책임감 등의 교육과 감정을 강조하였다. 또한 유아의 자립적인 발달을 도와주고 인간의 가능성을 강조하며 놀이를 중요시하였다. 영유아를 위한 발도르프 프로그램의 교육내용과 특성을 살펴보면 다음과 같다.

(1) 생활 리듬

어린이들은 인간의 삶의 리듬을 바탕으로 연, 월, 주, 하루의 일과를 보내고 있다. 우리나라의 경우 설, 보름, 추석 등의 민속 명절과 다양한 풍습이 담긴 절기나 계절의 변화를 해마다 반복하여 체험할 수 있다. 또한 어린이들에게 상상력의 발달과 안정감을 주고 반복의 즐거움을 느낄 수 있도록 2~4주 동안 같은 시간에 같은 동화를 들려주고, 주기적으로 그리기, 아침 식사 만들기, 다양한 조형 작업을 하는 예술적인 활동, 인형극, 라이겐(Reigen) 등의 활동을 하고 있다. 예술적 작업은 주로 자유 놀이 시간에 진행되는데, 어린이들의 자율적 참여를 통하여 어린이 내면으로부터 우러나오는 의지와 인위적이지 않은 모방이 함께 작용할 수 있도록 한다. 낮잠 자기와 식사 및 간식 시간은 중요한 하루 일과로서, 편안히 잠을 잘 수 있고, 영양과 건강을 고려한 자연식품을 섭취하게 할 뿐 아니라 즐거운 식사 문화를 경험할 수 있는 환경과 분위기 형성에 많은 노력을 기울이고 있다.

〈표 11-2〉 일일 교육 시간표 예시

시 간	내 용
7:00~7:30	등원, 교사와 만남(인사와 간단한 일상 대화)
7:30~9:15	자유 놀이 : 간식 준비, 작업, 기념일이나 축제 때 연관된 활동
9:15~9:45	정리정돈, 손 닦기
9:45~10:00	리듬 있는 놀이
10:00~10:20	간식, 실외 옷 입기, 신발 갈아 신기
10:20~11:30	정원에서 자유 놀이, 모래밭 공놀이, 줄넘기, 화단 가꾸기, 풀 베기, 잔디밭 가꾸기, 춥거나 또는 가볍게 비가 오는 날씨에는 공원 산책하기
11:30~11:45	실내화로 갈아 신기, 손 닦기, 인형 준비, 이야기 코너로 모이기
11:45~12:00	극화놀이, 일주일 내내 같은 이야기를 들려줌
12:00~	귀가하기

(2) 라이겐

리듬 있는 생활과 관련하여 리듬적인 활동의 하나인 라이겐(Reigen)은 교사가 짓거나 기존의 어린이들을 위한 운율이 담겨 있는 시, 노래, 동화의 내용으로 어린이들과 함께 자연 현상이나 인간의 문화적인 행위를 신체적인 움직임으로 표현하는 것을 말한다. 이것은 TV, 컴퓨터, 비디오 등에 의해 신체적인 활동이 점차 감소하는 현대 사회에서 야기될 수 있는 어린이들의 내적, 신체적 움직임의 저해 현상을 치료하는 의미를 가지고 있다. 어린이들의 의미 있는 신체적인 움직임은 이후 문자 교육(쓰기)이나 수 및 기하학 교육에 필요한 기초적인 능력을 발달시킨다.

(3) 예술 작업

예술 작업은 주로 교사에 의해 이루어지며 인형 만들기, 절기 음식 만들기, 수놓기, 조각, 바느질, 어린이들을 위한 놀잇감 만들기, 명절이나 풍습, 기타 특별한 날을 준비하는 과정 등을 하게 되는데, 어린이들은 교사의 진지한 예술 활동을 통해 인간 생활에 필요한 모든 문화적인 행위, 조형 과정을 직접 또는 간접적으로 체험함으로써 노동의 가치, 물건이 생산되어 가는 과정, 인간에 의해 만들어진 물건의 소중함과 자연과 더불어 사는 삶을 배우게 된다. 교사는 자신의 전 작업 과정을 면밀히 계획하고 구성하여 혼란스러움과 해치우는 식의 작업이 아닌 진지한 삶의 하나로 표현하여야 하며, 어린이들의 자발적인 참여를 위해 어린이들을 위한 재료가 담긴 바구니를 항상 준비하여 둔다. 어린이들은 모방과 상상력을 통해 스스로 조형 작업을 할 수 있으므로 교사는 어린이들의 모방을 염두에 두고 작업에 임하되(예: 바늘에 실 꿰기), 교사가 지시하는 대로의 결과물을 요구하지 않는다.

(4) 동화나 이야기 들려주기, 인형극

동화에는 몇 가지 나름대로의 규칙이 있다. 그것은 인간과 현실 세계를 상징적으로 반영한 것으로 선과 악(영웅과 악인 또는 선함과 잔인함), 지상의 세계와 이상의 세계, 슬픔과 기쁨 등의 양극이 등장한다. 동화는 어린이들의 특성을 이해하고 어린이들도 동화를 이해할 수 있지만, 어른들은 동화의 논리를 이해할 수 없는데 이는 어린이들이 세계와 일치감을 가지고 있는 것과 달리 어른들은 논리적인 사고를 통해 동화를 이해하기 때문이다. 따라서 어른들은 이러한 동화의 의미를 알아야 한다. 동화의 유형은 어린이들의 특성과 기호와 어울리는 삼율행(옛날 옛날 옛적에), 시간과 공간의 초월성, 일차원적 세계(현실과 비현실이 일치된 세계), 시작과 끝의 전형적인 유형, 시적 표현, 주인공 어린이의 고립성(어린이들의 혼자 스스로 해 보고 싶어 하는 욕구와 일치하는 내용), 열악한 영역(공감은 항상 가장 가난하고 바보스러운 자에게서 나온다는 원리) 등의 특성을 지니고 있다.

동화 중 특히 전래 동화는 어린이들의 영적인(seelisch) 영양이 되고 있다. 인간의 삶을 권선징악으로 표현하고, 어린이들의 심리적 갈등과 현상을 상징적으로 나타내고 있는 동화의 원리는 성인들의 논리로 이해할 수 없는 어린이들에게 적절한 형태와 의미를 지니고 있다. 동화 자체가 포함하고 있는 도덕적·교육적 의미를 보존하고 어린이들 스스로의 상상력에 의해 다시 한번 재창조될 수 있도록 하기 위해, 이야기는 그림을 동반하지 않고 교사가 직접 들려주고 있으며, 이야기가 끝난 후에도 '교육적' 목적에 의한 교화나 교훈을 하지 않는다. 같은 이야기를 2주일간 계속 들려주어도 어린이들의 상상력은 항상 발휘된다. 인형극을 위한 인형 또한 등장인물의 성격 묘사를 위한 과장된 모습을 띠지 않고 색깔에 의해 상징적인 표현을 하고 있으며, 간단한 얼굴 모습으로 어린이들로 하여금 구체적인 것을 스스로 상상할 수 있도록 한다. 특히 교사는 동화에 나오는 상징적인 의미와 등장인물에 대해 스스로 충분히 공감하고 상상함으로써 이야기를 들려주고 인형도 제작해야 한다.

(5) 놀잇감

놀잇감들은 기능이 정해져 있거나 플라스틱으로 만들어진 기존의 생산품들이 아닌 크고 작은 천, 조개껍데기, 나무토막, 돌, 말린 과일, 씨앗 등의 자연물과 자연 소재로 된 조각품, 인형, 그릇 등이 제공되어, 어린이들 스스로 상상력과 조형 능력을 가지고 다양한 놀이를 할 수 있게 한다. 이러한 놀이를 통해 어린이들은 가장 자연스러운 방법으로 자연과학, 수, 기하학, 언어 등을 실험하고 발달시킨다.

(6) 그리기

그림은 주로 밀납으로 만들어진 크레용과 물감을 이용한다. 그리기는 어린이의 내적인 표현이며 색깔의 본질적인 체험이기 때문에 어떤 주제를 과제로 제시하지 않고, 교사가 모범이 되어 진지하게 그림 그리기를 하되, 선을 사용하기보다 면으로부터 형태가 드러나는 그림을 그림으로써 어린이들로 하여금 생동감 있는 그리기를 체험할 수 있도록 한다. 또한 굵은 붓으로 색깔놀이를 하며 색과 일치되는 내적 경험을 촉진해 주고, 결과에 대하여 느낌으로 이해하도록 한다. 색깔은 주로 노랑, 파랑, 빨강이 주어지며, 서로 섞임으로 여러 가지 색을 창조해 나가는 경험을 하도록 한다. 우리 성인은 문명의 발달과 유행의 유혹에 의해 색의 본질적인 느낌을 잃어버렸다. 어린이들의 색깔에 대한 경험을 보다 풍요롭게 하기 위해서는 성인이 먼저 색에 대한 느낌을 되찾아야 하는데, 이는 교사에게 주어진 과제이기도 하다.

(7) 노래

슈타이너는 초등학교 2학년 어린이에게 적당한 음악은 5도의 음정으로 된 펜타토닉(pentatonic)이 좋다고 하였다. 펜타토닉은 레, 미, 솔, 라, 시로 이루어졌으며, 반음이 들어 있지 않아 어린이에게 부적당한 감상성이 배제되어 있다. 또한 유아기 어린이들의 영혼이 아직 지상의 대지에 완전히 발을 딛고 서 있지 못하는 시기이므로 꿈을 꾸는 듯한, 끝이 없는 듯한 음(예: 라로 시작해서 라로 끝나는 노래)으로 이루어진 노래가 적당하다고 하였다. 그에 적당한 악기로 슈타이너는 라이어(lyre)를 개발하였으며, 어린이 하프(harp)를 사용하기도 한다. 그에 반해 옥타브(octave)로 된 음과 독립된 소리를 내는 악기들은 9세 이상의 어린이들에게 적당하다고 하였다.

(8) 계절 탁자

계절 탁자란 계절의 변화에 따른 자연의 변화와 인간 삶의 모습이 담겨진 각종 자연물과 교사가 직접 만든 인형 등으로 꾸며진 탁자를 의미한다. 겨울에는 앙상한 나뭇가지에 하얀 눈이 덮여 모든 지상의 생물들이 안으로 움추리고 있는 모습을, 봄에는 파릇파릇 새싹이 돋으며 만물이 잠에서 깨어나 생동하기 시작하는 모습을, 여름에는 왕성한 자연의 힘을, 가을에는 다양한 곡물과 과실이 인간의 삶을 풍요롭게 하고 있는 모습을 보여 준다. 따라서 어린이들은 자연의 변화와 흐름을 통한 사랑과 인간 문화의 원천적인 힘을 경험하게 된다. 이렇게 계절 탁자는 계절과 절기의 흐름, 문화적 행사(축제)의 분위기를 교실 안에 가득히 채워 주는 환경 구성의 중심이 되어, 시기에 적절한 라이겐, 동화, 예술적인 조형 작업 등을 하나로 만들어 준다.

4) 발도르프 프로그램에서 교사의 역할

발도르프 유아교육기관의 교사들은 발도르프학교에서와 마찬가지로 하나의 '동료협의체(Kollegium)'에 의하여 원장, 원감이 따로 없고 종적인 관계가 아닌 평등한 관계에서 모든 일을 의논하고 결정한다. 또한 교사는 집단 내 놀이 과정에서 유아의 사회적 관계를 배려하며 놀이를 지원해야 한다. 유아들이 놀이에 흥미를 갖도록 교구 및 놀잇감을 배치하도록 한다. 가능한 한 단순한 장난감을 주거나 완성되지 않은 놀잇감을 제공하여 유아가 자기 주도적으로 놀이를 할 수 있도록 안내해 주도록 한다.

5) 발도르프 프로그램이 현대 교육에 미치는 시사점

발도르프 프로그램이 현대 교육에 미치는 시사점을 정리하면 다음과 같다.

첫째, 발도르프 유아교육은 교육과정이나 교육 프로그램에 따라 교사의 '가르침'을 통한 교육의 외적 측면이 강조되는 전통적인 교육 방법과는 달리, 어린이의 본질적인 성장 발달을 기초로 한 인간의 내적 교육이라는 점에서, 교육에 변화를 주고자 하는 교사에게 근거 제시를 명확하게 할 수 있게 한다. 여기에서 근거 제시란 어린이의 건강한 성장 발달이며 미래의 삶을 준비하는 힘을 길러 주는 데에 있다. 발도르프 유아교육은 기억력을 강요하는 공부를 멀리하고, 예술적으로 자극하며 놀이를 하게 함으로써, 어린이 고유의 재능과 본성(인간의 본질)을 이끌어 내고, 육체적 조직을 강화시키며 자신의 의지를 통제하는 것을 배우게 하는 것이다. 이렇게 자란 아이들은 학교에 가서 더욱 집중을 잘 할 수 있고 학교 공부를 할 준비가 되어 있다. 왜냐하면 이후의 인생에서 요구되는 힘과 건강이 축적되어 있기 때문이다.

둘째, 발도르프 유아교육은 아동의 '문제 행동'을 예방하고 치료하는 데 중요한 역할을 한다. 요즘 학교폭력이라든지, 청소년 비행문제가 점차 유아기 문제 행동에서도 나타나는 사회 문제로 종종 대두되고 있는데, 이러한 문제를 영·유아기 교육으로부터 예방할 수 있다는 점에서 그 의미가 크다고 하겠다. 필자가 유치원과 어린이집 교사들과 여러 번 작업을 해 본 결과 어린이들의 '문제 행동'이 첫 주제로 매번 등장한 것을 보면 발도르프교육의 치료적·예방적 의미를 숙고해 볼 필요가 있다.

셋째, 발도르프 유아교육은 우리나라의 유치원에서 뿐만 아니라 특히 어린이들이 하루 10시간 정도 머무는 어린이집에서 필요한 어린이의 내적 리듬을 중요시하는 '생활교육'이라는 측면에서 시사하는 바가 크다.

넷째, 마지막으로 발도르프 유아교육은 컴퓨터나 수를 헤아릴 수 없는 장난감과 같은 최첨단 시설과 장비를 갖추어야만 현대를 살아가는 어린이들에게 적당한 교육이라 여기고 있는 사람들에게, 과연 우리 성인이 '어른의 문화'를 일찍 어린이들에게 전달하는 데 교육의 목적을 두고 있는 것은 아닌지, 또 그것이 어린이들의 건강을 위한 것인지 등을 진지하게 성찰하게 한다. 그러나 부모의 교육열이 대학 입시에 예민하게 반응하는 고등학교 학생 자녀를 둔 부모 못지않게 대단히 강하고, 아직은 부모의 사교육비로 운영되는 사립교육 기관 및 보육 시설이 많은 우리나라의 교육 현실에서 볼 때, 학교의 교육을 준비할 수 있도록은 하되 어린이의 내적인 건강을 손상시키지 않는 교육 방법에 대하여는 보다 연구를 해야 할 부분이다.

5. 숲 유치원

숲 유치원이란 기존의 유치원과는 달리 문과 벽이 없는, 하늘 아래 숲속의 모든 자연물이 놀잇감이나 교구로 활용되는 유치원이다. 숲속에서 자유로운 교육이 펼쳐지는 숲 유치원은 인간과 자연의 조화로운 관계를 유아기 때부터 자연스럽게 알게 하고 자연을 통해 유아의 신체와 영혼과 정신을 전인적으로 성장하도록 돕는 자연주의 유아교육기관이라 할 수 있다.

1) 숲 유치원 성립 배경

숲 유치원은 1950년대 덴마크에서 처음 생겼다. 부모들이 직접 어린이들을 데리고 자연 속으로 산책을 다니던 것이 나중에 '숲속의 유치원'이라는 이름으로 자리 잡음으로써 정식 교육 기관화가 되었다. 이후 스칸디나비아 반도를 거쳐 영국, 미국 등 세계 각지로 전파되었다. 그중에서도 숲 유치원이 가장 활발히 운영되고 있는 곳이 독일이며, 생명 존중 교육을 실천하는 대표적인 나라라고 할 수 있다. 유치원 건물이 없이 숲 전체가 유치원이 된다고 해서 '숲속의 유치원(Waldkindergarten)'이라 부르기 시작한 것이다. 1980년대 후반부터 숲 유치원은 정식 유치원으로 인정받기 시작하였다. 어린이들을 자연 안에서 뛰어놀게 함으로써 자신이 원하는 것을 스스로 발견할 줄 알고, 친구 간에 서로 도와주는 과정을 통해 인격체로 자라게 하는 것이 이 유치원의 교육 철학이다. 어린이들은 숲에서 뛰어놀면서 생물들을 보고 듣고 냄새 맡고 만져 보면서 스스로 경험하고 생각할 수 있게 된다. 또한 여럿이 서로 돕는 법을 배우고, 한계를 극복하는 법, 자유를 즐기면서 규칙을 지키는 법, 나아가 자연스럽게 환경을 사랑하는 법을 배운다. 숲속 유치원은 교육 이론이나, 위대한 설립자가 만든 것이 아니기 때문에 운영이나 형태도 각각의 유치원마다 조금씩 차이가 있고 다르지만, 한 가지 공통적인 것은 '아이들을 자연 속에서 키우자.'는 근본 교육 철학이다.

숲 유치원은 숲이 있는 지역을 공공의 교통 기관으로 쉽게 접근할 수 있어야 한다. 숲의 수목들이 너무 조밀하게 들어서 있으면 안 되고, 숲속이 멀리까지 내다 보여야 하며, 잡목이 너무 많지 않아야 한다. 숲 활동을 위해 변화가 다양한 숲이 좋다. 즉 높은 구릉이 있는가 하면 평평한 초원이 있고, 계곡이나 아주 오랜 된 높은 키의 나무가 숲 여러 곳에 군락을 이루고 있으면 좋다. 수많은 사람들이 산책의 목적으로 늘 사용하는 숲 지역은 고요하지 않을 뿐 아니라 개의 배설물 때문에 좋지 않다. 숲 지역에 방치된 유해 물질이나 오염 물질이 없는지 사전에 활동할 숲 전체를 철저히 조사해야 한다. 숲의 크기는 약 2.5헥타르 정도면 충분하고 혼합림으로 조성되어 있으면 좋다.

2) 숲 유치원 기본 개념

숲 유치원은 특정한 교육 사상에 기초하여 체계적으로 설계된 유아교육 프로그램으로 출발하지는 않았지만 숲 유치원의 교육 활동을 살펴보면, 숲 유치원에는 감각적 실학주의자로서 자연의 질서에 따른 교수 원리를 주장한 코메니우스(Comenius), 교육 방법론에서 자연법을 그 기준으로 삼고 특히 아동기까지의 교육에서는 자연환경을 유일한 교육 장소로 삼아야 한다고 주장한 루소(Rousseau), 유아학교에서의 교육 내용으로 실외놀이를 강조한 오웬(Owen), 노작교육을 실천한 페스탈로치(Pestalozzi), 합 자연을 지향하며 자연과의 공감, 농작물 재배, 정원 가꾸기, 동식물 관찰 등을 중시한 프뢰벨(Fröbel) 등 자연주의 교육 사상이 잘 녹아 있음을 알 수 있다. 그들은 모두 자연 속에서 직접적으로 이루어지는 경험과 감각을 통한 다양한 체험, 그리고 놀이의 중요성 등을 강조하였는데, 숲 유치원은 그들의 주장이 자연스럽게 실현되고 있는 자연 친화적 교육인 것이다.

3) 숲 유치원의 특징과 내용

(1) 특징

① 상상력과 창의력을 기를 수 있다.

숲이 가지고 있는 자연물들은 그 자체로 수만 가지 놀이를 할 수 있는 놀잇감이 된다. 무형의 자연물을 가지고 놀기 위해서 어린이들은 무한한 상상력을 발휘하게 된다. 이렇게 어린이들이 숲으로부터 얻는 귀중한 선물 중 하나가 창의력이다. 또한 자연 속에서 뛰어노는 가운데 운동 능력을 단련할 수 있다.

② 창조적인 조형 능력이 발달한다.

숲은 유아들에게 종종 예기치 않았던 조형놀이의 가능성을 제공한다. 떨어진 나뭇가지를 이용하여 집을 짓거나, 죽은 통나무에 톱질, 망치질, 구멍 뚫기 등을 하여 악기를 만들거나, 마른 풀, 꽃, 버들가지를 엮는 과정에서 창조적인 조형 능력이 발달한다. 또한 그 과정에서 섬세한 동작 능력 및 지구력과 집중력도 발달하게 된다.

③ 남을 도와주는 미덕을 배운다.

숲에서는 종종 남의 도움이 필요할 때가 있다. 걷다가 지친 친구의 손을 잡아주고, 공작 시간에 쓸 도토리를 함께 모으는 등 협동을 하면 더 즐거운 시간을 보낼 수 있다는 사실을 알게 된다. 남을 돕고 도움을 청할 줄 아는 어린이들이 나중에 올바른 대인 관계를 형성하게 된다.

④ 언어 습득이 빨라진다.

단체 생활 속에서 많은 대화가 오고 가면서 자연스럽게 숲속 유치원 어린이들이 언어 습득을 빨리 한다는 점도 주목할 만하다. 또한 숲의 동식물을 날마다 대하면서 환경에 대한 애정이 남달라진다. 어린이들에게 환경 보호 의식을 심어 주는 것 역시 숲속 유치원의 주요한 목적 중 하나이다.

⑤ 자연 체험교육으로 생명을 존중하는 마음을 기른다.

자연에 대한 단순한 지식 전달만으로는 자연을 소중하게 생각하는 마음을 배우지 못한다. 그러나 자연 체험을 통해 자연을 사랑하는 것을 배운 유아는 어른이 되어서도 자연을 보호하고 귀중하게 다루게 된다. 숲 유치원에서는 자연과 함께하며 자연과 상호 작용하는 체험을 통해 유아들이 모든 종류의 생명체를 소중히 여기는 마음과 소중히 다루는 법을 깨닫게 된다.

(2) 내용

숲은 더욱더 다채롭고 다양한 모습으로 변화하여 유아들에게는 현실에 존재하는 동화의 나라와 같다. 숲에서 아이들은 여기저기서 뛰어놀다가도 누군가 신기한 것을 발견하면 우르르 몰려들어 감탄과 질문을 쏟아 낸다. 그것이 바로 아이들이다. 호기심과 놀라움을 자연스럽게 표출하는 것이 살아 있는 아이들의 모습이다. 이 어린 친구들은 본능적으로 모든 감각 기능을 활용하여 주변 환경을 파악하고자 한다. 무언가 흥미로운 것을 발견하면 일단 만져 보고 싶어 한다.

숲속의 산딸기의 맛이 어떤지, 나무나 송진의 냄새가 어떤지, 나무껍질의 느낌이 어떤지, 땅이 얼마나 축축한지 등 직접 만지고 냄새 맡는 것이 특히 중요한데, 그것은 유아들이 체험을 통한 감각에 많은 영향을 받기 때문이다.

풍요롭고 강도 높은 감각 체험을 통해 자연에 대한 사랑과 가치 평가의 싹이 자라나며, 남은 인생에서 열매를 맺을 수 있다. 유아에게 가장 중요한 인성 발달의 공간은 도심이 아닌 자연이다. 자연은 어린이들에게 가장 훌륭한 놀이터이자 총체적인 교육의 장이 된다.

다음은 숲 유치원의 놀이 활동의 실제 예시이다.

〈표 11-3〉 숲 유치원 놀이 활동 예시

시간	주제	세부 프로그램	내용
09:00 ~ 13:50	숲과 친구 되기	집합, 출석 체크	정리, 모둠 나누기
		서로 인사해요!	숲과 인사하기
		나는 누구일까요?	숲에 사는 생물들 알아보기
		숲 도감 만들기	나무를 관찰하는 방법과 나무에 대한 설명, 나뭇잎 비교하기
		누가 누가 멀리 뛰나!	한 발 뛰기놀이
		숲속 보물찾기	숲에서 찾은 보물은 무엇인지 이야기 나누기
		나무토막 퍼즐	나무토막 퍼즐놀이
		메모리 게임	메모리 카드놀이
		숲속 색깔놀이	숲에는 몇 가지 색깔이 있는지 찾아보고 이야기 나누기
		하산하기	정리하기

- 모두 다 함께 "나무야 안녕!"하고 인사한다.
  - 조금 더 큰 소리로 "산 안녕!"을 외친다. (숲과 교감하기)
  - 시선을 땅에서 하늘로 옮기며 "우리 같이 놀자."라고 놀이를 청한다.
- 봄을 준비하는 자연을 관찰한다. (자연탐구)
  - 피어 있는 꽃과 잎을 자세히 관찰한다.
- 숲에서 여러 가지 열매나 나무와 놀이를 한다.
- 움막이나 의자, 그늘 막을 만든다.

숲에서의 가장 기억에 남는 활동과 즐거웠던 일들을 회상하며 그림 등으로 표상해 볼 수 있다.

- 개인별로 숲에서 가장 기억에 남는 활동 표상하기
- 어린이가 기록한 숲 체험 보고서
- 모둠별로 숲에서 가장 기억에 남는 활동 회상하여 벽화 그리기
- 숲에서 주워 온 자연물 관찰하여 그려 보기
- 꽃을 이용한 맛있는 음식 만들기

4) 숲 유치원에서 교사의 역할

숲 유치원에서는 교사부터 스스로 숲과 만나고, 숲을 느끼고, 숲으로 인해 즐거워야 한다. 아이들은 모방을 통해 배우는 부분이 많기 때문에 교사가 숲과 만나면서 어떠한 반응을 보이는가는 매우 중요하다. 교사가 호기심을 갖고 자연을 탐색하며 즐거워하는 모습은 아이들에게도 그대로 반영되어 아이들의 숲 체험에 영향을 준다. 교사들은 처음에 숲에 가면 어떻게 할지를 몰라 당황해 하는 경우가 있는데 그래서는 안 되며, 새로운 환경인 숲에 호기심을 갖고 관찰하며 느끼고 숲과 상호 작용을 해야 한다.

가장 중요한 요소는 교사일 것이다. 교사는 숲에서의 활동을 위해 교육과정 외에 생태학에 대하여 잘 이해하고 있어야 한다. 사전 지식 없이 숲에서 교육을 한다면 숲이 갖고 있는 많은 자원을 제대로 활용할 수 없다. 식물, 동물, 곤충, 양서류, 조류 등의 종류와 이들의 서식(생존) 방식 등에 대하여 이해하고 있어야 한다. 그리고 교사는 단지 아이들이 생각해 낸 놀이에 동참하면서 아이들에게 동기 부여를 할 뿐이다. 교사 개입을 최소로 줄이면서 아이들 스스로 생각하고 판단하게 하는 것이다.

숲에는 자연이 제공하는 수많은 자유선택 활동 영역이 있다. 교사는 각 영역에서 아이들이 활동할 수 있도록 알맞은 도구와 환경을 지원해야 한다. 특히 격려와 자극은 물론 도전 정신을 갖게 하고 문제 해결을 위해 서로 협력하게 한다. 이때 교사는 숲을 미리 조사한 후에 일어날 만한 활동 영역을 미리 예상하고 활용할 수 있는 다양한 도구를 준비해 두는 것이 좋다. 예를 들면 꽃 무리가 있으면 다양한 관찰 도구와 그림 도구를 준비하고, 계곡이 있으면 밧줄과 삽을 준비하여 계곡 탐험을 하게 하고, 죽은 나뭇가지가 있으면 톱이나 망치 등을 준비할 수 있다.

지속적인 숲 유치원교육을 위해서는 부모들과 숲 유치원의 교육 내용을 공유하는 것이 필요하다. 우리나라의 어떤 부모들은 숲 유치원교육을 숲에서 단순히 놀기만 하는 것으로 생각하여 지속적으로 할 경우 불쾌감을 드러내기도 한다. 따라서 숲 유치원 활동 후 가정으로 '숲 유치원 활동 보고서'를 보내어 숲 유치원의 교육 내용을 공유하고, 이를 통해 숲 유치원에 대한 인식을 전환시킬 필요가 있다.

5) 숲 유치원이 현대 교육에 미치는 시사점

현대 사회에서 유아들은 타고난 본성, 흥미, 자발성보다는 부모들의 뜻에 따라 사회적으로 성공이 보장된 인재가 되기 위한 조기교육을 많이 받고 있다. 유아들이 좁은 실내 공간 속에서 오랜 시간 생활하다 보니 상업적인 놀잇감이나 멀티미디어를 이용하여 놀이를 하는 유아들의 비중이 점점 커지고 있다. 마음과 신체와 영혼이 병들어 가는 유아들이 점점 증가하고 있는 것이다.

이와 같은 차원에서 볼 때, 숲 유치원이야말로 '자연, 놀이, 아이다움'을 되찾아 주고 병들어 가는 유아의 마음과 신체와 영혼을 자연을 통해, 자연의 원리에 의해 치료할 수 있는 교육 프로그램으로, 현대 사회의 유아에게 꼭 필요한 교육이라고 할 수 있다. 즉 숲 유치원은 현대 과학 문명과 산업 사회의 발달에 따라 실내 장난감 문화로 유아의 놀이 문화가 변질되고, 그로 인해 유아들에게 사회, 정서, 인지적인 문제들이 급증하는 것에 대처할 수 있는 바람직한 대안 교육인 것이다.

유아교육 과정

부 록

[누리과정 신구 대조표]

1장 :: 총론

2장 :: 영역별 목표 및 내용

■ 누리과정의 구성 체계 비교

3~5세 연령별 누리과정 구성 체계(2015)	2019 개정 누리과정 구성 체계
제1장 누리과정의 총론 Ⅰ. 구성 방향 Ⅱ. 목적과 목표 1. 목적 2. 목표 Ⅲ. 편성과 운영 1. 편성 2. 운영 3. 교수·학습 4. 평가	누리과정의 성격 **(신설)** **제1장 총론** Ⅰ. 누리과정의 구성 방향 1. 추구하는 인간상 **(신설)** 2. 목적과 목표 3. 구성의 중점 Ⅱ. 누리과정의 운영 1. 편성·운영 2. 교수·학습 3. 평가
제2장 연령별 누리과정 제1절 3~5세 연령별 누리과정의 영역별 목표 Ⅰ. 신체운동·건강 Ⅱ. 의사소통 Ⅲ. 사회관계 Ⅳ. 예술경험 Ⅴ. 자연탐구 제2절 3~5세 연령별 누리과정의 영역별 내용 Ⅰ. 3세 누리과정 1. 신체운동·건강 2. 의사소통 3. 사회관계 4. 예술경험 5. 자연탐구 Ⅱ. 4세 누리과정 (위 1~5 동일) Ⅲ. 5세 누리과정 (위 1~5 동일)	**제2장 영역별 목표 및 내용** Ⅰ. 신체운동·건강 1. 목표 2. 내용 Ⅱ. 의사소통 1. 목표 2. 내용 Ⅲ. 사회관계 1. 목표 2. 내용 Ⅳ. 예술경험 1. 목표 2. 내용 Ⅴ. 자연탐구 1. 목표 2. 내용

■ 누리과정의 성격(신설)

2019 개정 누리과정
누리과정은 3~5세 유아를 위한 국가 수준의 공통 교육과정이다. 가. 국가 수준의 공통성과 지역, 기관 및 개인 수준의 다양성을 동시에 추구한다. 나. 유아의 전인적 발달과 행복을 추구한다. 다. 유아 중심과 놀이 중심을 추구한다. 라. 유아의 자율성과 창의성 신장을 추구한다. 마. 유아, 교사, 원장(감), 학부모 및 지역사회가 함께 실현해 가는 것을 추구한다.

1장 총론

Ⅰ. 누리과정의 구성 방향

1. 추구하는 인간상(신설)

2019 개정 누리과정
누리과정이 추구하는 인간상은 다음과 같다. 가. 건강한 사람 나. 자주적인 사람 다. 창의적인 사람 라. 감성이 풍부한 사람 마. 더불어 사는 사람

2. 목적과 목표

3~5세 연령별 누리과정(2015)	2019 개정 누리과정
1. 목적 누리과정은 만 3~5세 유아의 심신의 건강과 조화로운 발달을 도와 민주 시민의 기초를 형성하는 것을 목적으로 한다. **2. 목표** 가. 기본 운동 능력과 건강하고 안전한 생활 습관을 기른다. 나. 일상생활에 필요한 의사소통 능력과 바른 언어 사용 습관을 기른다. 다. 자신을 존중하고 다른 사람과 더불어 생활하는 능력과 태도를 기른다. 라. 아름다움에 관심을 가지고 예술 경험을 즐기며, 창의적으로 표현하는 능력을 기른다. 마. 호기심을 가지고 주변 세계를 탐구하며, 일상생활에서 수학적·과학적으로 생각하는 능력과 태도를 기른다.	**2. 목적과 목표** 누리과정의 목적은 유아가 놀이를 통해 심신의 건강과 조화로운 발달을 이루고 바른 인성과 민주 시민의 기초를 형성하는 데에 있다. 이를 실현하기 위한 목표는 다음과 같다. 가. 자신의 소중함을 알고, 건강하고 안전한 생활 습관을 기른다. 나. 자신의 일을 스스로 해결하는 기초 능력을 기른다. 다. 호기심과 탐구심을 가지고 상상력과 창의력을 기른다. 라. 일상에서 아름다움을 느끼고 문화적 감수성을 기른다. 마. 사람과 자연을 존중하고 배려하며 소통하는 태도를 기른다.

3. 구성의 중점

3~5세 연령별 누리과정(2015)	2019 개정 누리과정
Ⅰ. 구성 방향 누리과정의 구성 방향은 다음과 같다. 1. 질서, 배려, 협력 등 기본 생활 습관과 바른 인성을 기르는 데 중점을 두어 구성한다. 2. 자율성과 창의성을 기르는 데 중점을 두고, 전인 발달을 이루도록 구성한다. 3. 사람과 자연을 존중하고, 우리 문화를 이해하는 데 중점을 두어 구성한다. 4. 만 3~5세아의 발달 특성을 고려하여 연령별로 구성한다. 5. 신체운동·건강, 의사소통, 사회관계, 예술경험, 자연탐구의 5개 영역을 중심으로 구성한다. 6. 초등학교 교육과정과 0~2세 표준보육과정과의 연계성을 고려하여 구성한다.	**3. 구성의 중점** 누리과정 구성의 중점은 다음과 같다. 가. 3~5세 모든 유아에게 적용할 수 있도록 구성한다. 나. 추구하는 인간상 구현을 위한 지식, 기능, 태도 및 가치를 반영하여 구성한다. 다. 신체운동·건강, 의사소통, 사회관계, 예술경험, 자연탐구의 5개 영역을 중심으로 구성한다. 라. 3~5세 유아가 경험해야 할 내용으로 구성한다. 마. 0~2세 보육과정 및 초등학교 교육과정과의 연계성을 고려하여 구성한다.

Ⅱ. 누리과정의 운영

1. 편성·운영

3~5세 연령별 누리과정(2015)	2019 개정 누리과정
1. 편성 가. 1일 4~5시간을 기준으로 편성한다. 나. 5개 영역의 내용을 균형 있게 통합적으로 편성한다. 다. 유아의 발달 특성 및 경험을 고려하여 놀이를 중심으로 편성한다. 라. 반(학급) 특성에 따라 융통성 있게 편성한다. 마. 성별, 종교, 신체적 특성, 가족 및 민족 배경 등으로 인한 편견이 없도록 편성한다. 바. 일과 운영 시간에 따라 심화 확장할 수 있도록 편성한다.	**1. 편성·운영** 다음의 사항에 따라 누리과정을 편성·운영한다. 가. 1일 4~5시간을 기준으로 편성한다. 나. 일과 운영에 따라 확장하여 편성할 수 있다. 다. 누리과정을 바탕으로 각 기관의 실정에 적합한 계획을 수립하여 운영한다. 라. 하루 일과에서 바깥놀이를 포함하여 유아의 놀이가 충분히 이루어지도록 편성하여 운영한다. 마. 성, 신체적 특성, 장애, 종교, 가족 및 문화적 배경 등으로 인한 차별이 없도록 편성하여 운영한다.

3~5세 연령별 누리과정(2015)	2019 개정 누리과정
2. 운영 가. 연간, 월간, 주간, 일일 계획에 의거하여 운영한다. 나. 실내외 환경을 다양한 흥미 영역으로 구성하여 운영한다. 다. 유아의 능력과 장애 정도에 따라 조정하여 운영한다. 라. 부모와 각 기관의 실정에 따라 부모교육을 실시한다. 마. 가정과 지역사회와의 협력과 참여에 기반하여 운영한다. 바. 교사 재교육을 통해서 누리과정 활동이 개선되도록 운영한다.	바. 유아의 발달과 장애 정도에 따라 조정하여 운영한다. 사. 가정과 지역사회와의 협력과 참여에 기반하여 운영한다. 아. 교사 연수를 통해 누리과정의 운영이 개선되도록 한다.

2. 교수·학습

3~5세 연령별 누리과정(2015)	2019 개정 누리과정
3. 교수·학습 방법 가. 놀이를 중심으로 교수·학습 활동이 이루어지도록한다. 나. 유아의 흥미를 중심으로 활동을 선택하고 지속할 수있도록 한다. 다. 유아의 생활 속 경험을 소재로 하여 지식, 기능, 태도및 가치를 습득하도록 한다. 라. 유아와 교사, 유아와 유아, 유아와 환경 간에 능동적인 상호 작용이 이루어지도록 한다. 마. 주제를 중심으로 여러 활동이 통합적으로 이루어지도록 한다. 바. 실내·실외 활동, 정적·동적 활동, 대·소집단 활동 및 개별 활동, 휴식 등이 균형 있게 이루어지도록 한다. 사. 유아의 관심과 흥미, 발달이나 환경 특성 등을 고려하여 개별 유아에게 적합한 방식으로 학습하도록 한다.	**2. 교수·학습** 교사는 다음 사항에 따라 유아를 지원한다. 가. 유아가 흥미와 관심에 따라 놀이에 자유롭게 참여하고 즐기도록 한다. 나. 유아가 놀이를 통해 배우도록 한다. 다. 유아가 다양한 놀이와 활동을 경험할 수 있도록 실내외 환경을 구성한다. 라. 유아와 유아, 유아와 교사, 유아와 환경 간에 능동적인 상호 작용이 이루어지도록 한다. 마. 5개 영역의 내용이 통합적으로 유아의 경험과 연계되도록 한다. 바. 개별 유아의 요구에 따라 휴식과 일상생활이 원활히 이루어지도록 한다. 사. 유아의 연령, 발달, 장애, 배경 등을 고려하여 개별 특성에 적합한 방식으로 배우도록 한다.

3. 평가

3~5세 연령별 누리과정(2015)	2019 개정 누리과정
4. 평가 가. 누리과정 운영 평가 (1) 운영 내용이 누리과정의 목표와 내용에 근거하여 편성·운영되었는지 평가한다. (2) 운영 내용 및 활동이 유아의 발달 수준과 흥미·요구에 적합한지를 평가한다. (3) 교수·학습 방법이 유아의 흥미와 활동의 특성에 적합한지를 평가한다. (4) 운영 환경이 유아의 발달 특성과 활동의 주제, 내용 및 효율성 등을 고려하여 구성되었는지를 평가한다. (5) 계획안 분석, 수업 참관 및 모니터링, 평가척도 등 다양한 방법을 활용하여 평가한다. (6) 운영 평가의 결과를 반영하여 운영 계획을 수정·보완하거나 이후 누리과정 편성·운영에 활용한다. 나. 유아 평가 (1) 누리과정 목표와 내용에 근거하여 유아의 특성과 변화 정도를 평가한다. (2) 유아의 지식, 기능, 태도를 포함하여 평가한다. (3) 유아의 일상생활과 누리과정 활동 전반에 걸쳐 평가한다. (4) 관찰, 활동 결과물 분석, 부모 면담 등 다양한 방법을 사용하여 종합적으로 평가하고, 그 결과를 기록한다. (5) 유아 평가 결과는 유아에 대한 이해와 누리과정 운영 개선 및 부모 면담 자료로 활용할 수 있다.	**3. 평가** 평가는 다음 사항에 중점을 두고 실시한다. 가. 누리과정 운영의 질을 진단하고 개선하기 위해 평가를 계획하고 실시한다. 나. 유아의 특성 및 변화 정도와 누리과정의 운영을 평가한다. 다. 평가의 목적에 따라 적합한 방법을 사용하여 평가한다. 라. 평가의 결과는 유아에 대한 이해와 누리과정 운영 개선을 위한 자료로 활용할 수 있다.

2장 영역별 목표 및 내용

Ⅰ. 신체운동·건강

3~5세 연령별 누리과정(2015)	2019 개정 누리과정
목표 기본 운동 능력과 건강하고 안전한 생활 습관을 기른다. 1. 감각 능력을 기르고, 자신의 신체를 긍정적으로 인식한다. 2. 신체를 조절하고 기본 운동 능력을 기른다. 3. 신체 활동에 즐겁게 참여한다. 4. 건강한 생활 습관을 기른다. 5. 안전한 생활 습관을 기른다.	1. 목표 실내외에서 신체 활동을 즐기고, 건강하고 안전한 생활을 한다. 1) 신체 활동에 즐겁게 참여한다. 2) 건강한 생활 습관을 기른다. 3) 안전한 생활 습관을 기른다.
내용 체계 및 세부 내용	2. 내용

내용 범주	내용	세부 내용		
		3세	4세	5세
신체 인식하기	감각 능력 기르고 활용하기	감각적 차이를 경험한다.	감각적 차이를 구분한다.	감각적으로 대상이나 사물의 특성과 차이를 구분한다.
		감각 기관을 인식하고, 활용해 본다.	여러 감각 기관을 협응하여 활용한다.	여러 감각 기관을 협응하여 활용한다.
	신체를 인식하고 움직이기	신체 각 부분의 명칭을 알고, 움직이에 관심을 갖는다.	신체 각 부분의 특성을 이해하고 활용하여 움직인다.	신체 각 부분의 특성을 이해하고 활용하여 움직인다.
		자신의 신체를 긍정적으로 인식하고 움직인다.	자신의 신체를 긍정적으로 인식하고 움직인다.	자신의 신체를 긍정적으로 인식하고 움직인다.
신체 조절과 기본 운동하기	신체 조절하기	신체 균형을 유지해 본다.	다양한 자세와 움직임에서 신체 균형을 유지한다.	다양한 자세와 움직임에서 신체 균형을 유지한다.
		공간, 힘, 시간 등의 움직임 요소를 경험한다.	공간, 힘, 시간 등의 움직임 요소를 활용하여 움직인다.	공간, 힘, 시간 등의 움직임 요소를 활용하여 움직인다.

내용 범주	내용
신체 활동 즐기기	신체를 인식하고 움직인다.
	신체 움직임을 조절한다.
	기초적인 이동운동, 제자리 운동, 도구를 이용한 운동을 한다.
	실내외 신체 활동에 자발적으로 참여한다.

3~5세 연령별 누리과정(2015)

내용 범주	내용	세부 내용 3세	세부 내용 4세	세부 내용 5세
신체 조절과 기본 운동하기	신체 조절하기	신체 각 부분의 움직임을 조절해 본다.	신체 각 부분을 협응 하여 움직임을 조절한다.	신체 각 부분을 협응 하여 움직임을 조절한다.
		눈과 손을 협응하여 소근육을 조절해 본다.	눈과 손을 협응하여 소근육을 조절해 본다.	눈과 손을 협응하여 소근육을 조절해 본다.
				도구를 활용하여 여러 가지 조작 운동을 한다.
	기본 운동하기	걷기, 달리기 등 이동 운동을 한다.	걷기, 달리기, 뛰기 등 다양한 이동 운동을 한다.	걷기, 달리기, 뛰기 등 다양한 이동 운동을 한다.
		제자리에서 몸을 움직여 본다.	제자리에서 몸을 다양하게 움직인다.	제자리에서 몸을 다양하게 움직인다.
신체 활동에 참여하기	자발적으로 신체 활동에 참여하기	신체 활동에 자발적으로 참여한다.	신체 활동에 자발적이고 지속적으로 참여한다.	신체 활동에 자발적이고 지속적으로 참여한다.
		다른 사람과 함께하는 신체 활동에 참여한다.	다른 사람과 함께하는 신체 활동에 참여한다.	다른 사람과 함께하는 신체 활동에 참여한다.
			자신과 다른 사람의 운동 능력의 차이에 관심을 갖는다.	자신과 다른 사람의 운동 능력의 차이를 이해한다.
	바깥에서 신체 활동하기	규칙적으로 바깥에서 신체 활동을 한다.	규칙적으로 바깥에서 신체 활동을 한다.	규칙적으로 바깥에서 신체 활동을 한다.
	기구를 이용하여 신체 활동 하기	여러 가지 기구를 이용하여 신체 활동을 한다.	여러 가지 기구를 이용하여 신체 활동을 한다.	여러 가지 기구를 이용하여 신체 활동을 한다.
건강하게 생활하기	몸과 주변을 깨끗이 하기	손과 이를 깨끗이 하는 방법을 알고 실천 한다.	손과 이를 깨끗이 하는 방법을 알고 실천 한다.	스스로 몸을 깨끗이 하는 습관을 기른다.
		주변을 깨끗이 한다.	주변을 깨끗이 하는 습관을 기른다.	주변을 깨끗이 하는 습관을 기른다.

2019 개정 누리과정

내용 범주	내용
건강하게 생활하기	자신의 몸과 주변을 깨끗이 한다.
	몸에 좋은 음식에 관심을 가지고 바른 태도로 즐겁게 먹는다.
	하루 일과에서 적당한 휴식을 취한다.
	질병을 예방하는 방법을 알고 실천한다.

3~5세 연령별 누리과정(2015)				
내용 범주	내용	세부 내용 3세	세부 내용 4세	세부 내용 5세
건강하게 생활하기	바른 식생활하기	음식을 골고루 먹는다	음식을 골고루 먹는다.	적당량의 음식을 골고루 먹는다.
		몸에 좋은 음식에 관심을 갖는다.	몸에 좋은 음식을 알아본다.	몸에 좋은 음식을 선택할 수 있다.
		바른 태도로 식사한다.	음식을 소중히 여기고 식사 예절을 지킨다.	음식을 소중히 여기고 식사 예절을 지킨다.
	건강한 일상생활하기	규칙적으로 잠을 자고, 적당한 휴식을 취한다.	규칙적으로 잠을 자고, 적당한 휴식을 취한다.	규칙적으로 잠을 자고, 적당한 휴식을 취한다.
		하루 일과에 즐겁게 참여한다.	하루 일과에 즐겁게 참여한다.	하루 일과에 즐겁게 참여한다.
		스스로 화장실에서 배변한다.	바른 배변 습관을 가진다.	규칙적인 배변 습관을 가진다.
	질병 예방하기	질병의 위험을 알고 주의한다.	질병을 예방하는 방법을 알고 실천한다.	질병을 예방하는 방법을 알고 실천한다.
		날씨에 맞게 옷을 입는다.	날씨와 상황에 알맞게 옷을 입는다.	날씨와 상황에 알맞게 옷을 입는다.
안전하게 생활하기	안전하게 놀이하기	놀이 기구나 놀잇감, 도구를 안전하게 사용한다	놀이 기구나 놀잇감, 도구를 안전하게 사용한다.	놀이 기구나 놀잇감, 도구의 바른 사용법을 알고 안전하게 사용한다.
		안전한 놀이 장소를 안다	안전한 장소를 알고 안전하게 놀이한다.	안전한 장소를 알고 안전하게 놀이한다.
		TV, 인터넷, 통신기기 등을 바르게 사용한다.	TV, 인터넷, 통신기기 등의 위해성을 알고, 바르게 사용한다.	TV, 인터넷, 통신기기 등의 위해성을 알고, 바르게 사용한다.

2019 개정 누리과정	
내용 범주	내용
안전하게 생활하기	일상에서 안전하게 놀이하고 생활한다.
	TV, 컴퓨터, 스마트폰 등을 바르게 사용한다.
	교통안전 규칙을 지킨다.
	안전사고, 화재, 재난, 학대, 유괴 등에 대처하는 방법을 경험한다.

3~5세 연령별 누리과정(2015)					2019 개정 누리과정
내용범주	내용	세부 내용			
		3세	4세	5세	
안전하게 생활하기	교통안전 규칙 지키기	교통안전 규칙을 지킨다	교통안전 규칙을 알고 지킨다.	교통안전 규칙을 알고 지킨다.	
		교통수단을 안전하게 이용한다.	교통수단을 안전하게 이용한다.	교통수단을 안전하게 이용한다.	
	비상시 적절하게 대처하기	학대, 성폭력, 실종, 유괴 상황을 알고 도움을 요청한다.	학대, 성폭력, 실종, 유괴 상황 시 도움을 요청하는 방법을 알고 행동한다.	학대, 성폭력, 실종, 유괴 상황을 알고 도움을 요청한다.	
		재난 및 사고 등 비상 시 적절하게 대처하는 방법을 안다.	재난 및 사고 등 비상 시 적절하게 대처하는 방법을 알고 행동한다.	재난 및 사고 등 비상 시 적절하게 대처하는 방법을 알고 행동한다.	

II. 의사소통

3~5세 연령별 누리과정(2015)

목표

일상생활에 필요한 의사소통 능력과 바른 언어 사용 습관을 기른다.

1. 다른 사람의 말을 주의 깊게 듣는 태도와 이해하는 능력을 기른다.
2. 자신의 생각과 느낌을 말하는 능력을 기른다.
3. 글자와 책에 친숙해지는 경험을 통하여 글자 모양을 인식하고 읽기에 흥미를 가진다.
4.. 말과 글의 관계를 알고 자신의 생각, 느낌, 경험을 글로 표현하는 데 관심을 가진다.

내용 체계 및 세부 내용

내용 범주	내용	세부 내용		
		3세	4세	5세
듣기	낱말과 문장 듣고 이해하기	낱말의 발음에 관심을 가지고 듣는다.	낱말의 발음에 관심을 가지고 듣는다.	낱말의 발음에 관심을 가지고 비슷한 발음을 듣고 구별한다.
		일상생활과 관련된 낱말과 문장을 듣고 뜻을 이해한다.	일상생활과 관련된 낱말과 문장을 듣고 뜻을 이해한다.	다양한 낱말과 문장을 듣고 뜻을 이해한다.
	이야기 듣고 이해하기	다른 사람의 이야기를 관심 있게 듣는다.	다른 사람의 이야기를 듣고 이해한다.	다른 사람의 이야기를 듣고 이해한다.
			이야기를 듣고 궁금한 것에 대해 질문한다.	이야기를 듣고 궁금한 것에 대해 질문한다.
	동요, 동시, 동화 듣고 이해하기	동요, 동시, 이야기를 관심 있게 듣는다.	동요, 동시, 동화를 다양한 방법으로 듣고 즐긴다.	동요, 동시, 동화를 다양한 방법으로 듣고 이해한다.
			전래동요, 동시, 동화를 듣고 우리말의 재미를 느낀다.	전래동요, 동시, 동화를 듣고 우리말의 재미를 느낀다.
	바른 태도로 듣기	말하는 사람을 바라보며 듣는다.	다른 사람의 이야기를 주의 깊게 듣는다.	다른 사람의 이야기를 끝까지 주의 깊게 듣는다.

2019 개정 누리과정

1. 목표

일상생활에 필요한 의사소통 능력과 상상력을 기른다.

1) 일상생활에서 듣고 말하기를 즐긴다.
2) 읽기와 쓰기에 관심을 가진다.
3) 책이나 이야기를 통해 상상하기를 즐긴다.

2. 내용

내용 범주	내용
듣기와 말하기	말이나 이야기를 관심 있게 듣는다.
	자신의 경험, 느낌, 생각을 말한다.
	상황에 적절한 단어를 사용하여 말한다.
	상대방이 하는 이야기를 듣고 관련해서 말한다.
	바른 태도로 듣고 말한다.
	고운 말을 사용한다.

3~5세 연령별 누리과정(2015)

내용범주	내용	세부 내용		
		3세	4세	5세
말하기	낱말과 문장으로 말하기	친숙한 낱말을 발음해 본다.	친숙한 낱말을 정확하게 발음해 본다.	정확한 발음으로 말한다.
		새로운 낱말에 관심을 가진다.	다양한 낱말을 사용하여 말한다.	다양한 낱말을 사용하여 상황에 맞게 말한다.
		일상생활에서 일어나는 일들을 간단한 문장으로 말한다.	일상생활에서 일어나는 일들을 간단한 문장으로 말한다.	일상생활에서 일어나는 일들을 간단한 문장으로 말한다.
	느낌, 생각, 경험 말하기	자신의 느낌, 생각, 경험을 말해 본다.	자신의 느낌, 생각, 경험을 말한다.	자신의 느낌, 생각, 경험을 적절한 낱말과 문장으로 말한다.
			주제를 정하여 함께 이야기를 나눈다.	주제를 정하여 함께 이야기를 나눈다.
			이야기를 지어 말한다.	이야기 지어 말하기를 즐긴다.
	상황에 맞게 바른 태도로 말하기		듣는 사람의 생각과 느낌을 고려하여 말한다.	듣는 사람의 생각과 느낌을 고려하여 말한다.
		상대방을 바라보며 말한다	차례를 지켜 말한다.	때와 장소, 대상에 알맞게 말한다.
		바르고 고운 말을 사용한다.	바르고 고운 말을 사용한다.	바르고 고운 말을 사용한다.
읽기	읽기에 흥미 가지기	주변에서 친숙한 글자를 찾아본다.	주변에서 친숙한 글자를 찾아본다.	주변에서 친숙한 글자를 찾아 읽어 본다.
		읽어 주는 글의 내용에 관심을 가진다.	읽어 주는 글의 내용에 관심을 가진다.	읽어 주는 글의 내용에 관심을 가지고 읽어 본다.

2019 개정 누리과정

내용범주	내용
읽기와 쓰기에 관심 가지기	말과 글의 관계에 관심을 가진다.
	주변의 상징, 글자 등의 읽기에 관심을 가진다.
	자신의 생각을 글자와 비슷한 형태로 표현한다.
책과 이야기 즐기기	책에 관심을 가지고 상상하기를 즐긴다.
	동화, 동시에서 말의 재미를 느낀다.
	말놀이와 이야기 짓기를 즐긴다.

3~5세 연령별 누리과정(2015)					2019 개정 누리과정
내용 범주	내용	세부 내용			
		3세	4세	5세	
읽기	책읽기에 관심 가지기	책에 흥미를 가진다.	책 보는 것을 즐기고 소중하게 다룬다.	책 보는 것을 즐기고 소중하게 다룬다.	
		책의 그림을 단서로 내용을 추측해 본다.	책의 그림을 단서로 내용을 이해한다.	책의 그림을 단서로 내용을 이해한다.	
			궁금한 것을 책에서 찾아본다.	궁금한 것을 책에서 찾아본다.	
쓰기	쓰기에 관심 가지기	말을 글로 나타내는 것에 관심을 가진다.	말이나 생각을 글로 나타낼 수 있음을 안다.	말이나 생각을 글로 나타낼 수 있음을 안다.	
		자기 이름의 글자에 관심을 가진다.	자기 아름을 써 본다.	자신의 이름과 주변의 친숙한 글자를 써 본다.	
			자신의 느낌, 생각, 경험을 글자와 비슷한 형태로 표현한다.	자신의 느낌, 생각, 경험을 글자와 비슷한 형태나 글자로 표현한다.	
	쓰기 도구 사용하기		쓰기 도구에 관심을 가지고 사용해 본다.	쓰기 도구의 바른 사용법을 알고 사용한다.	

Ⅲ. 사회관계

3~5세 연령별 누리과정(2015)

목표

자신을 존중하고 다른 사람과 더불어 생활하는 능력과 태도를 기른다.

1. 자신을 소중히 여기며 자율성을 기른다.
2. 자신과 타인의 감정을 알고, 자신의 감정을 적절하게 표현하고 조절한다.
3. 가족과 화목하게 지내며 서로 협력한다.
4. 친구, 공동체 구성원들과 서로 돕고, 예의·규칙 등 사회적 가치를 알고 지킨다
5. 우리 동네, 우리나라, 다른 나라에 관심을 가진다.

내용 체계 및 세부 내용

내용범주	내용	세부 내용		
		3세	4세	5세
나를 알고 존중하기	나를 알고, 소중히 여기기	나에 대해 관심을 갖는다.	나에 대해 알아본다.	나에 대해 알아본다.
		나와 다른 사람의 차이에 관심을 갖는다.	나와 다른 사람의 차이점을 알아본다.	나와 다른 사람의 신체적, 사회적, 문화적 차이를 존중한다.
		나를 소중하게 여긴다	나에 대해 긍정적으로 생각하고 나를 소중하게 여긴다.	나에 대해 긍정적으로 생각하고 나를 소중하게 여긴다.
	나의 일 스스로 하기	내가 할 수 있는 말을 알아본다.	내가 할 수 있는 일을 해 본다.	내가 할 수 있는 일을 스스로 한다.
		내가 하고 싶은 일을 선택해 본다.	하고 싶은 일을 계획하고 해 본다.	하고 싶은 일을 계획하고 해 본다.
나와 다른 사람의 감정 알고 조절하기	나와 다른 사람의 감정 알고 표현하기	자신에게 여러 가지 감정이 있음을 안다.	자신의 감정을 알고 표현한다.	자신의 감정을 알고 표현한다.
		다른 사람의 감정에 관심을 갖는다.	다른 사람의 감정을 안다.	다른 사람의 감정을 알고 공감한다.
	나의 감정 조절하기	자신의 감정을 조절해 본다.	자신의 감정을 조절해 본다.	자신의 감정을 상황에 맞게 조절한다.

2019 개정 누리과정

1. 목표

자신을 존중하고 더불어 생활하는 태도를 가진다.

1) 자신을 이해하고 존중한다.
2) 다른 사람과 사이좋게 지낸다.
3) 우리가 사는 사회와 다양한 문화에 관심을 가진다.

2. 내용

내용범주	내용
나를 알고 존중하기	나를 알고 소중히 여긴다
	나의 감정을 알고 상황에 맞게 표현한다.
	내가 할 수 있는 것을 스스로 한다.

3~5세 연령별 누리과정(2015)

내용 범주	내용	세부 내용 3세	세부 내용 4세	세부 내용 5세
가족을 소중히 여기기	가족과 화목하게 지내기	가족의 소중함을 안다.	가족의 소중함을 안다.	가족의 의미와 소중함을 안다.
				가족과 화목하게 지낸다.
	가족과 협력하기	가족 구성원을 알아 본다.	가족 구성원의 역할에 대해 알아본다.	다양한 가족구조에 대해 알아본다.
		가족을 위하여 내가 할 수 있는 일을 알아본다.	가족을 위하여 내가 할 수 있는 일을 알아보고 실천한다.	가족은 서로 도와야 함을 알고 실천한다.
다른 사람과 더불어 생활하기	친구와 사이좋게 지내기	친구와 함께 놀이한다.	친구와 협동하며 놀이한다.	친구와 협동하며 놀이한다.
		나와 친구의 의견에 차이가 있음을 안다.	친구와의 갈등을 긍정적인 방법으로 해결한다.	친구와의 갈등을 긍정적인 방법으로 해결한다.
	공동체에서 화목하게 지내기		도움이 필요할 때 다른 사람과 도움을 주고받는다.	다른 사람과 도움을 주고받고, 서로 협력한다.
		교사 및 주변 사람과 화목하게 지낸다.	교사 및 주변 사람과 화목하게 지낸다.	교사 및 주변 사람과 화목하게 지낸다.
	사회적 가치를 알고 지키기		정직하게 말하고 행동한다.	정직하게 말하고 행동한다.
		다른 사람의 소유물을 존중한다.	다른 사람의 생각, 행동을 존중한다.	다른 사람을 배려하여 행동한다.
			친구와 어른께 예의 바르게 행동한다.	친구와 어른께 예의 바르게 행동한다.
		약속과 규칙을 지켜야 함을 안다.	다른 사람과 한 약속이나 공공규칙을 지킨다.	다른 사람과 한 약속이나 공공규칙을 지킨다.
			자연과 자원을 아끼는 습관을 기른다.	자연과 자원을 아끼는 습관을 기른다.

2019 개정 누리과정

내용 범주	내용
더불어 생활하기	가족의 의미를 알고 화목하게 지낸다.
	친구와 서로 도우며 사이좋게 지낸다.
	친구와의 갈등을 긍정적인 방법으로 해결한다.
	서로 다른 감정, 생각, 행동을 존중한다.
	친구와 어른께 예의 바르게 행동한다.
	약속과 규칙의 필요성을 알고 지킨다.
사회에 관심 가지기	내가 살고 있는 곳에 대해 궁금한 것을 알아본다.
	우리나라에 대해 자부심을 가진다.
	다양한 문화에 관심을 가진다.

3~5세 연령별 누리과정(2015)					2019 개정 누리과정
내용 범주	내용	세부 내용			
		3세	4세	5세	
사회에 관심 갖기	지역 사회에 관심 갖고 이해하기	우리 동네의 이름을 안다.	우리 동네에 대해 알아본다.	우리 동네에 대해 알아본다.	
		우리 동네 사람들에 관심을 갖는다.	우리 동네 사람들이 하는 일에 관심을 갖는다.	다양한 직업에 관심을 갖는다.	
			물건을 살 때 돈이 필요함을 안다.	일상생활에서 돈의 쓰임에 대해 안다.	
	우리나라에 관심 갖고 이해하기	우리나라를 상징하는 것에 관심을 가진다.	우리나라를 상징하는 것을 안다.	우리나라를 상징하는 것을 알고 예절을 지킨다.	
		우리나라의 전통 놀이와 풍습에 관심을 갖는다.	우리나라의 전통 놀이와 풍습에 관심을 갖는다.	우리나라의 전통, 역사, 문화에 관심을 갖는다.	
			우리나라에 대해 자부심을 갖는다.	우리나라에 대해 자부심을 갖는다.	
	세계와 여러 문화에 관심 가지기		세계 여러 나라에 대해 관심을 갖는다.	세계 여러 나라에 대해 관심을 갖고, 서로 협력해야 함을 안다.	
			다양한 인종과 문화에 관심을 갖는다.	다양한 인종과 문화를 알아보고 존중한다.	

Ⅳ. 예술경험

3~5세 연령별 누리과정(2015)

목표

아름다움에 관심을 가지고 예술경험을 즐기며, 창의적으로 표현하는 능력을 기른다.

1. 자연과 주변 환경에서 발견한 아름다움과 예술적 요소에 관심을 갖고 탐색한다.
2. 자신의 생각과 느낌을 음악, 움직임과 춤, 미술, 극놀이를 통해 창의적으로 표현하는 것을 즐긴다.
3. 자연과 다양한 예술 작품을 감상하며, 풍부한 감성과 심미적 태도를기른다.

내용 체계 및 세부 내용

내용 범주	내용	세부 내용		
		3세	4세	5세
아름다움 찾아보기	음악적 요소 탐색하기	다양한 소리, 음악의 셈여림, 빠르기, 리듬 등에 관심을 갖는다.	다양한 소리, 음악의 셈여림, 빠르기, 리듬 등에 관심을 갖는다.	다양한 소리, 악기 등으로 음악의 셈여림, 빠르기, 리듬 등을 탐색한다.
	움직임과 춤 요소 탐색하기	움직임과 춤의 모양, 힘, 빠르기 등에 관심을 갖는다.	움직임과 춤의 모양, 힘, 빠르기 등에 관심을 갖는다.	움직임과 춤의 모양, 힘, 빠르기, 흐름 등을 탐색한다.
	미술적 요소 탐색하기	자연과 사물의 색, 모양, 질감 등에 관심을 갖는다.	자연과 사물의 색, 모양, 질감 등에 관심을 갖는다.	자연과 사물에서 색, 모양, 질감, 공간 등을 탐색한다.
예술적 표현하기	음악으로 표현하기	간단한 노래를 듣고 따라 부른다.	노래로 자신의 생각과 느낌을 표현한다.	노래로 자신의 생각과 느낌을 표현한다.
		전래동요를 즐겨 부른다.	전래동요를 즐겨 부른다.	전래동요를 즐겨 부른다.
		리듬악기로 간단한 리듬을 표현해 본다.	리듬악기를 연주해 본다.	리듬악기를 연주해 본다.
		간단한 리듬과 노래를 즉흥적으로 만들어 본다.	간단한 리듬과 노래를 즉흥적으로 만들어 본다.	간단한 리듬과 노래를 즉흥적으로 만들어 본다.

2019 개정 누리과정

1. 목표

아름다움과 예술에 관심을 가지고 창의적 표현을 즐긴다.

1) 자연과 생활 및 예술에서 아름다움을 느낀다.
2) 예술을 통해 창의적으로 표현하는 과정을 즐긴다.
3) 다양한 예술 표현을 존중한다.

2. 내용

내용 범주	내용
아름다움 찾아보기	자연과 생활에서 아름다움을 느끼고 즐긴다.
	예술적 요소에 관심을 갖고 찾아본다.

3~5세 연령별 누리과정(2015)

내용범주	내용	세부 내용		
		3세	4세	5세
예술적 표현하기	움직임과 춤으로 표현하기	신체를 이용하여 주변의 움직임을 자유롭게 표현한다.	신체를 이용하여 주변의 움직임을 자유롭게 표현한다.	신체를 이용하여 주변의 움직임을 다양하게 표현하며 즐긴다.
		움직임과 춤으로 자신의 생각과 느낌을 표현한다.	움직임과 춤으로 자신의 생각과 느낌을 표현한다.	움직임과 춤으로 자신의 생각과 느낌을 표현한다.
		도구를 활용하여 다양한 움직임으로 표현한다.	도구를 활용하여 다양한 움직임으로 표현한다.	다양한 도구를 활용하여 창의적으로 움직인다.
	예술 활동으로 표현하기	다양한 미술 활동을 경험해 본다.	다양한 미술 활동으로 자신의 생각과 느낌을 표현한다.	다양한 미술 활동으로 자신의 생각과 느낌을 표현한다.
			협동적인 미술 활동에 참여한다.	협동적인 미술 활동에 참여한다.
		미술 활동에 필요한 재료와 도구에 관심을 가지고 사용한다.	미술 활동에 필요한 재료와 도구에 관심을 가지고 사용한다.	미술 활동에 필요한 재료와 도구에 관심을 가지고 사용한다.
	극놀이로 표현하기	일상생활의 경험을 극놀이로 표현한다.	일상생활의 경험이나 간단한 이야기를 극놀이로 표현한다.	경험이나 이야기를 극놀이로 표현한다.
			소품, 배경, 의상 등을 사용하여 협동적으로 극놀이를 한다.	소품, 배경, 의상 등을 사용하여 협동적으로 극놀이를 한다.

2019 개정 누리과정

내용범주	내용
창의적으로 표현하기	노래를 즐겨 부른다.
	신체, 사물, 악기로 간단한 소리와 리듬을 만들어 본다.
	신체나 도구를 활용하여 움직임과 춤으로 자유롭게 표현한다.
	다양한 미술 재료와 도구로 자신의 생각과 느낌을 표현한다.
	극놀이로 경험이나 이야기를 표현한다.
예술 감상하기	다양한 예술을 감상하며 상상하기를 즐긴다.
	서로 다른 예술 표현을 존중한다.
	우리나라 전통 예술에 관심을 갖고 친숙해진다.

3~5세 연령별 누리과정(2015)					2019 개정 누리과정
내용 범주	내용	세부 내용			
		3세	4세	5세	
예술적 표현하기	통합적으로 표현하기		음악, 움직임과 춤, 미술, 극놀이 등을 통합하여 표현한다.	음악, 움직임과 춤, 미술, 극놀이 등을 통합하여 표현한다.	
		예술 활동에 참여하여 표현 과정을 즐긴다.	예술 활동에 참여하여 표현 과정을 즐긴다.	예술 활동에 참여하여 창의적으로 표현하는 과정을 즐긴다.	
예술 감상하기	다양한 예술 감상하기	다양한 음악, 춤, 미술 작품, 극놀이 등을 듣거나 본다.	다양한 음악, 춤, 미술 작품, 극놀이 등을 듣거나 보고 즐긴다.	다양한 음악, 춤, 미술 작품, 극놀이 등을 듣거나 보고 즐긴다.	
		나와 다른 사람의 예술 표현을 소중히 여긴다.	나와 다른 사람의 예술 표현을 소중히 여긴다.	나와 다른 사람의 예술 표현을 소중히 여긴다.	
	전통 예술 감상하기	우리나라의 전통 예술에 관심을 갖는다.	우리나라의 전통 예술에 관심을 갖는다.	우리나라의 전통 예술에 관심을 갖고 친숙해진다.	

V. 자연탐구

3~5세 연령별 누리과정(2015)

목표

호기심을 가지고 주변 세계를 탐구하며, 일상생활에서 수학적·과학적으로 생각하는 능력과 태도를 기른다.

1. 주변의 사물과 자연 세계에 대해 알고자 하는 호기심을 가지고 탐구하는 태도를 기른다.
2. 생활 속의 여러 상황과 문제를 논리·수학적으로 이해하고 해결하기 위한 기초 능력을 기른다.
3. 주변의 관심 있는 사물과 생명체 및 자연 현상을 탐구하기 위한 기초 능력을 기른다.

내용 체계 및 세부 내용

내용 범주	내용	세부 내용		
		3세	4세	5세
탐구하는 태도 기르기	호기심을 유지하고 확장하기	주변 사물과 자연 세계에 대해 호기심을 갖는다.	주변 사물과 자연 세계에 대해 지속적으로 호기심을 갖는다.	주변 사물과 자연 세계에 대해 지속적으로 호기심을 갖고 알고자 한다.
	탐구 과정 즐기기	궁금한 점을 알아보는 과정에 흥미를 갖는다.	궁금한 점을 알아보는 탐구 과정에 관심을 가지고 참여한다.	궁금한 점을 알아보는 탐구 과정에 참여하고 즐긴다.
				탐구 과정에서 서로 다른 생각에 관심을 갖는다.
	탐구기술 활용하기		일상생활의 문제를 해결하는 과정에서 탐색, 관찰 등의 방법을 활용해 본다.	일상생활의 문제를 해결하는 과정에서 탐색, 관찰, 비교, 예측 등의 탐구기술을 활용해 본다.
수학적 탐구하기	수와 연산의 기초 개념 알아보기	생활 속에서 수에 관심을 갖는다.	생활 속에서 사용되는 수의 여러 가지 의미를 안다.	생활 속에서 사용되는 수의 여러 가지 의미를 안다.
		구체물 수량의 많고 적음을 비교한다.	구체물 수량에서 '같다', '더 많다', '더 적다'의 관계를 안다.	구체물 수량의 부분과 전체 관계를 알아본다.

2019 개정 누리과정

1. 목표

탐구하는 과정을 즐기고, 자연과 더불어 살아가는 태도를 가진다.

1) 일상에서 호기심을 가지고 탐구하는 과정을 즐긴다.
2) 생활 속의 문제를 수학적·과학적으로 탐구한다.
3) 생명과 자연을 존중한다.

2. 내용

내용 범주	내용
탐구 과정 즐기기	주변 세계와 자연에 대해 지속적으로 호기심을 가진다.
	궁금한 것을 탐구하는 과정에 즐겁게 참여한다.
	탐구 과정에서 서로 다른 생각에 관심을 가진다.

3~5세 연령별 누리과정(2015)

내용 범주	내용	세부 내용		
		3세	4세	5세
수학적 탐구하기	수와 연산의 기초 개념 알아보기	다섯 개 가량의 구체물을 세어 보고 수량에 관심을 갖는다.	열 개 가량의 구체물을 세어 보고 수량을 알아본다.	스무 개 가량의 구체물을 세어 보고 수량을 알아본다.
				구체물을 가지고 더하고 빼는 경험을 해 본다.
	공간과 도형의 기초 개념 알아보기	나를 중심으로 앞, 뒤, 옆, 위, 아래를 알아본다.	위치와 방향을 여러 가지 방법으로 나타내 본다.	위치와 방향을 여러 가지 방법으로 나타내 본다.
				여러 방향에서 물체를 보고 그 차이점을 비교해 본다.
		물체의 모양에 관심을 갖는다.	기본 도형의 특성을 인식한다.	기본 도형의 공통점과 차이점을 알아본다.
			기본 도형을 사용하여 여러 가지 모양을 구성해 본다.	기본 도형을 사용하여 여러 가지 모양을 구성해 본다.
	기초적인 측정하기	두 물체의 길이, 크기를 비교해 본다.	일상생활에서 길이, 크기, 무게 등을 비교해 본다.	일상생활에서 길이, 크기, 무게, 들이 등의 속성을 비교하고, 순서를 지어 본다.
				임의 측정 단위를 사용하여 길이, 면적, 들이, 무게 등을 재 본다.

2019 개정 누리과정

내용 범주	내용
생활 속에서 탐구하기	물체의 특성과 변화를 여러 가지 방법으로 탐색한다.
	물체를 세어 수량을 알아본다.
	물체의 위치와 방향, 모양을 알고 구별한다.
	일상에서 길이, 무게 등의 속성을 비교한다.
	주변에서 반복되는 규칙을 찾는다.
	일상에서 모은 자료를 기준에 따라 분류한다.
	도구와 기계에 대해 관심을 가진다.
자연과 더불어 살기	주변의 동식물에 관심을 가진다.
	생명과 자연환경을 소중히 여긴다.
	날씨와 계절의 변화를 생활과 관련짓는다.

3~5세 연령별 누리과정(2015)					2019 개정 누리과정
내용 범주	내용	세부 내용			
		3세	4세	5세	
수학적 탐구하기	규칙성 이해하기	생활 주변에서 반복되는 규칙성에 관심을 갖는다.	생활 주변에서 반복되는 규칙성을 알아본다.	생활 주변에서 반복되는 규칙성을 알고 다음에 올 것을 예측해 본다.	
			반복되는 규칙성을 인식하고 모방한다.	스스로 규칙성을 만들어 본다.	
	기초적인 자료 수집과 결과 나타내기		필요한 정보나 자료를 수집한다.	필요한 정보나 자료를 수집한다.	
		같은 것끼리 짝을 짓는다.	한 가지 기준으로 자료를 분류해 본다.	한 가지 기준으로 분류한 자료를 다른 기준으로 재분류해 본다.	
				그림, 사진, 기호나 숫자를 사용해 그래프로 나타내 본다.	
과학적 탐구하기	물체와 물질 알아보기	친숙한 물체와 물질의 특성에 관심을 갖는다.	친숙한 물체와 물질의 특성을 알아본다.	주변의 여러 가지 물체와 물질의 기본 특성을 알아본다.	
			물체와 물질을 여러 가지 방법으로 변화시켜 본다.	물체와 물질을 여러 가지 방법으로 변화시켜 본다.	

3~5세 연령별 누리과정(2015)					2019 개정 누리과정
내용 범주	내용	세부 내용			
		3세	4세	5세	
과학적 탐구하기	생명체와 자연환경 알아보기	나의 출생과 성장에 대해 관심을 갖는다.	나의 출생과 성장에 대해 관심을 갖는다.	나와 다른 사람의 출생과 성장에 대해 알아본다.	
		주변의 동식물에 관심을 가진다.	관심 있는 동식물의 특성을 알아본다.	관심 있는 동식물의 특성과 성장 과정을 알아본다.	
		생명체를 소중히 여기를 마음을 갖는다.	생명체를 소중히 여기를 마음을 갖는다.	생명체를 소중히 여기를 마음을 갖는다.	
			생명체가 살기 좋은 환경에 대해 관심을 갖는다.	생명체가 살기 좋은 환경과 녹색 환경에 대해 알아본다.	
	자연 현상 알아보기	돌, 물, 흙 등 자연물에 관심을 갖는다.	돌, 물, 흙 등 자연물의 특성과 변화를 알아본다.	돌, 물, 흙 등 자연물의 특성과 변화를 알아본다.	
				낮과 밤, 계절의 변화와 규칙성을 알아본다.	
		날씨에 관심을 갖는다.	날씨와 기후 변화에 관심을 갖는다.	날씨와 기후 변화 등 자연 현상에 대해 관심을 갖는다.	
	간단한 도구와 기계 활용하기	생활 속에서 간단한 도구와 기계에 관심을 갖는다.	생활 속에서 간단한 도구와 기계를 활용한다.	생활 속에서 간단한 도구와 기계를 활용한다.	
		도구와 기계의 편리함에 관심을 갖는다.	도구와 기계의 편리함에 관심을 갖는다.	변화하는 새로운 도구와 기계에 관심을 갖고 장단점을 안다.	

유아교육 과정

참고 문헌

참고 문헌

강동연(2001). 세계시민교육을 위한 사회과 교육의 방향에 대한 연구. 이화여자대학교 대학원 석사학위청구논문.

경기도교육청(2017). 놀이 중심 교육과정 이해 자료 '놀이 2017'.

곽노의, 홍순정(2003). 유아교육사상. 경기: 문음사.

곽향림(2015). 구성주의 유아교육 교수학습법. 경기: 공동체.

교육과학기술부(2009). 유치원교육과정 해설(Ⅰ): 총론.

교육과학기술부(2010). 2011 교육과학부 대통령 업무 보고. 교육과학기술부(2010. 12. 17).

교육과학기술부(2011). STEAM 2011년도 성과 발표회. 교육과학기술부(2011. 12. 20).

교육과학기술부(2012). STEAM 교육 정책 설명. STEAM 리더스쿨 교사연구회 발대식 자료집.

교육과학기술부(2013a). 3~5세 누리과정 해설서. 교육과학기술부.

교육과학기술부(2013b). 5세 누리과정 지도서. 교육과학기술부.

교육과학기술부, 보건복지부(2012). 만 5세 '나와 가족' 지도서.

교육과학기술부, 보건복지부(2012). 5세 누리과정 지도서.

교육과학기술부, 보건복지부(2012). 3~5세 연령별 누리과정 교사용 지도서.

교육과학기술부, 보건복지부(2013). 3~5세 연령별 누리과정 해설서.

교육과학기술부, 한국과학창의재단(2012). 손에 잡히는 STEAM 교육: 무엇이 아이들을 즐겁게 하는가. 한국과학창의재단.

교육부(2015). 글로벌 트렌트 '메이커 운동'. https://happyedu.moe.go.kr/happy/ bbs/selectHappyArticleImg.do?nttId=4824&bbsId=BBSMSTR_000000000192에서 2015년 11월 인출.

교육부(2015). '변화를 만드는 능력'을 키우는 교육. http://happyedu.moe.go.kr/happy/bbs/happyArticlListImg.do에서 2019년 6월 20일 인출.

교육부(2019). 2019 개정 누리과정(안) 공청회 자료집. 2019 개정 누리과정(안) 공청회(2019. 05. 16). 서울: 이화여자대학교 국제교육관 LG컨벤션홀.

교육부, 보건복지부(2019). 2019 개정 누리과정 놀이실행자료.

교육부, 보건복지부(2019). 2019 개정 누리과정 놀이이해자료.

교육부, 보건복지부(2019). 2019 개정 누리과정 해설서.

굿네이버스(2017). 학부모를 위한 영유아놀이지침서. The 좋은 자람2. 부산: 맘테스트.

김민호(2007). 세계화에 따른 지역 교육의 변화에 대한 비판적 분석: '제주국제자유도시' 추진 사례를 중심으로. 교육사회학연구, 17(2), 23-48.

김숙자(2000). 유아교육과정. 경기: 문음사.

김승희(2018). 유아교육과정. 경기: 공동체.

김영옥(2020). 유아교육과정. 경기: 공동체.

김정원, 심은희, 이경화, 이연규, 장은주, 전선옥, 조순옥, 조화연, 최일선(2013). 보육학개론. 경기: 양성원.

김제한, 곽노의(1995). 유아교육학개론. 서울: 학문사.

김춘경, 민하영, 송규운, 신인숙, 유승희(2012). 유아교육개론. 경기: 양서원.

두산백과(2018). http://www.doopedia.co.kr에서 2019년 1월 30일 인출.

마지순(2001). 수, 과학 통합활동이 유아의 수학 성취와 과학 문제 해결력에 미치는 영향. 한국교원대학교 대학원 석사학위논문.

문미옥(2013). 교육과 보육을 위한 영유아교육과정. 서울: 창지사.

문미옥(2016). 한국전통문화에 기반한 유아교육의 미래방향. 한국유아교육학회 소식, 66, pp. 1-17.

미래한국(2016). http://www.futurekorea.co.kr/news/articleView.html?idxno=31806에서 2019년 6월 20일 인출.

박영석, 구하라, 문종은, 안성호, 유병규, 이경윤, 이삼형, 이선경, 주미경, 차윤경, 함승환, 황세영(2013). STEAM 교사 연구회 개발 자료 분석: 융복합교육적 접근. 교육과정연구 31(1), 159-186.

박영신, 박은주, 석은조, 신은정, 오성숙, 이경하(2017). 영유아교육과정. 서울: 창지사.

박주용 (2016). 미래를 준비하는 교육 공간으로서의 메이커 스페이스. 메이커교육실천, 그 시작과 여정. 메이커교육 코리아 2016 포럼(2016. 10. 08). pp. 14-19. 서울: 국립과천 과학관 천체투영관 교육실.

박찬옥, 서동미, 곽현주, 박성희, 한남주, 홍찬의(2018). 유아교육과정. 경기: 정민사.

방인옥, 박찬옥, 이기현, 김은희(2013). 유아교육과정(5판). 경기: 정민사.

보건복지부(2019). 제3차 어린이집 평가인증 통합지표. 한국보육진흥원.

보건복지부, 중앙육아종합지원센터(2015). 제3차 어린이집 표준보육과정에 기초한 연령별 보육프로그램의 활용.

부산광역시교육청(2018). 제4주기 2018년 유치원 평가 매뉴얼(유치원용). 부산광역시 유아교육진흥원.

서영숙, 서혜전, 김영명, 채혜선, 김진숙(2013). 보육학개론. 경기: 양서원.

손인수, 정건영(1989). 교육철학 및 교육사. 서울: 교육출판사.

송기봉, 김상균(2015). 메이커 혁명, 교육을 통합하다. 서울: 홍릉과학출판사.

신옥순(2012). 유아교육학개론. 서울: 학지사.

신화식, 이영미, 이인용, 진성애, 김민석(2015). 영유아교육과정. 경기: 양서원.

심성경, 조순옥, 이정숙, 이춘자, 이선경, 이효숙(2014). 유아교육개론. 서울: 창지사.

안종배(2017). 4차 산업혁명에서의 교육 패러다임의 변화. 미디어와교육, 7(1), 21-34.

양수영(2012). 영유아 뇌 기반 교육에 관한 국내 연구동향 분석. 한국교육문제연구, 30(1), pp. 239-265.

양연숙, 김선아, 송진영(2018). 영유아교수학습방법. 경기: 양서원.

양옥승, 최경애, 이혜원(2015). 영유아교육과정. 서울: 학지사.

영 메이커 프로젝트(2015). http://www.slideshare.net/neofuture/ss-67031661에서 2019년 6월 20일 인출.

육아정책연구소(2014). 5세 누리과정 유아 관찰 척도.

윤기영, 손영빈(2010). 유아교육사상사. 경기: 양서원.

이경화, 김동춘, 김정원, 조화연, 전선옥, 이연규, 이문정(2013). 유아교육개론. 경기: 양서원.

이기숙(2000). 유아교육과정. 서울: 교문사.

이기숙, 김정원, 이현숙, 전선옥(2018). 영유아교육과정(4판). 경기: 공동체.

이기숙, 장영희, 정미라, 엄정애(2014). 유아교육개론. 경기: 양서원. (원전은 2002년에 출판)

이상현, 최태식, 송준석(2011). 유아교육사상사. 경기: 정민사.

이상욱, 정희영, 장은희, 강은주, 황현주, 유은정, 김정희, 윤선화, 조혜정, 김성원(2009). 전인유아교육을 지향하는 21세기 영유아교육과정. 서울: 학지사.

이선애, 오선영, 마지순, 안라리, 최영해(2016). 유아교육과정. 경기: 정민사.

이영석, 임명희, 이정화(2003). 현대 유아교육과정. 서울: 양서원.

이정원, 이윤진, 김희수(2017). 2018-2022 보육 중장기 발전방안 연구. 서울: 육아정책연구소.

이지선(2016). 국내 테크놀로지 교육의 창의 장애 극복을 위한 메이커교육 선언. 메이커교육실천, 그 시작과 여정. 메이커교육 코리아 2016 포럼(2016. 10. 08). pp. 8-13. 서울: 국립과천과학관 천체투영관 교육실.

임미혜, 이혜원, 황윤세(2008). 표준보육과정에 기초한 영유아보육과정. 경기도: 학현사.

전인옥(2011). 다문화접근 한국전통놀이교육. 경기: 양서원.

정선아(2001). G. Stanley Hall의 아동연구 발달주의(Child-Study Developmentalism)의 의미. 유아교육연구, 21(4), 481-496.

정지현(2012). 유아교육개론. 서울: 학지사.

조경원(1991). 교육학의 이해. 서울: 이화여자대학교 출판부.

지성애, 김영옥, 홍혜경(2007). 도시와 농어촌 간 유아 다문화교육에 대한 교사의 인식과 현황. 교육과학연구, 38(3), 1-27.

지옥정, 김수영, 정정희, 고미애, 조혜진(2008). 유아교육개론. 서울: 창지사.

참여연대(2006). 현대사회와 가족의 변화. http://www.peoplepower21.org/Welfare/658824에서 인출.

최연구(2017). 4차 산업혁명시대의 미래교육 예측과 전망. 미래연구 포커스, 8(33), 1-4.

통계청(2016). 2016년 상반기 지역별 고용조사. 2016년 12월 7일 인출.

통계청(2017a). 인구동향조사. 전국 성/월별 출생.

통계청(2017b). 인구동향조사. 전국 합계출산율.

통계청(2017c). 장래인구추계. (전국) 장래 합계출산율.

통계청(2017d). (전국) 성 및 연령별 추계인구(1세별, 5세별).

한국유아교육학회(2011). 유아교육백서2006-2010. 경기: 양서원.

한미라, 전예화, 신혜영, 서현아, 천희영, 최미현, 안부금(2008). 유아교육개론. 파주 : 양서원.

홍순정(2015). 글로벌시대의 영유아교육과정. 경기: 양서원.

홍순정, 이기숙(2001). 유아교육과정. 서울: 한국방송통신대학교출판부. (원전은 1994년에 출판)

창업진흥원 메이크올(www.makeall.com)

한국적성교육진흥원(www.kaedi.org)

Bigner, J. J(1979). *Parent-Childrelation : An introduction to Parenting.* NY: McMillian.

Catron & Allen(2003). *Instructor's Manual for Early Childhood Curriculum: A Creative Play Model,* 4th Edition.

Dougherty, D.(2013). "The Maker Mindset". In M. Honey & D. E. Kanter (Eds.)

(2013), *Design, make, play: Growing the next generation of STEM innovators* (pp.7–11). New York: Routledge.

Heckman, J. J.(2008). Schools, skills, and synapses. *Economic inquiry, 46*(3), pp. 289–324.

Heckman, J. J. & Moon, Seong Hyeok & Pinto, Rodrigo & Savelyev, Peter A. & Yavitz, Adam(2010). "The rate of return to the HighScope Perry Preschool Program," Journal of Public Economics, *Elsevier, 94*(1–2), pages 114–128, February.

Lamb, M. E.(1975). *The role of the father in child development.* New York: Wiley.

Martinez, S. L., & Stager, G. S.(2013). *Invent to learn: Making, tinkering, and engineering in the classroom.* Constructing modern knowledge press.

Norton, M., Mochon, D., & Ariely, D.(2011). *The 'IKEA Effect': When Labor Leads to LOVE.* Harvard Business School Marketing Unit Working Paper(11–091).

Resnick, M. & Rosenbaum, E.(2013). *Design, make, play: Growing in the next generation of STEM Innovators,* Routledge.

Sylva, Kathy; Melhuish, Edward; Sammons, Pam; Siraj–Blatchford, Iram; Taggart, Brenda;(2004). The Effective Provision of Pre–School Education (EPPE) Project: Final Report: A Longitudinal Study Funded by the DfES 1997–2004. Institute of Education, University of London/ Department for Education and Skills/Sure Start: London.

저자 소개

▪ 이연승

약력 – 현) 경성대학교 유아교육학과 교수
– 현) 구성주의유아교육학회 학회장
– 이화여자대학교 사범대학 유아교육과(문학사)
– 이화여자대학교 대학원 유아교육전공(문학석사)
– 이화여자대학교 대학원 유아교육전공(문학박사)
– 미국 California State University at Los Angeles 방문교수
– 한국유아교육학회 회장
– 교육인적자원부 유치원시범평가위원회 위원
– 교육과학기술부 중앙유아교육위원회 위원
– 교육과학기술부 교육과정심의회 운영위원
– 교육과학기술부 교육과정심의회(학교별 위원회 : 유치원) 위원장
– 교육과학기술부 교원양성기관 평가위원
– 교육과학기술부 로봇기반교육 인증위원회 위원장
– 유치원교육과정 및 해설서, 지도서 집필진
– 삼성복지재단 삼성어린이집 자문교수
– 여성가족부·육아정책개발센터 보육시설 평가인증사무국 심의의원
– 굿네이버스 부산지부 유아교육전문위원회 위원장
– 부산진구 육아종합지원센터 운영위원회 위원장
– 부산광역시 교육청 유아교육위원회 위원
– 부산광역시교원단체연합회 부회장

저서 • 『디지털 네이티브가 태어나다』(2020).
• 『한국 미래를 위한 유아관련학제』(2017).
• 『예비부모교육』(2017).
• 『한걸음 먼저 알아보는 로봇과 R-러닝』(2015).
• 『Jugamos con Robot Genibo(로봇 제니보와 놀아요)』(2015).
• 『유아과학교육 실험중심 탐구활동』(2012).
• 『유치원교직실무』(2012).
• 『창의적 활동을 위한 주제중심 통합교육과정』(2005).

▪ 조경미

약력 – 현) 부산경상대학교 유아교육과 교수
– 현) 구성주의유아교육학회 총무이사
– 현) 한국어린이미디어학회 일반이사
– 현) 굿네이버스 부산지부 유아교육분야 전문위원
– 현) Google Certified Educator
– 유아교육과 로봇연구소(E&R) 객원 연구원
– 경성대학교 유아교육과 외래교수
– 영산대학교 원격평생교육원 운영교수
– 부산진구 육아종합지원센터 R-러닝 활용 과학 및 로봇 수업 외래강사

저서 • 『직업인+대인관계』(2021).
• 『디지털 네이티브가 태어나다』(2020).
• 『Jugamos con Robot Genibo(로봇 제니보와 놀아요)』(2015).

유아교육과정

초판 1쇄 인쇄 2021년 2월 23일
초판 1쇄 발행 2021년 2월 26일

지 은 이 | 이연승·조경미
펴 낸 이 | 김기섭
편 집 인 | 이윤희
펴 낸 곳 | 창지사 www.changjisa.com
08589 서울시 금천구 가산디지털 1로 83 파트너스타워 1차 9층
전화 (02)719-2211~3
팩스 (02)701-9386
등 록 | 1977년 4월 28일 · 제1-421호

ISBN 978-89-426-1409-7 (93370)

값 20,000원